西南政法大学国际法学精品博士文丛

张晓君　总主编

国际贸易协定中监管合作规则研究

张　姣／著

GUO JI MAO YI XIE DING ZHONG
JIAN GUAN HE ZUO GUI ZE YAN JIU

法律出版社
LAW PRESS · CHINA
北京

图书在版编目(CIP)数据

国际贸易协定中监管合作规则研究 / 张姣著. -- 北京 : 法律出版社, 2023

(西南政法大学国际法学精品博士文丛 / 张晓君总主编)

ISBN 978-7-5197-8170-5

Ⅰ. ①国… Ⅱ. ①张… Ⅲ. ①国际贸易－贸易协定－研究 Ⅳ. ①F744

中国国家版本馆 CIP 数据核字(2023)第 140226 号

国际贸易协定中监管合作规则研究 **GUOJI MAOYI XIEDING ZHONG JIANGUAN HEZUO GUIZE YANJIU**	张 姣 著	策划编辑 徐 菲 责任编辑 徐 菲 装帧设计 鲍龙卉

出版发行 法律出版社	**开本** A5
编辑统筹 法律考试·职业教育出版分社	**印张** 11 **字数** 245 千
责任校对 王 丰 郭艳萍	**版本** 2023 年 9 月第 1 版
责任印制 胡晓雅	**印次** 2023 年 9 月第 1 次印刷
经 销 新华书店	**印刷** 北京建宏印刷有限公司

地址:北京市丰台区莲花池西里 7 号(100073)

网址:www.lawpress.com.cn 销售电话:010-83938349

投稿邮箱:info@lawpress.com.cn 客服电话:010-83938350

举报盗版邮箱:jbwq@lawpress.com.cn 咨询电话:010-63939796

书号:ISBN 978-7-5197-8170-5 **定价**:52.00 元

凡购买本社图书,如有印装错误,我社负责退换。电话:010-83938349

张晓君

教授、国际法与国家安全学双博士研究生导师。西南政法大学国际法学院院长、区域国别学院院长、国家级涉外法治研究基地东盟法治研究院执行院长、中国-东盟法律研究中心秘书长、海外利益保护研究中心主任。司法部国际法咨询委员会专家，入选司法部全国千名涉外律师领军人才库、中国国际经济贸易仲裁委员会仲裁员、中国海事仲裁委员会仲裁员。教育部哲学社会科学重大攻关课题“对‘一带一路’沿线国家投资风险监测预警体系研究”首席专家。

张 姣

西南政法大学国际法学博士、重庆科技学院讲师、重庆市法学会自由贸易区暨“一带一路”法治研究会理事。主要从事国际经济法、网络安全法等领域的研究。

总　　序

统筹推进国内法治和涉外法治是习近平法治思想的重要组成部分。2023 年中共中央办公厅、国务院办公厅印发《关于加强新时代法学教育和法学理论研究的意见》，要求优化法学学科体系，完善法学学科专业体系，推进国际法学建设，加强区际法学等学科建设，进一步“完善涉外法学相关学科专业设置”，“加快培养具有国际视野，精通国际法、国别法的涉外法治紧缺人才”。作为在国际法学科（区域国别法学）领域拥有悠久历史传统和强大师资力量的教育科研机构，西南政法大学国际法学院（区域国别学院）立足于服务国家对外发展战略和地方涉外法治实践需求，聚焦于国际法学等涉外法治人才培养和科学研究，致力于推动国际法学科（区域国别法学）的建设发展。我们一直坚信，只有在国际法学（区域国别法学）的学术学科领域不断深入研究和创新思考，才能积极探索现代国际法治基础理论精髓和不断拓展国际法治、涉外法治的实践视野，为进一步推动构建更加公平合理的国际新秩序、构建人类命运共同体和创造人类文明新形态贡献出西政国际法学人的一份力量。

宝剑锋从磨砺出，梅花香自苦寒来。《西南政法大学国际法学精品博士文丛》应运而生，汇聚国际法学院（区域国别学院）博士们的聪明才智和辛勤汗水，系统展示西政国际法学科人才培养的专业水平和发展脉络。这些博士学位论文紧扣国际法学领域的重要论题和前沿问题，涵盖国际经济法、国际人权法、国际环境法、国际刑法、国际私法、区域国别法等涉外法治专业方向，集中反映出西政国际法学院博士对国际法学理论学习的创新成果和对涉外法治实践探究思索的观点主张。在本套丛书中，广大读者朋友们将会看到一批研究思路清晰、观点富有创新的博士学位论文。这些博士学位论文既有对国际法学及其相关经典理论的系统阐释，也有对当代国际法治、涉外法治实践问题的前瞻性思考。这些成果的取得，既得益于他们在求学路上的积极探索和辛苦付出，也得益于国际法学院（区域国别学院）导师们的无私奉献和苦心栽培。

希望这套丛书能为您打开一扇深度了解国际法学（区域国别法学）魅力的窗口，为我们进一步深入学术交流合作搭建一座桥梁。

未来，西南政法大学国际法学院（区域国别学院）将继续坚持和发扬人才培养与学术研究的优良传统，努力培养出更多高水平的涉外法治人才，为我国国际法学的繁荣发展和服务国家涉外法治需求贡献更多力量。

是为我们共同的初心和使命，谓之总序。

*

2023 年 8 月

---

* 张晓君，西南政法大学国际法学院院长、区域国别学院院长，教授、博士生导师，中国－东盟法律研究中心秘书长。

目录

前　言

一、选题来源

近年来,国际监管合作(international regulatory cooperation, IRC)[1]成为国际经济法研究领域的一个热门议题。本书研究的监管合作针对“存在于不同国家之间差异明显的贸易或投资相关监管措施”,期望通过国际合作的形式进行协调,缩小或消灭这些差别,从而使不同的监管措施或政策趋于统一,最终促进全球贸易与投资自由化。经济合作与发展组织(Organisation for Economic Cooperation and Development, OECD)认为,监管合作指的是不同国家在双边、多边与区域层面为促进规则设计、监管、实施与事后管理方面的合作,并最终实现跨境规则趋同与一致性而形成的正式或非正式协议与组织安排。中川淳司(Junji Nakagawa)认为,国内监管的协调或合作在

---

[1] 关于 regulatory cooperation 有三种中文译法,有我国学者将之译作“规制合作”。参见吴泽林:《跨国规制合作:历史、路径与经验》,载《国际关系研究》2017 年第 6 期;胡枚玲、张军旗:《论 CPTPP 规制合作的新范式及中国应对》,载《国际贸易》2019 年第 10 期。也有学者译作“管制合作”。参见刘雪红:《欧美 TTIP 贸易管制合作新范式与中国因应》,载《上海财经大学学报》2018 年第 5 期。还有报道或研究将其译作“监管合作”。参见张伟:《美欧第九轮 TTIP 谈判结束》,载《经济日报》2015 年 4 月 27 日,第 4 版。本书考虑到国内立法语境和“监管合作”这一概念的内涵,采用“监管合作”这一译法。关于所涉术语的译法和概念分析,详见下文阐述。另外,除直接引用论文原文表述外,本书中的“regulatory cooperation”统称为“监管合作”。

一些领域早有尝试,如19世纪后半期的电信制度、邮政制度、度衡量制度、知识产权制度等。有关国家通过缔结实体性的多边条约,设立国际组织拉开国际协调的序幕。[1] 19世纪末以来,国际私法、海商法以及国际动产买卖法等有关国际交易的私法规范领域里,国际协调工作也得到了积极开展。第一次世界大战后,以国际劳工组织(International Labour Organization,ILO)为核心,在劳动标准的国际协调方面取得了成功。

随着经济全球化下跨国经济活动的快速发展,各国监管的殊异已成为跨国经济活动的障碍。一般来说,传统的国际贸易壁垒体现为"边境"(at the border)壁垒,如关税和配额。在关税与贸易总协定(General Agreement on Tariffs and Trade,GATT)[2]所创造的以规则为基础的全球贸易体系中,在解决关税、配额以及其他边境贸易壁垒问题上获得较大成效。当前,国际贸易规则的关注点逐渐从边境措施转向"边境后"(behind the border)的国内监管。尽管这些监管政策的目的有时是合法的,也不涉及对外国贸易者的歧视性待遇,但仅仅是国与国监管行为的不同就可能使国际贸易产生额外成本并在很大程度上阻止市场准入。[3] 不同管辖区之间的监管合作对应对潜在监管摩擦至关重要,这些"边境后"监管措施有可能分化全球市场并阻碍跨境贸易和投资,而监管合作是实现和结束这一目标的重要手段。早在2010年,亚太经济合作组织(Asia-Pacific Economic

〔1〕 See Junji Nakagawa, *International Harmonization of Economic Regulation*, Oxford University Press, 2011, p.4-5.

〔2〕 1947年至1994年,关税与贸易总协定除规则文本,还担负起国际组织的作用,共主持八轮多边贸易谈判。因此,本书除指代文本时加书名号外,其他语境下不加书名号。

〔3〕 See Alan O. Sykes, *The (Limited) Role of Regulatory Harmonization in International Goods and Services Markets*, Journal of International Economic Law, Vol.2:1, p.49-70(1999).

Cooperation, APEC)就提出开展“监管合作”的设想。2015 年起，国际监管合作逐渐成为贸易谈判的热门议题，尤其是欧盟和美国，试图使监管合作从 APEC 的倡议变成具有约束力的贸易规则。但是，作为消除国内或地区内监管分化所导致贸易壁垒的有效途径，监管合作并不意味着各国或地区必须有相同的规则，或者一个法域的监管措施是由另一个法域预先确定的，而是意味着来自不同监管辖区的规则制定者必须共同努力，以取得更佳的监管成果，为全球市场提供必要的系统性保护，并支持跨境贸易和投资的发展。

2012 年，时任美国总统奥巴马(Barack Hussein Obama)签署了一项总统令[1]，要求美国联邦政府机构在美国行政管理与预算办公室(the Office of Management and Budget, OMB)的监督下开展国际监管合作，并通过《跨太平洋伙伴关系协定》(Trans-Pacific Partnership Agreement, TPP)[2]和《跨大西洋贸易与投资伙伴关系协定》(Transatlantic Trade and Investment Partnership, TTIP)，将监管合作规则作为区域贸易谈判的新议题。2016 年 2 月签署的 TPP 涵盖了全新的第 25 章“监管一致性”。虽然监管一致性这一议题在此前欧盟与加拿大签订的《加拿大—欧盟综合经济贸易协定》(Comprehensive Economic and Trade Agreement，以下简称《加欧协定》)和太平洋联盟(Pacific Alliance, PA)成员签署的《〈太平洋联盟框架协议附加议定书〉第一修正议定书》(Premier Protocols modifying the Additional Protocol to the Pacific Alliance Framework Agreement，以下简称《太平

---

〔1〕 Exec. Order No. 13609, *Promoting International Regulatory Cooperation*, 77 F. R. 26413, May 1, 2012.

〔2〕 2017 年美国时任总统特朗普上任之初便宣布退出 TPP，而后其余 11 个缔约国在冻结了 20 项条款后，宣布将 TPP 变更为 CPTPP，并经 11 个缔约国批准生效。鉴于 CPTPP 与 TPP 的监管合作章完全一致，本书中二者名称可以互换使用，用于指代不同时间段的协定。

洋联盟协议附加议定书修正议定书》)中已有涉及,只是章节名称有所不同,[1]但 TPP 谈判中陈述的监管趋同(regulatory convergence)表明“监管一致性”章在 TPP 中的创新性和重要性均高于《加欧协定》和《太平洋联盟协议附加议定书修正议定书》。因此,罗德里戈·波朗科(Rodrigo Polanco)认为,TPP 将“监管一致性”章涵盖在内的做法代表了优惠贸易协定(preferential trade agreements,PTAs)的一项重要发展。[2] 而美国与欧盟此前谈判的 TTIP 将重点解决双方的监管分化问题。由欧盟公布的 TTIP 谈判文本分为四个部分,[3]第二部分即“监管合作”。该部分除单设“监管合作”章和“善治的监管”(good regulatory practice,GRP)章外,还设有“技术性贸易壁垒”(technical barriers to trade, TBT)章、“卫生与植物卫生措施”(sanitary and phytosanitary measures, SPS)章,以及主要以附件形式体现的特定行业监管安排。此外,2019 年 2 月 1 日生效的《欧盟—日本经济伙伴关系协定》(The EU-Japan Economic Partnership Agreement,以下简称《欧日协定》)也涵盖了独立的“善治的监管和监管合作”章。2018 年 9 月 30 日,美国与墨西哥和加拿大达成一项关于重新谈判《北美自由贸易协定》(North American Free Trade Agreement,NAFTA)(已失效)的协议,即《美国—墨西哥—加拿大协定》(United States-Mexico-Canada Agreement,以下简称《美墨加协

---

〔1〕《加欧协定》第 21 章“监管合作”(regulatory cooperation),《太平洋联盟协议附加议定书修正议定书》的附件 4“监管改善”(mejora regulatoria)。

〔2〕See Rodrigo Polanco, *The Trans-Pacific Partnership Agreement and Regulatory Coherence*, in Tania Voon ed., Trade Liberalisation and International Cooperation: A Legal Analysis of the Trans-Pacific Partnership, Edward Elgar Publishing, 2013, p. 231 – 261.

〔3〕美国与欧盟之间的 TTIP 谈判于 2013 年启动,于 2016 年年底结束,双方未达成一致。欧盟理事会于 2019 年 4 月 15 日决定关闭该谈判。欧盟方面的谈判文本(TTIP-EU negotiating texts in TTIP)参见欧盟官网,https://ec.europa.eu/info/index_en。

定》),该协定涵盖名为“善治的监管”的新章节。因此,上述贸易协定在对章节命名上并不统一,分别用了“监管合作”“监管一致性”“善治的监管”等不同术语。笔者认为,监管合作可以有广义和狭义之分。从概念的本质来看,善治的监管作为治理方法领域的意识形态,更似国际贸易协定中广义监管合作规则的国内做法来源。由成员或缔约方首先在国内法中予以实施,再形成良好的做法和经验推广到国际法领域,最终形成广义上国际监管合作的要求。从狭义的角度理解,三者的关系可以被阐释为善治的监管是狭义监管合作的前提,而监管一致性仍是监管合作需要达成的目标。[1]

我国已签署的自由贸易协定并未涵盖监管合作规则或条款,但对此议题给予了一定关注。2015 年《国务院关于加快实施自由贸易区战略的若干意见》(国发〔2015〕69 号)中提出“推进规制合作。加强与自由贸易伙伴就各自监管体系的信息交换,加快推进在技术性贸易壁垒、卫生与植物卫生措施、具体行业部门监管标准和资格等方面的互认,促进在监管体系、程序、方法和标准方面适度融合,降低贸易成本,提高贸易效率”。因此,国际贸易协定中监管合作规则及其影响也逐渐成为我国国际经济法学者关注的议题。

二、理论和实践意义

就理论意义而言,监管合作是理论新领域。被视为“应对 21 世纪挑战”[2] 的 TPP 将监管一致性设置为重要谈判议程,欧盟和美国

---

〔1〕 国内外研究文献对监管合作、监管一致性等概念缺乏共识,导致这些术语经常被互换使用。本书将在第一章对相关术语等概念进行界定,并根据术语内涵选择“监管合作”作为本书研究的核心主题。

〔2〕 See *Trans-Pacific Partnership Leaders Statement* (June 21, 2023), https://obamawhitehouse.archives.gov/the-press-office/2015/11/18/trans-pacific-partnership-leaders-statement.

亦将“开展监管合作、解决监管分化”作为 TTIP 谈判的主要目标。虽然 TPP 和 TTIP 的国际监管合作规则由于受到规制自治权的制约，确定其为新的规则范式为时尚早，但从一定程度上代表了未来国际监管合作的主要发展方向。现有监管合作规则涵盖哪些基本条款、与传统规则（如国内规制、透明度）之间的关系、与规制自治权的协调等问题非常值得探讨。根据笔者的检索，国内现阶段尚未形成对监管合作规则重要性的共识，亦无针对监管合作规则的系统性研究，本书的研究成果或可为该领域进行初步探索。

就实践意义而言，从欧美等发达国家通过贸易协定推动监管合作的轨迹来看，很有可能在未来形成新的“监管同盟”。因此，关注该规则的发展，可提前考虑如何应对。更重要的是，国际监管合作亦符合我国现有战略和发展需求。第一，国际监管合作符合“构建人类命运共同体”的国际法阐释，可以通过国际监管合作规则的探索，丰富和发展中国特色的国际法理念。第二，国际监管合作是“一带一路”倡议下政策互通和贸易互通的题中之意。在“一带一路”倡议背景下，我国深入参与沿线国家投资与贸易，而这些国家中发达经济体占比较小，更多的是非洲和亚洲发展中国家。这些发展中国家市场化程度偏低，有的法律体系尚未健全，投资和贸易监管透明度不高。为了更好推进倡议的实施，在“一带一路”沿线国开展国际监管合作，可以提升沿线国经贸投资制度的透明度、可预见性和协调性，有助于我国企业“走出去”时减少监管风险。第三，监管合作中的善治的监管等同时是我国深化国内改革倡导的方向。当前我国正在开展国内监管体制的改革，包括各级行政法律法规、规范性文件的清理，行政权力、责任清单的公布等加强国内监管协调和透明度方面的举措。而善治的监管所提倡的透明度要求、利益相关人的参与和监管影响评估，与我国国内改革目标相契合。不仅有助于我国更好地参与全球经济，也能优化国内营商环境，对国内外企业都大有裨益。本书的研究关注并重视国际监管合作规则的发展，并深入调研国内监管体制改革与国际协定监管合作要求，为我国深化国内监管改革和参与国际监管合作提出建议。

第一章　国际贸易协定中监管合作规则的基础问题

启蒙运动及亚当·斯密(Adam Smith)和大卫·李嘉图(David Ricardo)的理论提出之后,贸易学者认为国际贸易的发展会促进生产率的提升和经济的增长。[1] 尽管关税减让通常是推动国际贸易发展的第一步,但消除监管成本也是实现这一目标的关键所在。随着全球化的发展,最初只在国内产生影响的监管措施,可能会对其他国家的经济产生重大的外溢效应。国际贸易商为了在国内和出口国市场合法销售产品,通常需要满足不同的监管要求,其根源是各国监管制度的碎片化。[2] 除了货物贸易,服务贸易更容易受到监管分化的影响。服务贸易的无形性、以商业存在和自然人流动提供等特点,使得关税等边境措施在服务贸易中无法适用,边境后的监管政策对服务贸易的影响更为显著。此外,随着科技的发展和数字贸易的兴起,监管政策在技术层面更具复杂性,数据流动、网络安全相关的监管措施越来越呈现多样性和碎片化的特点。在此背景下,在国际贸

---

〔1〕 Michael J. Trebilcock & Mariana Mota Prado, *What Makes Poor Countries: Institutional Determinants of Development*, Edward Elgar Publishing Limited, 2011, p. 224 – 231.

〔2〕 Mauro Vigani et al., *GMO Regulations, International Trade and the Imperialism of Standards*, Licos Discussion Paper, No. 255/2009, 2010.

易协定中纳入监管合作规则，可被认为是解决监管分化的有效路径。本章的主要目的是梳理国际贸易协定中监管合作的概念内涵、监管合作规则的涵盖范围和历史发展，以及监管合作规则的分类和目标，从而限定本书的研究对象，为后续研究奠定基础。

第一节　国际贸易协定中监管合作的概念内涵

任何关于监管合作的讨论都应该从澄清关键术语和概念开始。对监管合作这一关键术语的概念内涵进行界定，既是研究国际贸易协定中监管合作规则的基本前提，也是监管合作规则构建的基础。虽然近年来国际贸易协定中陆续出现了具有监管合作要素的条款或监管合作专章，但鲜有对监管合作及其相关概念进行明确的界定。本节将解决三个问题：第一，国际监管合作中的监管指什么？第二，国际监管合作的起源是什么？第三，国际监管协定中的监管合作是什么？

一、国际监管合作概念的先决问题

在梳理国际监管合作的概念内涵前，首先需要对其核心要素，即“监管”一词进行解析，主要包括两个问题。一是“研究对象”(regulatory cooperation)一词中 regulatory 的翻译问题。这是因为目前该术语首先运用于英文的实践和学术研究领域，国内研究对其所对应的中文翻译尚未形成统一意见，下文在研究开始前将对本书所选择的翻译术语作出解释。二是对“监管”一词的界定，包括监管的主体、对象和分类等。

(一)术语翻译：管制、规制和监管之辨

目前国内研究对该词的翻译并未统一，部分国内研究将本书研

究的 regulatory 翻译为“规制”。例如,2015 年商务部世界贸易组织司发布《关于欧盟发布〈TTIP 和规制〉情况的报告》,将 TTIP 中的 regulatory cooperation 规则翻译为“规制合作”;吴泽林[1]将 regulatory cooperation 译作“规制合作”,胡枚玲、张军旗[2]将 CPTPP 的“regulatory coherence”章翻译为“规制一致性”。也有学者译作“管制”,例如王燕[3]和刘雪红[4]对欧盟和美国谈判的 TTIP 中的 regulatory cooperation 和 regulatory coherence 译为“管制合作”和“管制一致性”。还有研究与本书翻译一致,将本书研究语境下的 regulatory 译作“监管”,例如王丹[5]和韩立余[6]都将 TPP 中的 regulatory coherence 译作“监管一致性”。因此在中国学术研究语境下,监管、规制、管制都被用以对应“regulatory”一词。

实际上,中国学术研究语境下的“规制”和“管制”都源自英文的“regulation”一词,“规制”参照的是日本语的翻译方法,起源是日本学者植草益在 20 世纪 70 年代精心构造的一个词汇,[7]指政府对微观经济主体进行规范和制约。[8] 余晖[9]认为管制是政府行政机构

---

[1] 参见吴泽林:《跨国规制合作:历史、路径与经验》,载《国际关系研究》2017 年第 6 期。

[2] 参见胡枚玲、张军旗:《论 CPTPP 规制合作的新范式及中国应对》,载《国际贸易》2019 年第 10 期。

[3] 参见王燕:《TTIP 管制一致性谈判——欧美管制分歧的消失抑或幻象》,载《国际商务(对外经济贸易大学学报)》2015 年第 3 期。

[4] 参见刘雪红:《欧美 TTIP 贸易管制合作新范式与中国因应》,载《上海财经大学学报》2018 年第 5 期。

[5] 参见王丹:《全球自贸协定中“监管一致性原则”与中国的因应》,载《河北法学》2017 年第 5 期。

[6] 参见韩立余主编:《〈跨太平洋伙伴关系协定〉全译本导读》(上),北京大学出版社 2018 年版,第 551 ~ 554 页。

[7] 参见沈伯平:《管制、规制与监管:一个文献综述》,载《改革》2005 年第 5 期。

[8] 参见谢地主编:《政府规制经济学》,高等教育出版社 2003 年版,第 3 页注释 1。

[9] 参见余晖:《中国的政府管制制度》,载《改革》1998 年第 3 期。

通过法律授权,对市场主体的某些特殊行为进行限制和监督。陈富良[1]则认为,政府的经济规制,是政府根据有关法律法令、规章制度,对市场主体,包括公共部门和私人部门的企业组织、事业单位及个人的经济活动进行规范和制约的一种管理方式。因此,从本质上讲,规制问题是政府与企业组织、政府与事业单位、政府与居民个人的关系问题。谢地[2]认为规制是市场经济条件下国家干预经济政策的重要组成部分,是政府为实现某种公共政策目标,对微观经济主体进行规范与制约,主要通过规制部门对特定产业和微观经济活动主体的进入、退出、价格、投资及涉及环境、安全、生命、健康等行为进行监督与管理(监管)来实现。

而"管制"在我国汉语中有强制、统制的语义。美国经济学家丹尼尔·F. 史普博(Daniel F. Spulber)的著作《管制与市场》(*Regulation and Markets*)[3]于1999年由三联书店引入国内时,"regulation"一词被翻译为"管制"。在西方经典经济学辞书《新帕尔格雷夫经济学大辞典》中,regulation也被翻译为"管制",指的是政府为了控制企业的价格、销售和生产决策而采取的各种行为,政府公开宣布这些政策是要努力制止不充分重视"社会利益"的私人决策。[4]国内学者王俊豪[5]则在其《政府管制经济学导论》一书中,将政府管制(government regulation)定义为具有法律地位的相对独立的政府管

---

[1] 参见陈富良:《论政府规制的理论依据》,载《江西财经大学学报》1999年第2期。

[2] 参见谢地主编:《政府规制经济学》,高等教育出版社2003年版,第3页。

[3] See D. F. Spulber, *Regulation and Markets*, The MIT Press, 1989.

[4] [美]斯蒂芬·布雷耶尔、[美]保罗·W. 麦卡沃伊:《管制和放松管制》,载[英]约翰·伊特韦尔等编:《新帕尔格雷夫经济学大辞典》第4卷,陈岱孙译,经济科学出版社1996年版,第137~143页。

[5] 参见王俊豪:《政府管制经济学导论——基本理论及其在政府管制实践中的应用》,商务印书馆2001年版,第1页。

制者(机构)依据一定的法规对被管制者(主要是企业)所采取的一系列行政管理和监督行为。而陈富良则认为,在汉语词汇中,管制很容易使人联想到统制和命令经济形式,而规制更接近英文原来的词义,它所强调的是政府通过法律和规章制度来约束和规范经济主体的行为,故翻译为“规制”更为恰当。为了体现规制与管制的这一区别,在论及计划经济体制时使用政府管制,而在论及市场经济体制时则使用“政府规制”一词。[1]

笔者认为,管制带有较强的国家干预的含义,规制和监管更契合政府及其相关机构在当前市场经济体制下所扮演的角色,也更能体现现代监管的本质内涵。因此,当规制和监管作为形容词使用时,均可对应“regulatory”一词,即译作“规制的”“监管的”,指政府及其相关机构通过法律、法规或相关措施调节经济社会主体行为的过程。但考虑到中国国内立法语境,本书将在后面的论述中统一将regulatory cooperation 译作“监管合作”,理由有二。第一,国内立法语境下监管的运用比规制更为普遍。例如《电子商务法》《旅游法》《土壤污染防治法》等多部法律都选择“监管”一词来指代政府部门对特定领域的监督和管理。“规制”则鲜有出现在法律条文中,而是被用于少量规范性文件或调研报告等文体中,用于表达“规范、制约”等义。[2] 因此,从国内立法的习惯来看,“监管”一词的运用更为广泛。第二,国际监管合作的主体不仅涵盖一国政府,还包括行政主管部门。中国部分行政主管部门在名称设定上也将“监管”作为其职责的表述,例如国家市场监督管理总局、国家药品监督管理局等。因

〔1〕 参见陈富良:《放松规制与强化规制——论转型经济中的政府规制改革》,上海三联书店2001年版,第104页。

〔2〕 例如《国务院关于印发新一代人工智能发展规划的通知》要求“实现激励发展与合理规制的协调”;《国务院关于印发“十三五”国家信息化规划的通知》中要求促进“规制互认”。

此,“监管”一词更贴近实践中的用法,本书在论述中统一用“监管”来对应英文 regulatory。[1]

(二)术语解释:监管的概念与分类

在现代生活中,风险常常无处不在,例如恐怖袭击、环境灾难、埃博拉病毒以及新冠病毒感染,这些无休止的威胁让人们意识到个人和集体的脆弱性。在这种背景下,有效的监管似乎是解决大部分风险的良方。通过对风险和监管的科学评估和经济分析,政府可以确定何时、何种程度的监管可将特定风险降低到可接受的水平。监管以多种政策工具形式出现,包括法律法规或监管措施等,制定或执行这些政策工具,可以通过塑造被监管者的日常行为、技术运用和组织程序,以减少灾难发生的可能性,并增强应对灾难的能力。

1. 监管概念的复杂性

虽然国内外监管实践和理论逐渐丰富,监管的概念却仍是法学、行政学、政治学、经济学等社会科学领域最富争议的概念之一。从经济学的角度而言,监管由政府设计以应对市场失灵(market failures)。[2] 例如美国联邦最高法院前大法官斯蒂芬·G. 布雷耶尔(Stephen G. Breyer)和美国著名经济学家保罗·W. 麦卡沃伊(Paul W. MacAvoy)在《新帕尔格雷夫经济学大辞典》中将管制(regulation)解释为“政府为控制企业的价格、销售和生产决策而采取的各种行动,政府公开宣布这些行动是要努力制止不充分重视‘公共利益’的私人决策”[3]。在《新帕尔格雷夫法经济学大辞典》中,西奥多·E. 科勒(Theodore E.

---

〔1〕 为保证引用的准确性,引文中的 regulation 或 regulatory 的译法与译者或作者保持一致。

〔2〕 See Panagiotis Delimatsis, *International Trade in Services and Domestic Regulations: Necessity, Transparency and Regulatory Diversity*, Oxford University Press, 2007, p. 87 – 91.

〔3〕 [英]约翰·伊特韦尔等编:《新帕尔格雷夫经济学大辞典》(第 4 卷),陈岱孙译,经济科学出版社 1992 年版,第 129 页。

Keeler)和斯蒂芬·E. 福瑞曼(Stephen E. Foreman)贡献了另一条解释:"管制是政府代表机构施加给(通常是)私人公司的经济控制。"[1]政府监管的起源一般是市场和政府关系的处理。[2] 监管对市场的干预可能出于实现经济目标的需要,例如市场竞争,也可能出于对非经济社会目标的考虑,例如消费者保护,因此在解决市场失灵和实现社会目标方面可以发挥关键作用。[3] 在监管的众多定义中,美国经济学家丹尼尔·F. 史普博在其著作《管制与市场》中,对经济学、法学和政治学文献中关于管制的重要定义进行了梳理分析,将管制(regulation)定义为"行政机构制定并执行的直接干预市场配置机制或间接改变企业和消费者的供需决策的一般性规则或特殊行为"[4]。与丹尼尔·F. 史普博不同的是,日本学者植草益认为规制(regulation)行为的实施主体,不仅包括社会公共机构,还包括私人机构,规制的对象则是构成特定社会的个人和构成特定经济的经济主体,目的则是由规制主体对规制对象的活动进行限制。[5] 因此,"监管是一个呈放射状的概念,不仅存在监管主体、监管范围、监管方式等维度的不同,而且不同维度上又有不同的主张,不同学者在不同维度、不同观点间进行组合,从而呈现出交叉重叠、错综复杂的现象"[6]。本书无意统一理论及实践领域对监管的不同界定和理解,

---

〔1〕 [美]彼得·纽曼主编:《新帕尔格雷夫法经济学大辞典》(第3卷),许明月等译,法律出版社2003年版,第241页。

〔2〕 参见王蕾:《政府监管政策绩效评估研究》,首都经济贸易大学出版社2012年版,第1页。

〔3〕 See Panagiotis Delimatsis, *International Trade in Services and Domestic Regulations: Necessity, Transparency and Regulatory Diversity*, Oxford University Press, 2007, p. 91.

〔4〕 [美]丹尼尔·F. 史普博:《管制与市场》,余晖等译,格致出版社、上海三联书店、上海人民出版社2017年版,第32页。

〔5〕 [日]植草益:《微观规制经济学》,朱绍文、胡欣欣等译校,中国发展出版社1992年版,第1页。

〔6〕 马英娟:《监管的概念:国际视野与中国话语》,载《浙江学刊》2018年第4期。

但在论述国际贸易协定中监管合作规则前，仍需要明确该语境下“监管”的概念和内涵，包括监管主体、监管范围等。

2. 监管的主体和范围

从监管主体来看，虽然关于监管主体的讨论，向来有一元主义和多元主义之争，[1]但国际贸易协定中监管合作的参与方应为各缔约方政府及监管机构，因此本书语境下的监管主体应当为政府及监管机构。这与部分国家的实践做法亦相一致。美国行政管理与预算办公室明确“监管是指政府行政机构根据法律制定规章并执行的行为”[2]。在中国语境中，“监管”在官方文件中一直是作为政府的一种职能。“监管”一词首次出现在中国政府的官方文件，是2002年3月15日第九届全国人民代表大会第五次会议审议通过的《政府工作报告》。该工作报告指出，“必须进一步解放思想，彻底摆脱传统计划经济的羁绊，切实把政府职能转到经济调节、市场监管、社会管理和公共服务上来”。自此，市场监管成为中国政府所具有的，与经济调节、社会管理、公共服务并列的职能。这一性质界定将监管的范围限定在微观层面的市场主体的经济活动及其产生的社会问题层面。[3]

基于监管主体限定为政府及其监管机构，进一步讨论监管的范围，通常的观点认为，监管的范围仅限于私人活动，但也有观点认为监管还包括对政府监管部门的监管，即对监管者的监管。例如，

---

[1] 狭义的观点认为监管的主体仅限于政府行政部门，不包括立法部门和法院；中义的观点认为监管的主体是所有国家机关，包括立法、行政和司法机关；广义的观点则认为监管的主体不仅包括所有政府部门，还包括非政府组织和私人。因此，监管主体按照范围从窄到宽的顺序，大体可以分为四种：独立监管机构、政府行政部门、政府（包括立法机关、行政机关、法院和国际组织）、政府和非政府组织以及个人，体现了一元主义和多元主义并存的格局。参见马英娟：《监管的概念：国际视野与中国话语》，载《浙江学刊》2018年第4期。

[2] See OMB and OIRA, Reginfo. gov (June 29, 2023), https://www.reginfo.gov/public/jsp/Utilities/faq.jsp.

[3] 参见马英娟：《监管的概念：国际视野与中国话语》，载《浙江学刊》2018年第4期。

OECD 将监管划分为三种类型,即经济性监管(economic regulation)、社会性监管(social regulation)和行政性监管(administrative regulation),其中前两种是规范和控制私人活动的,而行政性监管则关注政府内部的规程与运行机制。[1] 监管合作的对象不应包括行政性监管,只涉及经济性监管和社会性监管。经济性监管指在自然垄断和存在严重信息不对称的领域,为防止资源配置效率低下、确保资源的公平利用、维护经济市场的稳定,行政机关可以依法采取许可、认证认可等措施,对市场主体的准入和退出,产品和服务的价格、质量、投资行为,以及特定服务行业如银行、保险等金融机构进行监管。[2] 这类监管分为市场主体设立监管、价格监管、质量监管、金融监管等。[3] 社会性监管则主要指政府及其监管机构基于保护健康、安全和环境等公共政策目的而实施的监管行为,主要手段包括对特定行为的禁止或限制、资格认证、设定保护标准、行政性检查与鉴定等。[4] 本书研究语境下监管的范围,仅指对市场主体的经济活动以及伴随其经济活动产生的社会问题的监管,不包括行政性监管,也不包括各类辅助性监管[5],且具有一定的特定范围,不应覆盖所有社会生活领域。

---

〔1〕 See OECD, *The OECD Report on Regulatory Reform: Synthesis*, OECD Publishing, 1997, p. 6.

〔2〕 [日]植草益:《微观规制经济学》,朱绍文、胡欣欣等译校,中国发展出版社 1992 年版,第 22、27 页。

〔3〕 参见王俊豪:《政府管制经济学导论——基本理论及其在政府管制实践中的应用》,商务印书馆 2001 年版,第 33 页。

〔4〕 参见张成福:《论社会性管制及中国社会性管制发展》,第三届"21 世纪的公共管理:机遇与挑战"国际学术研讨会会议论文,2008 年 10 月。

〔5〕 美国学者弗洛伦斯 · A. 黑弗兰(Florence A. Heffron, *The Administrative Regulatory Process*, Longman, 1983, p. 349 – 358)在经济性监管和社会性监管之外,扩展出第三类辅助性监管,泛指与执行各类福利计划有关的监管措施。笔者认为,这类监管措施不应被囊括在国际贸易协定监管合作的范围内。

综上，本书所称的监管仅指政府及监管机构依法制定相关规范标准，并辅以监督和促进这些规则实施的机制。监管包括规则制定阶段和实施阶段两个环节，其中规则实施阶段的监管合作更容易。此外，虽然私人机构和企业可能选择与监管机构合作，成为监管行为共同体，但本书所研究的监管不包括私人机构和企业所参与的监管。

二、国际监管合作概念的逻辑缘起

无论是经济性监管还是社会性监管，一国政府及国内监管机构的管辖范围仅及于一国内部，因此该监管行为产生的影响也仅及于一国内部。但在全球治理语境下，监管合作并非新生事物，过去几十年间，全球治理议题受到众多领域不同学者的广泛关注。国际律师和政治学家通过各种理论框架，包括跨政府网络、全球行政法、非正式国际立法和跨国私人监管等，大幅增加了跨国合作机制的范围和形式。下文将讨论监管合作在全球治理和国际经贸规则中，尤其是在贸易领域兴起的逻辑。

（一）一国监管能力的局限性

随着全球化的进程、数字经济的发展，各国在经济、环境和公共卫生等领域的联系愈加紧密，由班尼迪克·金斯伯里（Benedick Kingsbury）、尼科·克里斯奇（Nico Krisch）和理查德·斯图尔特（Richard Stewart）在2005年发起的“全球行政法”（Global Administrative Law，GAL）项目有一个重要的出发点，即在全球化的背景下许多重要领域的监管必然是跨越边境的。各国不断提升和加强其监管能力，以发展国家经济并保护公民免受各种威胁。在全球经济一体化的背景下，知识、货物、服务和人员可以随意地跨境流动，银行和金融监管、执法、电信、污染、气候变化、恐怖主义和贸易限制无视国界,这些问题随着全球化进程的深入,越来越难以单独通过某一国家的国内监管和行政措施得到有效解决。[1] 因此,各国之间通过国际条约、协定或非正式的政府间合作网络,建立不同种类的跨国规制或国际监管合作制度,将许多监管决定从国家一级转移到全球一级,以合作解决非贸易议题和跨国市场失灵的问题。这一过程中蕴含了各国提升监管能力的需求,因为全球经济一体化、技术改革、全球供应链的兴起以及投资的流动性削弱了各国单方面采取行动保护本国公民的能力。总体来说,全球经济一体化导致的监管挑战可以分为四类。[2] 第一,全球供应链、服务网络或互联网为消费者带来的,与货物和服务跨境流动有关的健康、安全、环境和其他风险。第二,污染、流行病、气候变化以及未经充分管理的生产或加工方法(production and process methods, PPMs)所产生的其他问题。第三,因国内监管制度薄弱和跨境执法缺乏一致性和有效性所产生的金融不稳定风险。第四,包括洗钱、恐怖主义、腐败、人口贩卖和毒品交易在内的非法跨境交易。就上述挑战自身的性质而言,这些问题无法通过个别国家采取单方措施或行动予以解决。上述四类问题中的第一类问题与国际贸易领域的监管合作最为相关。因此,风险的跨境导致各国监管能力在应对风险时的局限性,由此产生了监管合作的需求。

(二)国内监管影响的外部性

除国家监管能力的局限性导致监管合作的需求外,国内监管政

---

[1] See Benedict Kingsbury, Nico Krisch & Richard B. Stewart, *The Emergence of Global Administrative Law*, Law and Contemporary Problems, Vol. 68: 3/4, p. 15 – 61(2005).

[2] See Richard B. Stewart, *State Regulatory Capacity and Administrative Law and Governance Under Globalization*, in Nicholas R. Parrillo ed., Administrative Law from the Inside Out: Essays on Themes in the Work of Jerry L. Mashaw, Cambridge University Press, 2017, p. 474 – 500.

策的外部性也是国际贸易协定中监管合作的动因之一。对国家监管政策的外部性分析可以从产权及其外部性理论开始。一国监管行为将会引起监管的外部性,即在没有征得外部者(outsider)同意的情况下将成本强加给了外部者,却没有使其获得相应的利益。但从理论上讲,如外部者希望就这些成本达成妥协,只有在这种妥协可以提升各方整体福利时才会被同意。必须指出的是,根据罗纳德·哈里·科斯(Ronald H. Coase)的观点,所有外部性问题都是相互的,即如果一方被要求停止对另一方不利的行为,则前者也会承担一定的成本。出于交易费用的考虑,所有监管外部性都不值得内部化,但监管外部性的存在表明对监管权交易效用的评估,各国还需面对监管经济的规模、范围等问题。这些可能的成本和收益推动了对最佳监管的追寻。

需要解释的是,在贸易领域存在普通外部性和货币外部性(pecuniary externalities)。一方面,普通外部性并不是只存在于贸易领域,还可能存在于环境保护、人权和其他相关语境。举例而言,某个国家捕捞金枪鱼的做法会导致附带海豚死亡的环境破坏,从而对另一个国家造成不利影响,这就属于普通外部性的情形。这种外部性在某种程度上不考虑市场或法律因素。而另一方面,货币外部性通常又被称为竞争外部性,其发生在不利影响通过市场体系传播的场景下。因此,如果某国的金枪鱼捕捞办法成本较低,从而导致其产品可以在另一个监管更严格的地区以低价销售,那么,另一国的金枪鱼捕捞业就业机会受到的不利影响就属于货币外部性的范畴。这种外部性类型可被理解为完全属于贸易领域。需要说明的是,虽然国家间可能参与了两种外部性相关的交易,而国际贸易协定经常解决的是与货币外部性有关的交易,但如果货币外部性与普通外部性相关联,甚至存在其他的情形,国际贸易协定处理普通外部性则可能是有益的。

（三）国际贸易壁垒的扩大化

虽然在全球经济一体化和全球产业链发展的背景下,国家监管的局限性和国内监管的外部性导致国家间开展监管合作的需求,但监管合作规则是否纳入国际贸易协定文本,则需要关注国际贸易法规制目标,即贸易壁垒范围的变迁。国际贸易协定的基本目标之一是追求"贸易自由化",因此其规则在很大程度上主要是限制或消除政府对跨境贸易的"非法"(illegitimate)干预。为了实现国际贸易协定的基本目标,首先必须对构成贸易壁垒的政府行为和不构成贸易壁垒的政府行为进行区分。这并非易事,因为具体哪些形式的政府行为应当受到国际贸易规则的约束并没有定论,且从广义角度理解,任何政府行为都可能对跨境贸易产生影响。两次世界大战间期,由美国《1930 年霍利关税法案》(the U. S. Smoot-Hawley Tariff Act of 1930)引发的贸易报复行为,使美国征收的关税一度接近 50%,直接导致《关税与贸易总协定》的谈判。虽然关税与贸易总协定从贸易开放的角度实际上赞成关税的运用并维护一国合法保护本国产业或消费市场的经济主权,但由于关税征收或减让的经济效应显著,且在贸易谈判中也容易被量化,加上关税与贸易总协定最初的定位亦是关税协定,早期几十年也主要集中在关税减让的谈判上,因此这一时期畸高的关税被国际贸易协定视作主要的规制对象。1947 年 10 月缔结的关税与贸易总协定是 23 个成员关税减让谈判的初步成果,也被设想为国际贸易组织(International Trade Organization, ITO)(未成立)的一部分。作为以规则为基础的全球贸易体系,关税与贸易总协定的效果超出预期,不仅有助于降低关税和其他边境限制,也使全球经济一体化成为促进和平与繁荣的力量。关税与贸易总协定之后成立的世界贸易组织(World Trade Organization,WTO)在削减边境壁垒上更是取得巨大成功,2013 年的数据显示 OECD 成员的关税平均水平降至 3%。中国、印度等新兴经济体的关税水平降至 10% 以下。[1]

随着关税、配额以及其他边境贸易壁垒的减少,国际贸易规则的关注点逐渐从边境措施转向"边境后"的国内监管等非关税措施(non-tariff measures,NTMs)。[2] "非关税措施"这一术语就目的、法律形式和经济影响方面,涵盖了一系列不同的程序。鉴于其在全球商业中扮演着越来越重要的角色,非关税措施的量化已经成为学术界和实务界关注的重点。然而,因为非关税壁垒类型的多样化,任何统一或全球性的分析都具有挑战性。非关税措施可以被定义为关税和关税税率配额之外的任何政策措施,这些措施会对货物或服务的价格、贸易量等产生影响。[3] 一般而言,这些措施旨在克服或减少市场缺陷的影响,例如与负外部性、人类、动物或植物健康风险或信息不对称有关的影响。[4] 虽然它们的目的通常是解决合理公共政

---

〔1〕 See WTO, *World Trade Report* 2014: *Trade and Development*: *Recent Trends and the Role of the WTO*, World Trade Organization, 2014, p. 69.

〔2〕 通常认为,非关税措施与非关税壁垒属于两个不同的概念,因为非关税措施不一定构成贸易壁垒,因此非关税壁垒应当是非关税措施下的一个子概念。笔者认为,非关税壁垒的表述更强调贸易扭曲效果,因此将政府以非关税方式实施的、能够对国际贸易产生影响的法律、法规和规定,统称为非关税措施,其中包括具有歧视性的非关税措施和不具有歧视性的边境后措施。参见邓纲:《非关税措施的理论、立法和实践》,厦门大学出版社 2007 年版,第 4 页。

〔3〕 See Olivier Cadot & Julien Gourdon et al. eds., *Estimating Ad Valorem Equivalents of Non-Tariff Measures*: *Combining Price-Based and Quantity-Based Approaches*, OECD Trade Policy Paper, No. 215, OECD Publishing, 2018, p. 4.

〔4〕 See Frank van Tongeren & John Beghin et al. eds., *A Cost-Benefit Framework for the Assessment of Non-Tariff Measures in Agro-Food Trade*, OECD Food, Agriculture and Fisheries Paper, No. 21, OECD Publishing, 2009, p. 1 – 6.

策问题，但往往会产生增加生产和贸易成本的效果，并可能对新技术或生产方法的研发产生积极或消极的影响。同关税一样，国内监管原本是一国国家文化、经济和政治禀赋的体现，完全属于国家主权的范畴，但因其也可能对其他国家构成出于保护主义目的的非关税壁垒，因此国际贸易协定开始考虑并纳入对国内监管等非关税壁垒的规制，监管合作是解决监管壁垒的手段之一，也被国际贸易协定考虑在内。

综上，国家监管能力的局限性和监管影响的外部性是监管合作概念的逻辑起点，而贸易壁垒从关税壁垒发展到非关税壁垒，也使监管合作这一概念融入贸易协定成为其谈判和约束的范围，下文将进一步分析国际贸易协定中监管合作规则的定义。

三、国际贸易协定中监管合作的定义

在研究开始前，还需要对本书研究的核心范畴，即监管合作进行界分，辨析监管一致性、善治的监管等相关概念，以廓清认识并为研究打下基础。

（一）国际监管合作概念的演化：监管议题到贸易议题

国际监管合作这一形式由来已久，从早期的监管议题到现在的贸易议题，国际监管合作不仅被运用于不同领域以解决不同的经济和公共政策问题，其外延和内涵也在不同历史和语境下不断演化。笔者认为，不同类型的监管合作规则或机制最本质的区别在于，监管合作的动机是促进监管的目标，还是促进贸易自由化的目标；推动这一进程的行为者，是监管机构还是贸易机构。显然，不同的机构推动监管合作规则发展的出发点、价值取向和行为模式均不相同。最重要的是监管目标的实现这一动机本身究竟是主要目标还是附属于贸易自由化这一目标，决定了监管合作的规则是属于监管规则的范畴还是贸易规则的范畴。因此，对国际监管合作概念的演化进行梳理，可以帮助理解国际贸易协定中监管合作规则的含义。

1. 监管议题下的国际监管合作

全球行政法语境下广义的国际监管合作指各国为实现跨境规则的一致性，在监管设计、监测与执行或事后管理方面开展合作的安排。〔1〕几十年来，各国政府通过各种形式的监管合作，共同应对全球化的监管挑战。20 世纪 80 年代以来，监管国家（regulatory state）的崛起成为 OECD 成员国间公共政策制定上的核心趋势。OECD 对监管合作的早期定义是"一国政府、地方各级政府和广大公众可以共同努力，在民主价值观如问责制、开放性和主权的约束下建立更综合的规则制定和执行体系"〔2〕。2013 年 OECD 进一步将国际监管合作定义为，国家与国家之间在双边、区域、多边层面达成的任何正式或非正式的协定或组织安排，以促进在监管的设计、监测、执行或事后管理等方面的合作，从而支持规则的跨境趋同或一致性。〔3〕除此之外，还有学者将监管合作定义为使不同司法管辖区的监管要求和政府政策趋同或相似的过程。〔4〕

监管语境下的国际监管合作认识到国家监管能力的局限性，其目的是实现国家间共同的公共利益目标和更广泛的社会福祉。例如，金融监管机构之间为了避免国际金融危机而展开的监管合作，食

〔1〕See Jeffrey L. Dunoff, *Mapping a Hidden World of International Regulatory Cooperation*, Law and Contemporary Problems, Vol. 78, p. 267 - 299(2015).

〔2〕OECD, *Regulatory Cooperation for an Interdependent World*, OECD, 1994, p. 15.

〔3〕See OECD, *International Regulatory Co-operation: Addressing Global Challenges*, OECD Publishing, 2013, p. 16.

〔4〕See David W. Leebron, *Lying Down with Procrustes: An Analysis of Harmonization Claims*, in Robert E. Hudec et al. eds., Economic Analysis, The MIT Press, 1996, p. 41 - 117.

品药品监管机构为了杜绝食品药品安全隐患所开展的监管合作，税务监管机构为了打击跨境偷税漏税行为开展的监管合作等。这一时期的监管合作目标未将“削减监管壁垒”“降低贸易成本”“促进贸易与投资”等国际贸易目标囊括在内，甚至可能在某种程度上与贸易目标相悖或无关。因此，最初的贸易政策重点可能并不在于监管机构所追求的公共政策目标。监管机构在设计和参与国际监管合作方面发挥主要作用，贸易政策可能产生实现公共监管政策目标的附带效果，但无法起到决定性作用。

OECD 根据调查总结出 11 种类型的监管合作机制：通过超国家或联合机构整合或统一、特定谈判达成的协定（条约/公约）、国家间的监管伙伴关系、政府间组织、涵盖监管合作条款的区域协定、相互承认协议（mutual recognition agreements，MRAs）、跨政府网络、国内规则制定的协调要求、国际标准的认可、软法、对话/信息的非正式交换（见表 1.1）。两个或两个以上合作方通过这些合作机制对监管分歧进行讨论，使其在可行和可取的范围内调整其监管要求。

表 1.1　国际监管合作机制的形式

类型	定义	示例
通过超国家或联合机构整合或统一	将国家监管权让渡于超国家的法律制定或机构，主要以规则的协调为主开展监管合作	欧盟机构和欧盟指令、《澳大利亚和新西兰联合食品标准》（Food Standards Australia and New Zealand，FSANZ）、澳大利亚新西兰治疗产品管理局（Australia New Zealand Therapeutic Products Agency，ANZTPA），以及欧盟能源规制案例

续表

类型	定义	示例
特定谈判达成的协定(条约/公约)	由各国签署并在国际法上具有约束力的正式监管合作,每个参与政府都同意有关特定主题或领域的监管要求、法律义务和责任。在形式上包括条约、公约和议定书。这些协定或/不由特定机构支持	多边包括《关于消耗臭氧层物质的蒙特利尔议定书》(Montreal Protocol on Substances that Deplete the Ozone Layer),双边包括税务条约(tax treaties),OECD 示范税务公约(model tax convention)的案例则指双边税务条约的协调。 跨境水资源管理的案例说明国际监管合作可以通过国际法以特定机制实现,例如保护莱茵河国际委员会(International Commission for the Protection of the Rhine, ICPR)
国家间的监管伙伴关系	通过国家间的正式、伞型、广泛的政治协定来促进更有质量的规制并消除不必要的监管分歧	加拿大—美国之间的监管合作委员会、跨大西洋经济伙伴关系、墨西哥—美国高水平监管合作委员会和澳大利亚与新西兰跨塔斯曼合作(Trans-Tasman Cooperation)
政府间组织	通过基于条约的国际组织促进监管合作	国际劳工组织、OECD、WTO、APEC等。化学品安全、OECD 示范税务公约和消费产品安全的案例表明 OECD 如何在成员间促进合作
涵盖监管合作条款的区域协定	区域贸易协定或经济合作等促进经济和贸易一体化的正式区域贸易协定,其中含有监管条款	例如 WTO 成员通报的已生效区域贸易协定;APEC 成员签署的涵盖监管条款的区域协定
相互承认协议	缔约方根据国际法原则,通过互认协定承认另一成员监管当局作出的法律决定	欧盟 1985 年技术协调和标准化的"新路径"、澳大利亚与新西兰跨塔斯曼互认安排、多边层面关于化学品安全的相互承认协定

续表

类型	定义	示例
跨政府网络	该类型的合作基于“松散”结构,通过频繁互动而非涉及国内特定机构如监管机构之间的正式谈判,而是直接由政府间开展结构对话、签订谅解备忘录(memorandum of understanding, MOUs)等方式进行合作	例如政府间的国际竞争网络(International Competition Network, ICN)、巴塞尔银行监管委员会(Basel Committee on Banking Supervision)等竞争法执行和银行的审慎监管案例
国内规则制定的协调要求	要求国内相关部门在制定规则时考虑该领域相关国际标准和合作框架的跨部门和跨政府要求。如果国内相关部门在此过程中最终适用或认可另一管辖区的法律或标准,则可以被理解为单方面协调	澳大利亚政府理事会(Council of Australian Governments, COAG)最佳监管实践
国际标准的认可	通过在规则制定时参考/引用国际标准,或用国际标准条文替换法规或规章草案条文,从而将国际标准融入规则	例如参考或采用国际标准化组织(International Organization for Standardization, ISO)制定的标准或其他国际标准制定组织制定的条文,又如跨国私人规制
软法	通过不具有法律强制力或强制力相比传统法律较“弱”的工具来开展合作,例如示范法、指导方针、路线图、同行评审(peer reviews)等	OECD 设定了指南和原则,与同行评审机制相结合。还包括 OECD 示范税务公约、竞争法执行和化学品控制等案例

续表

类型	定义	示例
对话/信息的非正式交换	通过会议、论坛等为来自不同管辖区的监管者和利益相关方提供交换监管事宜的场所	例如欧盟和美国通过跨大西洋经济理事会发起的跨大西洋对话,包括跨大西洋商业对话、跨大西洋消费者对话。还包括消费者产品安全和全球风险对话等例子

资料来源:OECD, *International Regulatory Cooperation: Addressing Global Challenges*, OECD Publishing, 2013, p. 23 -25.

由上述11种国际监管合作机制可以看出,通过国际贸易协定开展的监管合作,仅仅只是众多国际监管合作机制的一种。既然被纳入国际贸易协定,说明国际监管合作除了解决监管问题,还纳入了国际贸易和投资发展的目标,其参与者也从最初的监管机构扩展到由监管机构和贸易机构共同参与。

2. 贸易议题下的国际监管合作

监管合作也许是一个可取的目标,但贸易协定是否为实施监管合作的最佳场所,这还是一个问题。OECD将与贸易有关的监管合作(trade-related IRC)定义为"两个或两个以上国家之间为了减少国际货物和服务贸易中与监管和程序相关的成本而开展的合作",但这一合作并不否认这些规制所蕴含的目标以及国家的监管权。更具体而言,国际监管合作侧重于有效处理卫生与动植物卫生问题、安全、环境和健康的国内规章和程序,其目的是减少贸易伙伴之间因监管或程序的差异而产生的不必要费用。[1] 加拿大政府认为监管合作

[1] See Von Lampe, K. Deconinck & V. Bastien, *Trade-Related International Regulatory Cooperation: A Theoretical Framework*, OECD Trade Policy Papers, No. 195, OECD Publishing, 2016, p. 1 -3.

是政府共同努力的过程,目的是降低加拿大企业和消费者的成本,增加加拿大市场上安全产品的选择,并增强健康、安全和环境保护。这一过程包括减少不必要的监管差异、消除重复的要求和程序、协调或调整规则、分享信息和经验,以及对国际标准的运用。监管合作适用于一系列监管活动,包括政策制定、检查、认证、运用和制定标准,以及产品和测试的认可。[1]《美墨加协定》则认为监管合作意味着两个或多个成员方为了阻止、减少或消除不必要的监管分歧所做的努力,该努力的目的是便利贸易和推动经济发展,同时维持或加强公共健康安全和环境保护的标准。[2]

在国际贸易协定的语境下,监管合作通常用于处理技术要求等非关税贸易壁垒。但并不局限于此,国际监管合作可能通过实现监管要求的趋同,来直接决定或影响货物贸易和服务贸易的条件。只要监管合作成功实现各国监管要求的趋同,其结果就会影响到参与国际贸易产业链的各方,包括供应商、中间商、消费者等。因此,国际监管合作意味着各国法律制度在不同程度上的趋同和协调,并在各国的努力下通过不同机制进入更深入的监管合作形式。从这个意义上看,通过国际贸易协定开展监管合作,并将监管合作规则适用的领域扩展至国内监管的程序性要求上,即属于国际监管合作的深入发展。

综上,与监管议题语境下的监管合作相比,国际贸易协定中的监管合作可能涵盖与前者相同的规则要素,例如标准的协调、相互承认等,参与主体也仍主要是国内监管机构,但后者在此基础上还纳入了减少监管贸易壁垒,促进国际贸易和投资等目标,参与主体也涵盖了

---

〔1〕 *Regulatory Cooperation*, Government of Canada (June 20, 2023), https://www.canada.ca/en/treasury-board-secretariat/services/regulatory-cooperation.html.

〔2〕《美墨加协定》第28.1条。

一国的贸易机构。通过国际贸易协定这一机制，国际监管合作不仅可以取得深入发展，也可以在此基础上为监管合作提供更全面的决策视角和维度，在促进公共政策目标的同时维护自由贸易目标。因此，国际贸易协定中的监管合作范围，应当比监管议题下的监管合作范围更窄，应侧重于适用于直接影响各方货物和服务贸易的法律、法规和措施。监管议题下的其他合作领域，例如大气污染、公共卫生监管等间接影响贸易或投资等国内措施，不应纳入国际贸易协定下监管合作规则适用的范围。

（二）监管合作相关概念辨析

在监管合作的研究文献中，术语不统一的现象很普遍，学者们互换地运用监管合作（regulatory cooperation）、监管一致性（regulatory coherence）、监管改善（regulatory improvement）、监管协调（regulatory coordination）、监管融合（regulatory harmonization）或善治的监管（good regulatory practices）等概念或术语，却没有对潜在的差异做必要的澄清。同样，实践中优惠贸易协定和大型区域贸易协定在条文设定时并没有区别对待上述术语并作出严格界定，在术语的运用上存在不统一的情形。其中，监管一致性和善治的监管运用较为广泛，对监管合作相关概念进行辨析，有助于进一步明晰监管合作的概念和内涵。

1. 监管合作与监管一致性

虽然“监管一致性”“监管合作”等术语被频繁地用于区域或多边贸易讨论的场所，但无论是实务定义还是学术定义均尚未达成共识，引发对监管合作与监管一致性关系的讨论。

（1）国内和国际二分法

尽管没有普遍适用的定义，部分学者认为监管合作和监管一致性是两个不同的术语,指代的是两种不同类型的监管安排。大多数学者的意见是从国际和国内要素来区分两个概念。西奥多·波斯纳和大卫·沃尔夫认为监管一致性的概念(至少迄今为止)主要侧重于国内行政法语境和程序,必须与监管合作的概念区分开。[1] 罗德里戈·波朗科则引用西奥多·波斯纳和大卫·沃尔夫的观点,进一步指出将监管一致性引入国际协定将带来许多尚不清楚答案的问题,但最重要的还是监管一致性的定义,"只有我们对监管一致性的含义有更深入的了解,否则很难将其作为一种独特的政治现象进行研究和衡量"[2]。伯纳德·霍克曼和彼得罗斯·C.马弗罗迪斯认为监管一致性指善治的监管和其他类似条款,而监管合作则指旨在通过互认、协调甚至联合制定规则等减少不同管辖区之间监管分歧的措施。[3] 彼得罗斯·C.马弗罗迪斯认为,"监管合作"表示存在国际因素,"监管一致性"则侧重于国内监管程序的质量。[4] 刘汉威和林勤

[1] See Theodore Posner & David Wolff, *Making "Regulatory Coherence" Coherent*, Law 360, 25 April 2011, p.3.

[2] Rodrigo Polanco, *The Trans-Pacific Partnership Agreement and Regulatory Coherence*, in Tania Voon ed., Trade Liberalisation and International Cooperation: A Legal Analysis of the Trans-Pacific Partnership, Edward Elgar Publishing, 2013, p.231.

[3] See Bernard M. Hoekman & Petros C. Mavroidis, *Regulatory Spillovers and the Trading System: From Coherence to Cooperation*, E15 Initiative, ICTSD and World Economic Forum, April 2015, p.2 - 3; US Chamber of Commerce, *Regulatory Coherence and Cooperation in the Transatlantic Trade and Investment Partnership*, 2015; Jonathan B. Wiener & Alberto Alemanno, *The Future of International Regulatory Cooperation: TTIP as a Learning Process Toward a Global Policy Laboratory*, Law and Contemporary Problems, Vol. 78:4, p.103 - 136(2015).

[4] See P. C. Mavroidis, *Regulatory Cooperation: Lessons from the WTO and the World Trade Regime*, E15 Task Force on Regulatory Systems Coherence: Policy Options Paper, E15 Initiative, International Centre for Trade and Sustainable Development (ICTSD) and World Economic Forum, 2016, p.8.

富认为这两个概念确实有不同的侧重点和逻辑。[1] 监管一致性体现在民主问责制和法治中,重点针对国内监管程序的改革和纪律;而监管合作是来自不同政府的监管机构之间的互动或伙伴关系进程,旨在减少分歧并提高跨境互操作性。

(2)涵盖要素法

还有学者通过涵盖要素来区分两个概念,克莱斯特·阿尔维乌斯(Christer Arvíus)和洛伦扎·贾奇亚(Lorenza Jachia)根据复杂性和参与程度界定了监管合作的两个部分。第一部分是国家监管实践的纪律,包括遵守"善治的监管"和透明度措施;第二部分是跨国监管合作的不同层次,包括对测试、合规性评估程序、认证系统及其结果的认可,对功能等效的技术法规的认可,以及建立完全协调统一的技术法规等。[2] 乔纳森·威纳(Jonathan B. Wiener)和阿尔贝托·阿勒曼隆(Alberto Alemanno)将国际监管合作定义为"表示协调各国监管的一系列步骤",这通常是来自国家层面的监管改革努力与跨境贸易自由化努力的相互作用。[3] 如参照前文通过国内和国际要素来

---

[1] Han-Wei Liu & Ching-Fu Lin, *China and Global Regulatory Coherence: An Uneasy Relationship?*, IILJ Working Paper 2017/3 (MegaReg Series), Institute for International Law and Justice, New York University School of Law, 2017, p.7.

[2] See Christer Arvíus & Lorenza Jachia, *Regulatory Cooperation: A Wikihow*, *E15 Task Force on Regulatory Systems Coherence Think Piece*, International Centre for Trade and Sustainable Development (ICTSD) and World Economic Forum, 2015, p.7.

[3] See Jonathan B. Wiener & Alberto Alemanno, *The Future of International Regulatory Cooperation: TTIP as a Learning Process Toward a Global Policy Laboratory*, Law and Contemporary Problems, Vol.78:4, p.103 – 136(2015); Alberto Alemanno, *Is There a Role for Cost-Benefit Analysis Beyond the Nation-State? Lessons from International Regulatory Cooperation*, in Richard Revesz & Michael Livermore eds., The Globalization of Cost-benefit Analysis in the Environmental Policy, Oxford University Press, 2013, p.104 – 105; See also Simon Lester & Inu Barbee, *The Challenge of Cooperation: Regulatory Trade Barriers in the Transatlantic Trade and Investment Partnership*, Journal of International Economic Law, Vol. 16:4, p.847 – 867(2013).

区分二者的观点，上述两种监管合作的定义都涵盖了监管一致性的内容。而彼得·芒福德（Peter Mumford）认为，监管一致性需要一个具有三个相互关联要素的多维战略：①国内法与国内机构之间的一致性；②国内和国际政策目标之间的一致性；③两个或多个经济体的法律和机构之间的一致性。[1] 罗德里戈·波朗科则以 TTIP 为例，认为监管一致性包括在处理监管事项和非关税壁垒的总体思路中，而这一总体思路还涵盖了广泛的国际监管合作要素。[2] 根据这一看法，监管一致性可能包括透明度、监管效率和质量、不同管辖区间监管标准的协调等不同的要素。罗德里戈·波朗科认为，监管一致性意味着开展实体监管协调，以及对制定和实施规则进行协调的过程，还有对规制进行互认。[3] 因此，尽管上述学者试图从涵盖要素来区分监管合作和监管一致性，最终却得出监管合作和监管一致性指代的内容相同的结论。

由于缺乏学理概念上的共识，监管合作和监管一致性的理解还可参考实践运用。从国际贸易协定对术语的运用来看，二者也并无清晰的概念或界分。以《加欧协定》和 CPTPP 为例，二者各自以"监管合作"和"监管一致性"作为专章的标题。虽然《加欧协定》没有对监管合作的概念进行界定，但从条文的设置来看，"监管合作"章涵盖了"监管一致性"的内容。CPTPP 认为监管一致性的定义为"为便利

---

〔1〕 See Peter Mumford, *Regulatory Coherence: Blending Trade and Regulatory Policy*, Policy Quarterly, Vol. 10:4, p. 3 – 9(2014).

〔2〕 See Elizabeth Sheargold & Andrew D. Mitchell, *The TPP and Good Regulatory Practices: An Opportunity for Regulatory Coherence to Promote Regulatory Autonomy?*, World Trade Review, Vol. 15:4, p. 587 – 612(2016).

〔3〕 See Rodrigo Polanco, *The Trans-Pacific Partnership Agreement and Regulatory Coherence*, in Tania Voon ed., Trade Liberalisation and International Cooperation: A Legal Analysis of the Trans-Pacific Partnership, Edward Elgar Publishing, 2013, p. 231, 246.

本国政策目标的实现,在监管措施的计划、设计、发布、实施和审议过程中对良好监管实践的使用,以及各政府之间为深化这些目标及促进国际贸易和投资、经济增长和就业而加强监管合作努力过程中对良好监管实践的使用"[1],即监管一致性涵盖了"监管合作"和"善治的监管"内容。据此可以得出结论,即监管合作、监管协调甚至监管改善[2]被国际贸易协定互换使用,用以涵盖相似的规则或条款。即使我们在研究中可以严格对监管一致性和监管合作的概念予以区分,也不意味着二者在实践中是相互排斥或相互绝缘的,而是相辅相成的。例如WTO涵盖的协议下的透明度要求包括通知和咨询,按国内和国际二分法应当属于监管一致性的要素,但其目标在于促进政府间监管合作。同样,具有潜在域外效力的国内监管影响评估可能包括对国际贸易影响和外国供应商负担的评估。从语义的角度还可认为监管一致性等同于监管分化的另一面,需通过监管合作来予以实现。[3]

而欧盟参与的TTIP和《欧日协定》均未采用"监管一致性"这一概念,TTIP欧盟提案的"监管合作"章和《欧日协定》"善治的监管和监管合作"章下设的第三节"监管合作",虽然未对"监管合作"的概念进行界定,但从涵盖的条款来看,二者均遵循了国内和国际二分法,将"监管合作"和"善治的监管"分别用以指代具有国际要素和国内要素的监管要求。但值得注意的是,欧盟又在TTIP中将"监管合

---

〔1〕 CPTPP第25.2条第1款。

〔2〕 《修订〈太平洋联盟框架协议附加议定书〉的议定书》的附件4第15条之二的第2款第1项和《智利—乌拉圭自由贸易协定》第15.1条关于"监管改善"的定义与CPTPP关于"监管协调"的定义基本一致。

〔3〕 See Simon Lester & Inu Manak, *Addressing Regulatory Trade Barriers in Mega-Regional Trade Agreements*, in Thilo Rensmann ed., Mega-Regional Trade Agreements, Springer, 2017, p. 337.

作”章和“善治的监管”章、“技术性贸易壁垒”章和“卫生与植物卫生措施”章一并纳入第二部分“监管合作”的内容中，体现了欧盟在贸易协定中将监管合作视为广义和狭义两种概念并予以应用。

综上，从广义上理解，国际贸易协定中的监管合作规则可涵盖对内和对外两个维度。对内主要包括对国内监管主体的系列要求，例如国内监管透明度、利益相关人的参与、对监管措施制定程序的要求等；对外则主要是国与国之间开展的合作，例如信息交流、制度互信、等效评估等。监管一致性和监管合作都可用作国际贸易协定专章的标题，只是表述的角度不同，即监管一致性是贸易协定缔约方开展监管合作所希望达成的目标，而监管合作是实现这一目标的具体手段。如从狭义理解，则监管一致性和监管合作分别指代广义监管合作下对内和对外两个维度的内容。需要强调的是，本书研究的国际贸易协定中的监管合作规则范围，指的是广义的国际监管合作。

2. 监管合作与善治的监管

除了监管一致性，善治的监管也是贸易协定和学术研究中常见的术语。实践中关于善治的监管与二者之间的关系，以及善治的监管的理解和运用也未统一。美国商会（the United States Chamber of Commerce）根据国内和国际二分法对监管一致性和监管合作两个术语进行了区分，[1]认为监管一致性指善治的监管、透明度和国内监管程序中利益相关人的参与。监管合作则指监管机构之间的互动过程，其合作基础是监管机构可以通过更紧密的伙伴关系和更强的监管互操作性来实现好处。根据美国商会的观点，善治的监管应当涵盖在监管一致性的概念下。而《美墨加协定》用“善治的监管”作为

---

〔1〕 See U. S. Chamber of Commerce, *Regulatory Coherence and Cooperation in the Transatlantic Trade and Investment Partnership*, 2015, p. 1.

专章的标题，条文设置又涵盖了 CPTPP 中“监管一致性”章的内容。TTIP 和《欧日协定》在贸易协定条款设置中，将监管合作和善治的监管区分开来，分别指代缔约方双方之间和一方内部的监管要求。而美国行政管理与预算办公室“国际监管合作”议题下列举的文件中包括美国与其他国家就“善治的监管”开展合作的官方文件[1]，OECD 关于监管合作的议题下也涵盖善治的监管相关报告[2]，这种做法实际上表达了监管合作是善治的监管的上位概念。因此，监管一致性、监管合作和善治的监管之间的关系并不清晰。

1995 年，OECD 发表了第一份成员国共同的国际监管原则声明，即《1995 年 OECD 理事会关于政府规制质量的建议》（The 1995 OECD Recommendation on the Quality of Government Regulation，以下简称《1995 年 OECD 建议》），该建议认为监管质量是 OECD 成员的共同价值，因为成员的监管质量可以影响到另一成员的贸易或投资相关利益。国内程序此前被视为仅与国内利益相关，甚至仅与部长级利益相关，而 OECD 和 APEC 则将其重新定义为合法的跨境利益，其影响远远超出原先的理解。这一深刻见解成就了 OECD 和 APEC 成员之间共建共享的经验库，过去二十余年间，成员在共享的经验中确定并完善了提升监管质量的良好做法，并使之成为国际公认的善治的监管。《1995 年 OECD 建议》并未包含具有约束力的法律义务，且仅是顺便提到了贸易问题。

---

〔1〕 See Office of Management and Budget, *International Regulatory Cooperation*, U. S. White House (June 30, 2003), https://www. whitehouse. gov/omb/information-regulatory-affairs/international-regulatory-cooperation/.

〔2〕 OECD website, *International Regulatory Co-operation-Transforming Rulemaking to Meet the Global Challenges of the 21st Century*, (June 30, 2023) http://www. oecd. org/gov/regulatory-policy/irc. htm.

由于认识到消除监管分化是推动市场开放和竞争的关键因素，APEC 和 OECD 于 2005 年 6 月达成关于监管改革的合作倡议，共同制定《APEC—OECD 监管改革综合清单》(APEC-OECD Integrated Checklist on Regulatory Reform，以下简称《2005 综合清单》)，通过提升各成员方内监管的能力，促进 APEC 和 OECD 规则的实施。[1] 2012 年，OECD《理事会关于监管政策和治理的建议》(Recommendation of the Council on Regulatory Policy and Governance)进一步更新了善治的监管的框架。由于善治的监管是动态的，且随着经济的变化而不断演变，上述文件应被视为 OECD 目前对善治的监管的陈述。

APEC 多年来也致力于提高成员对善治的监管重要性的认识，其运作的基础是《2005 综合清单》。该清单制定了监管质量、竞争政策和市场开放的自我评估框架，涵盖系列原则的同时由 APEC 区域实施的系列良好做法加以补充。《2005 综合清单》反映了一种规则制定的综合方法，强调关键的善治原则，如问责制、协商和透明度，从而帮助许多经济体改进其国内监管体系。2010 年 APEC《领导人宣言》提出“成员间应开展合作，共同解决非关税壁垒问题，包括在成员间加强监管合作，重视良好监管实践（good regulatory practices）的应用”。[2] 2011 年，APEC 标准和一致化分委员会发布报告《APEC 成员经济体善治的监管：基线研究》(Good Regulatory Practices in APEC Member Economies-Baseline Study)[3]，这项研究以对 APEC

---

[1] See OECD, *APEC-OECD Integrated Checklist on Regulatory Reform*, OECD Publishing, 2008.

[2] See APEC, 2010 *Leaders' Declaration*, Yokohama, Japan, 13 – 14 November 2010.

[3] See APEC, *Good Regulatory Practices in APEC Member Economies-Baseline Study*, CTI Sub-Fora & Industry Dialogues Groups, Sub-Committee on Standards and Conformance (SCSC), APEC#212 – CT – 01.17, November 2011.

成员的调查为基础，审查21个APEC成员经济体中善治的监管的适用情况，重点关注对促进贸易和投资特别重要的监管质量标准的程序。该研究主要审查了成员对《2005综合清单》中三个关键领域的执行情况：第一，规则制定活动的内部协调（internal coordination of rulemaking activity），特别是监管改革与贸易、竞争协调的能力。第二，监管影响评估，尤其是通过建立一个系统和协调一致的框架的能力。通过评估政府行为的潜在影响，包括对贸易的影响，确保作出更佳的政策选择。第三，公共咨询机制（public consultation mechanisms），尤其是征求意见的出版物和其他允许广泛参与的做法，以及咨询机制的质量。2011年研究发现，善治的监管各种做法已在APEC经济体中得到实施，但是在适用中仍然存在多样性或不一致的做法。这也是意料之中的，因为多年来各国在适用善治的监管时达成共识，即善治的监管并不遵循严格的格式。事实上，没有一个经济体遵循了所有的善治的监管的做法，而且某一经济体完全可能通过遵循某些不同于既定良好做法的方式，或选择适用与其优先事项和需求特别相关的善治的监管，以取得非常好的效果。

2011年APEC领导人会议将“监管协调与合作”（Regulatory Convergence and Cooperation）作为三大议题之一，认为“由于贸易和投资变得更加全球化，必须大规模地开展监管协调并制定国际标准，以防止不必要的贸易壁垒阻碍经济增长和就业”[1]。当年的APEC部长级会议也提出，推进APEC成员加强实施善治的监管，并在新的技术性标准制定上开展合作，共同拟订APEC监管合作行动路线，同时在药品、化工品、服务业、葡萄酒和食品安全等领域开展监管协调

---

〔1〕 APEC, 2011 *Leaders' Declaration*, Honolulu, Hawaii, The United States, 12–13 November 2011.

与合作等。[1] 为此，APEC 还专门制定了文件《加强实施善治的监管》[2]，该文件提出主要从 3 个方面促进成员的监管实践：一是制定监管议程和指导原则，审查现有监管政策以提升有效性并确保内部一致性。二是通过对监管的影响评估机制，对监管影响进行评估，并对比替代方案。三是加强公众参与和协商机制建设。

"善治的监管"这一术语并非在一开始的讨论中就被确定下来的，[3]而是根据国家或政策的不同阶段而运用了多个类似的概念，包括"更佳规制"（better regulation）、"明智的监管"（smart regulation）、"监管管理"（regulatory management）、"善治的监管"（good regulatory practices）。在国际贸易法治领域，如 TBT 委员会对善治的监管在实施《技术性贸易壁垒协定》中重要性的讨论，以及在 CPTPP、TTIP 和《美墨加协定》等自由贸易协定中，"善治的监管"一词被广泛运用（见表 1.2）。[4] 因此，本书与国际贸易法的用法一致，使用"善治的监管"[5]这一术语。

[1] See APEC, *APEC Regulatory Cooperation Plan*, 23rd APEC Ministerial Meeting Statement, Annex F, 11 November 2011.

[2] See APEC, *Strengthening Implementation of Good Regulatory*, 19th APEC Economic Leaders' Meeting, The Honolulu Declaration, Annex D, 12 – 13 November 2011.

[3] Robert Basedow & Celine Kauffmann, *International Trade and Good Regulatory Practices: Assessing the Trade Impacts of Regulation*, OECD Regulatory Policy Working Papers, No. 4, 2016.

[4] WTO Committee on Technical Barriers to Trade, *Fifth Triennial Review of the Operation and Implementation of the Agreement on Technical Barriers to Trade under Article* 15.4, G/TBT/26, 2009.

[5] 关于 good regulatory practices 的中文翻译，大部分文献采用"良好监管实践"或"良好规制实践"的译法。参见刘雪红：《欧美 TTIP 贸易管制合作新范式与中国因应》，载《上海财经大学学报》2018 年第 5 期。

表 1.2 与监管政策有关的术语概述

项目	中文	英文
OECD	监管政策 监管质量 监管改革	regulatory policy regulatory quality regulatory reform
欧盟	更佳的规制 明智的规制 监管适应性	better regulation smart regulation regulatory fitness
国际贸易协定	善治的监管	good regulatory practices
其他用法	监管管理 放松监管 缩减文书工作 监管改善 简化	regulatory management deregulation paperwork reduction regulatory improvement simplification

资料来源:OECD, *Regulatory Policy Outlook*, OECD Publishing, 2015.

此外,善治的监管及其实施情况并非一成不变的,而是在不断地更新发展中进行演变。如果一国或多个国家可以说明某种新的方法有助于提高监管质量,那么这种新方法也可能被纳入新的善治的监管。尽管善治的监管外延在不断扩展,但其实质内涵是不变的。善治的监管被世界银行称为“监管治理体系”(regulatory governance system),也被 OECD 视作“改善监管质量的制度安排”,属于国内监管能力建设的一部分。因此,无论如何定义善治的监管,都暗含了对监管质量的追求且必须明确植入行政管理系统。《2005 综合清单》侧重于确保监管质量标准的程序性要求,如问责制、协商和透明度,这些标准对贸易和投资尤为重要。这种程序性要求也是当今现代国家监管制度的核心。

3. 结论

虽然善治的监管实际上是国内监管制度的要求,但各缔约方开展监管合作的基础是对各自监管体制的认同,因此将善治的监管纳入国际贸易协定,通过对监管规则制定等程序提出要求,有助于缩小缔约方间在监管体制上的差异,因此,从某种意义上看,善治的监管是监管合作成功实现的前提。而反过来,政府间的监管合作又有助于进一步发展善治的监管,因为各国开展监管合作的过程也正是相互学习和传播善治的监管做法的有效手段。

综上,本书将善治的监管定义为与国内监管法规或措施有关的政府机构间协调、监管影响评估、监管透明度、公众参与和问责有关的行政程序等良好做法或经验。从概念的本质来看,善治的监管作为治理方法领域的意识形态,更似国际贸易协定中广义的监管合作规则的国内做法来源。由成员或缔约方首先在国内法中予以实施再形成良好的做法和经验推广到国际法领域,最终形成广义上的国际监管合作的要求。从狭义的角度理解,三者的关系可以被阐释为"善治的监管"是狭义监管合作的前提,而监管一致性仍是监管合作需要达成的目标(见图 1.1)。

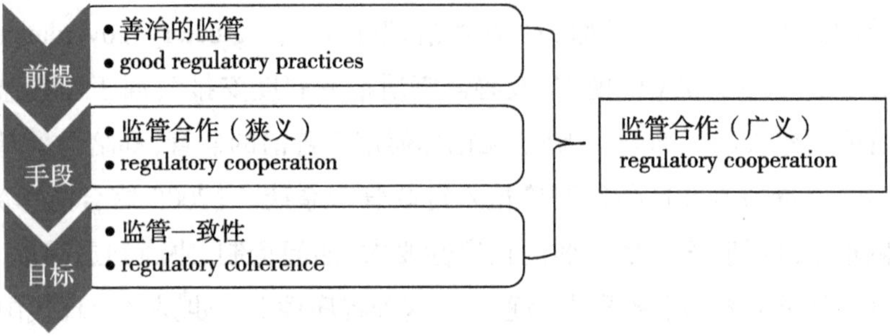

图 1.1 监管合作、监管一致性、善治的监管关系示意

(三)国际贸易协定中监管合作的定义

笔者认为,国际贸易协定语境下的监管合作是一个宽泛且灵活(living)的概念,指协定谈判方为了促进跨境贸易和投资,减少不必要的监管分歧或消除监管互斥,在协定中纳入国内监管规则制定的程序性要求,并要求缔约方之间开展监管互认或协调的实体性安排。如前所述,监管合作的机制并不局限于国际贸易协定,而是包括正式的政府间协议、监管机构之间的非正式网络或国际组织、软法和私法、政府对话和网络、互认和协调、政府间监管伙伴关系以及联合监管机构等开展合作。[1] 因此,国际贸易协定中的监管合作规则仅仅是监管合作机制中的一种,并可能与其他机制中的要素存在交叉。

第一,国际贸易协定中的监管合作规则的谈判主体为主权国家或单独关税区的政府以及经济联盟,且具有国际性,因此不涵盖公权力部门和私营机构开展的监管合作或联邦国家内部为消除监管多样性开展的合作。但这并不代表合作的过程与私营机构完全无关,国际标准组织、专家、企业等私营机构也可以通过监管合作规则的安排发挥作用。

第二,国际贸易协定中的监管合作具有规范性工具的特点。本书研究的监管合作规则,应当是可以横向适用于所有监管壁垒的一种工具性规则,目的即制定共同的决策程序,使双方能够阻止和防止可能导致贸易争端的监管规则或措施,并促使各国间的监管决策系统更加紧密地结合在一起。因为各国间监管分歧根深蒂固,随着技术发展而不断演变,监管措施的数量庞大且并非所有问题都能通过谈判得以解决,因此,针对特定监管措施的贸易规则谈判难度和工作

---

[1] See OECD, *International Regulatory Cooperation: Addressing Global Challenges*, OECD Publishing, 2013, p. 23 – 25.

量大,而监管合作则属于提前设定的规范性工具,供国际贸易协定的缔约方选择适用。

第三,国际贸易协定中监管合作规则的范围可以借助监管的分类予以确定。根据丹尼尔·F. 史普博在《管制与市场》中的观点,管制可以根据其所要治理的市场失灵作为基础来进行分类。第一类是在电力、通讯和管道运输等公共行业,对价格、进入及服务质量进行管制,其目的是解决与进入壁垒有关的不充分竞争问题。第二类是治理空气与水污染以及自然资源枯竭的环境管制,针对的是所谓的外部性,即那些对第三方造成成本的交易。第三类是产品质量、作业场所安全及合同条款的管制,针对的是所谓的内部性问题,即市场交易的成本或收益并不反映在交易的条件里。[1] 本书按监管分类,也将监管合作规则所协调的监管措施分为进入壁垒、外部性和内部性三类。关于进入壁垒的监管合作,可以体现在各国对电信、石油等行业监管标准和技术要求的协调;关于外部性的监管合作,可以体现在各国为解决环境污染、金融风险、网络威胁等产生的外部性问题所开展的合作;关于内部性的监管合作,可以体现在各国对非公用产品的内部技术要求、安全标准上开展的监管合作。在实践中,各国在包括食品安全、金融监管、航空器安全等不同领域积极开展监管合作,但并非将所有领域的监管合作要求都纳入国际贸易协定并形成规则或条款。目前,较为常见的监管合作要求主要集中在贸易协定中关于 TBT 和 SPS 的相关条款,以及优惠贸易协定中横向(horizontal)适用的监管合作专章。

需要说明的是,监管合作规则适用的前提即监管的分歧或差异

---

〔1〕 [美]丹尼尔·F. 史普博:《管制与市场》,余晖等译,格致出版社、上海三联书店、上海人民出版社 2017 年版,第 7 页。

性，如果贸易伙伴间通过谈判就某项监管的实体性要求或程序性要求达成一致，并纳入贸易协定中供缔约方遵守，应当视为通过统一规则消除监管分歧的做法，但这类适用于特定监管领域的统一规则不在本书研究的范围内。另外，国际贸易协定中的监管合作规则也不局限于既有协定的内容，而是属于开放的、“活的”协定（living agreements），具有高度的灵活性，其监管合作条款将随着各国实践和国际监管环境的改变，纳入新的做法和要求。

第二节　国际贸易协定中监管合作规则的发展路径

早期的监管合作由 APEC 和 OECD 所主导。其后，各国政府间开展了正式或非正式的国际监管合作。国际监管合作的演化动态以及在不同制度类型之间的分布是理论研究的新兴领域，[1]而国际贸易协定中的监管合作规则代表了最新的发展动态。

一、多边贸易协定中的监管合作规则

一般来说，通过 WTO 促进国际监管合作具有诸多优势。不同经济发展水平的国家和地区均不同程度地参与全球价值供应链，这其中包括一些低收入国家和地区。由于国际贸易受到不同行政辖区的

〔1〕 See Terrence Halliday & Gregory C. Shaffer, *Transnational Legal Orders*, Cambridge University Press, 2015, p. 3 – 72; Robert O. Keohane & Julia C. Morse, *Counter-Multilateralism*, in Jean-Frederic Moran eds., The Politics of Transatlantic Trade Negotiations, Routledge, 2015, p. 17.

监管,各国和地区的监管政策存在多样性。[1] 多边贸易协定可覆盖不同发展水平的经济体,避免在贸易伙伴间引入多个"监管合作"的平行讨论,更利于推动全球经济一体化。另外,WTO 拥有较为成熟的争端解决机制,也可为国际监管合作规则的适用提供有力支持。

(一)关税与贸易总协定时期的监管合作规则

早在 20 世纪 30 年代,监管就是贸易谈判的一部分,但监管分歧问题是在后来才明确被提出。1969 年,关税与贸易总协定秘书处讨论了这一问题:"仅仅是不同的国家标准,而非必要特定措施的滥用,往往就可以成为难题。不同的语言、衡量系统、气候和环境条件在某种程度上造成了差异,但在不同的方法在追求相同的目标时,协调的空间似乎很大。措施的频繁变化,使已经面临多样化的外国制造商承担了不必要的成本,恶化了现有处境。"[2]

关税与贸易总协定运用监管合作规制非关税壁垒的起点体现在《关税与贸易总协定　技术性贸易壁垒协定》,尽管协议并未提出监管合作这一概念。技术性贸易壁垒通过技术法规、技术标准和合格评定程序等技术层面的措施或要求来达到限制进口的效果。关税与贸易总协定时期成立了一个专门的工作组对非关税壁垒对国际贸易的影响进行评估,该工作组的结论是技术性贸易壁垒是出口商所面临的最大的非关税壁垒。[3] 但由于技术措施、法规、标准等往往出于对人身安全、健康、消费者权益等公共利益的考虑,例如机动车尾

---

〔1〕 See Richard Baldwin, *Global Supply Chains: Why They Emerged, Why They Matter, and Where They Are Going*, CTEI Working Paper 2012 - 13, Centre for Trade and Economic Integration, 2012, p. 1 - 6.

〔2〕 GATT Secretariat, *Examination of Part* 3 *of the Inventory of Non-Tariff Barriers*, COM. IND/W/13, October 19, 1969, p. 9.

〔3〕 参见葛志荣主编:《〈技术性贸易壁垒协定〉的理解》,中国农业出版社 2001 年版,第 4 页。

气排放标准、座位必须装配安全带、插座防触电的技术要求、香烟包装标签的“吸烟有害健康”等，这类措施不仅具有合法理由且表现形式不同，国际贸易协定无法制定具体规则逐个规制，而是试图采用监管合作这一工具为未来的规则协调或统一创造空间。《关税与贸易总协定　技术性贸易壁垒协定》主要对制定、采纳和实施技术法规、标准以及合格评定程序的原则作出了规定，不仅明确重申关税与贸易总协定在实施技术规则方面的非歧视性原则，还要求各成员采用现有的国际公认的标准——除非有明确的理由不予适用，同时敦促成员努力进一步统一标准。此外，《关税与贸易总协定　技术性贸易壁垒协定》鼓励各成员尽可能对测试结果、证书和合格标志采取相互承认（mutual recognition）政策。而国际标准的协调和相互承认正是后来优惠贸易协定出现监管合作专门规则或章节后纳入的要素。因此，尽管缔约方数目有限[1]，《关税与贸易总协定　技术性贸易壁垒协定》仍被视为“东京回合”谈判最重要的成果之一。

（二）世界贸易组织时期的监管合作规则

“乌拉圭回合”谈判中《技术性贸易壁垒协定》和《实施卫生与植物卫生措施协定》[2]的签署，意味着多边贸易体制在监管合作方面迈出了第一步。《技术性贸易壁垒协定》主要规定了制定、采纳和实施技术法规、标准，实施合理评定程序，开展技术援助等内容，包括避免对贸易造成不必要的障碍、非歧视性、协调一致、技术法规等效、合格评定程序相互认可等基本原则和要求。《实施卫生与植物卫生措施协定》则主要针对影响国际贸易的卫生与植物卫生措施的制定和

---

〔1〕只有39个国家在回合谈判结束时选择加入《关税与贸易总协定　技术性贸易壁垒协定》，约占关税与贸易总协定的缔约方的1/3。

〔2〕两个协定均为WTO“一揽子”协定的一部分，因此《技术性贸易壁垒协定》从关税与贸易总协定时期的诸边协议发展为WTO时期的多边协议。

适用进行了规定,涵盖了协调、等效、风险评估和透明度等基本原则。上述两项协定的规制重点是歧视性监管措施,一方面要求WTO成员在制定相关措施时,参照统一的国际标准、指南或建议;另一方面则要求WTO成员提高透明度,以实现监管措施的简化和可预见性,进一步实现监管措施的协调或一致。另外,上述两项协定不仅设有特别贸易关注磋商机制,也可适用WTO争端解决机制。

此后,由于认识到善治的监管对各成员履行《技术性贸易壁垒协定》实体义务的促进作用,2006年WTO技术性贸易壁垒委员会正式将善治的监管纳入其讨论议程[1],较大程度地促进了成员间交换"善治的监管"的经验。[2] TBT委员会认为善治的监管主要包括两项内容:第一,对WTO成员在国内(地区)层面制定和实施技术监管措施的建议,包括替代政策评估、监管影响评估,以及透明度、公共咨询、国内(地区)监管协调、对现有措施的事后审查等要求。第二,倡导各成员间的信息交换。TBT委员会鼓励成员分享交流技术监管模式、善治的监管、监管合作等经验。此外,TBT委员会认为监管合作不仅是推广善治的监管的有效途径,也可通过加强对监管体制的相互认可,在贸易伙伴间建立互信,最终消除不必要的贸易壁垒。而监管合作最基本的要素是促进成员之间的对话,对话的范围跨度可从基础的信息共享到特定协定的谈判。1997年至2015年,TBT委员

[1] See WTO Committee on Technical Barriers to Trade, *Summary Report of the WTO/TBT Workshop on Good Regulatory Practice*, G/TBT/W/287, June 6, 2008, p. 1 – 28. For Relevant Discussion, see Thomas Bollyky, *Regulatory Coherence in the TPP Talks*, in C. L. Lim et al. eds., The Trans-Pacific Partnership: A Quest for a Twenty-first Century Trade Agreement, Cambridge University Press, 2012, p. 178 – 179.

[2] WTO Committee on Technical Barriers to Trade, *Fifth Triennial Review of the Operation and Implementation of the Agreement on Technical Barriers to Trade under Article* 15.4, G/TBT/26, Nov. 19, 2009, p. 5 – 6.

会就善治的监管共通过 7 项决议或建议,2006 年至 2015 年,就监管合作达成 3 项决议或建议。2008 年至 2016 年,TBT 委员会分别以监管影响评估、监管合作和善治的监管为主题召开多次研讨会。[1] 从《实施卫生与植物卫生措施协定》《技术性贸易壁垒协定》到 TBT 委员会的努力,WTO 一直试图解决监管分化问题,目标是实现成员方监管的协调和统一。《实施卫生与植物卫生措施协定》和《技术性贸易壁垒协定》以规制歧视性监管措施为重点,TBT 委员会则向前迈进一步,以善治的监管为核心手段,并通过监管合作来推动国内(地区)实现善治的监管。TBT 委员会就善治的监管和监管合作提出的建议,与此后 TPP/CPTPP 和 TTIP 形成的规则也较为相似。但由于 WTO 各成员经济发展水平、行政管理体制存在较大差异,即便有上述 TBT 委员会做出的各种努力,WTO 也终究未能就监管合作议题取得各成员的大范围共识并形成具有约束力的文件,仍未能有效解决阻碍国际贸易的重复、分化、低效且不透明的国内(地区)监管问题。

综上所述,尽管目前 WTO 尚未出现单独的监管合作规则,却在长期以来规制非关税措施的进程中逐渐纳入监管合作的要素,但 WTO 的监管合作规则主要集中在货物贸易领域,主要针对技术或卫生与植物检验检疫等法规或措施。

二、优惠贸易协定中的监管合作规则

由于多边贸易机制在监管合作议题上未能取得新的进展,优惠

---

[1] 其中关于善治的监管的交流大多体现在 TBT 委员会于 2013 年 3 月、6 月和 2014 年 3 月举行的关于善治的监管的主题会议。参见 WTO 文件: G/TBT/GEN/143; G/TBT/GEN/143/Add. 1; G/TBT/GEN/143/Add. 2。

贸易协定成为监管合作议题的次优选择。截至目前,大约有 60 个优惠贸易协定制定了高于 WTO《技术性贸易壁垒协定》项下承诺的条款(TBT-plus 条款),约 50 个协定含有高于《实施卫生与植物卫生措施协定》下承诺的条款(SPS-plus 条款),[1] 均体现了在非歧视性原则基础之上推动监管合作的努力。从已签署或披露的协定文本来看,欧盟和美国在监管合作议题上显得更有雄心,欧盟和美国 2015 年以来主导谈判或签署的协定中,有 5 份协定涵盖了不同深度的监管合作专章。2020 年 4 月 1 日,太平洋联盟成员签署的《太平洋联盟协议附加议定书修正议定书》正式生效,附件 4 包括全新的内容“监管改善”。智利和乌拉圭于 2016 年 10 月 4 日签署了《智利—乌拉圭自由贸易协定》(Chile-Uruguay Free Trade Agreement),也涵盖了“监管一致性”专章。2016 年 10 月 30 日,加拿大与欧盟签署《加欧协定》[2],其中包含第二十一章“监管合作”。美国主导谈判并由 12 个经济发展水平不一的国家于 2016 年 2 月 4 日签署 TPP。随后,该协定因美国退出而更名为 CPTPP。2018 年 3 月 8 日,除美国以外的 11 个 TPP 原缔约国共同签署了 CPTPP,并于 2018 年 12 月 30 日正式生效。CPTPP 冻结了 TPP 的 20 项条款,仍保留了 TPP 超过 95% 的条款,其中包括第二十五章“监管一致性”。2018 年 11 月 30 日签署的《美墨加协定》纳入第二十八章“善治的监管”。2019 年 2 月 1 日生效的《欧日协定》也涵盖了 “监管合作”的内容。而美国与欧盟之间于 2013 年启动谈判的 TTIP 重点解决双方的监管分化问题,由欧盟公布的谈判文本的第二部分“监管合作”涵盖了横向适用于所有贸易

---

[1] See WTO, *World Trade Report* 2011: *The WTO and Preferential Trade Agreements*: *From Co-Existence to Coherence*, World Trade Organization, 2011, p. 165 – 168.

[2] 《加欧协定》自 2017 年 9 月 21 日起暂时生效。

部门的“监管合作”章和“善治的监管实践”章。

(一)加拿大—欧盟综合经济贸易协定

早在2004年,欧盟和加拿大就签署一项名为《监管合作和透明度框架》(Framework on Regulatory Co-operation and Transparency between the Government of Canada and the European Commission)的协定,并在此框架下运作涵盖特定部门的监管合作路线图(roadmap)。根据该框架,善治的监管由国内(地区)监管者之间的咨询和信息交换、对拟议监管提案的监督、规章实施后审查等要素构成。尽管该框架没有直接提到透明性原则,但显然双方监管机构如果按照该框架采取行动,则要求完全的透明度。然而,该框架鼓励加拿大政府和欧盟委员会以推荐的方式执行框架的要求,而非强制要求。在《加欧协定》谈判开始前,欧盟委员会和加拿大政府开展了一项联合研究,就2004年《监管合作与透明度框架》项下监管合作的现有安排进行研究,该框架设立了加拿大—欧盟监管合作委员会(Canada-EC Regulatory Cooperation Committee)。[1] 根据联合研究的结果,双方在联合报告中提出了《加欧协定》谈判的目标,其中强调了双方致力于实现更深层次、“增强”的经济一体化水平的承诺。联合研究报告还指出,加拿大和欧盟之间现有的监管合作安排本质上是自愿的,需要通过《加欧协定》具有约束力的条款加以补充,包括解决双方在TBT和SPS规制中非关税壁垒的制度性机制。[2] 因此,《加欧协定》谈判提出了一项雄心勃勃的目标,即在协定中设置约束性义务和有效的监管合作规则,这一想法在过去的谈判中被证明是

---

〔1〕 See European Commission & Government of Canada, *Assessing the Costs and Benefits of a Closer EU-Canada Economic Partnership*, Ottawa and Brussels, 2007.

〔2〕 See Canada, Department of Foreign Affairs and International Trade, *Canada-European Union Joint Report: Towards a Comprehensive Economic Agreement*, March 5, 2009.

不可克服的。

《加欧协定》第二十一章以欧盟和加拿大之间关于监管合作的既有协定[1]为基础并取而代之,设立了独立的"监管合作"专章。《加欧协定》大多数章节涉及TBT、SPS、海关和贸易便利化程序、专业资格的相互认可、特定服务贸易规制等非关税措施和监管问题,旨在进一步减少监管制度差异带来的市场分割影响。

《加欧协定》"监管合作"章共包含9款条文。该章未明确界定监管合作的含义。从适用范围看,《加欧协定》第21.1条规定"监管合作"章适用范围为《技术性贸易壁垒协定》、《实施卫生与植物卫生措施协定》、《1994年关税与贸易总协定》、《服务贸易总协定》(General Agreement on Trade in Services,GATS)和《加欧协定》第四章"技术性贸易壁垒"、第五章"卫生与植物检验检疫措施"、第九章"跨境服务贸易"、第二十一章"贸易与可持续发展"、第二十三章"贸易与劳工"及第二十四章"贸易与环境"。也就是说,《加欧协定》的"监管合作"章适用于缔约方监管机构所制定和审查的与WTO协定相关的监管措施,包括《技术性贸易壁垒协定》和《实施卫生与植物卫生措施协定》,《1994年关税与贸易总协定》和《服务贸易总协定》等,所有这些协定因缔约方明确重申其权利义务,所以均被视作纳入《加欧协定》。[2] 但《加欧协定》的监管合作规则并非横向适用于该协定涵盖的所有部门,例如投资、金融服务、电信服务、电子商务等均被排除在适用范围之外。此外,《加欧协定》并未通过具体的机制将"监管合作"章的适用范围扩展到对缔约共同利益相关的监管政策的

---

[1] 2004年12月21日加拿大政府和欧盟委员会在布鲁塞尔签订的《监管合作和透明度框架》(Framework on Regulatory Cooperation and Transparency between the Government of Canada and the European Commission)。

[2] 《加欧协定》第21.2条第1款。

讨论之外，例如通过咨询或在监管合作论坛层级讨论。

尽管《加欧协定》在“投资”“贸易与劳工”“贸易与环境”章中表示支持监管权（the right to regulate）[1]，但在“监管合作”章中没有明确提到监管权。《加欧协定》缔约方承诺对人类、动物和植物生命、健康和环境的高水平保护，[2]并明确了监管合作的原则（第21.2条）、目标（第21.3条），以及监管合作的形式（第21.4条）等。从内容上看，《加欧协定》的监管合作多集中于信息交换、监管措施的兼容性（第21.5条）、监管合作论坛（regulatory cooperation forum）（第21.6条）、进一步合作（第21.7条）、与私营主体的磋商（第21.8条）、联络点的设立（第21.9条）等较浅层面，但也规定监管合作的形式包括在条件允许及符合双方利益前提下开展联合风险评估或监管影响评估，以及对监管措施或政策开展事后评估等。《加欧协定》更加清楚地表述出其监管目标，包括：通过研究、上市前审查和风险分析来保护人类生命、健康或安全，动物或植物生命或健康，以及环境；通过避免或减少不必要的分歧，识别可替代方法并最大限度地减少行政成本来提升监管质量并促进监管融合。[3] 因此，《加欧协定》关注规制内容的做法与实体性监管合作路径一致，即《加欧协定》似乎将重点放在实体性监管合作上，而不是放在缔约方的国内（地区）监管程序上。例如，另一缔约方可就拟议的国内（地区）监管改革发表意见，但这一过程却没有保证私人利益相关者的参与，尽管他们的参与同样对欧盟和加拿大都具有促进作用。[4] 另一个证明《加欧协定》更注重实体性监管合作的例子是，《加欧协定》更主张同时进行或联合进

[1] 《加欧协定》第8.9条、第23.2条和第24.3条。

[2] 《加欧协定》第21.2条第(b)款。

[3] 《加欧协定》第21.3条。

[4] 《加欧协定》第21.4条第(d)款、第21.4条第(e)款和第21.8条。

行风险评估和监管影响评估，以实现协调、等效或兼容的监管方法，并在特定情形下开展互认。[1] 最后，《加欧协定》预设的是有限监管合作，即原则上只有缔约方和其相关贸易伙伴才会承认这种合作，并且只有在切实可行并符合共同利益的情况下才对其他国家开放。[2]

(二)全面与进步的跨太平洋伙伴关系协定

CPTPP"监管一致性"章共有 11 款条文。该章适用于与 CPTPP 涵盖的任何事项相关的普遍适用的强制性措施，但如与 CPTPP 其他章节规定不一致时，以其他章节为准。[3] 同时 CPTPP 要求各缔约方在协定对其生效后 1 年内，确定并公开其涵盖监管措施的范围。该章的核心要求包括缔约方监管机构在制定监管措施时采用的协调审议机制(第 25.4 条)、善治的监管(第 25.5 条)、监管一致性委员会(第 25.6 条)、监管合作(第 25.7 条)及利害关系人的参与(第 25.8 条)、实施通知(第 25.9 条)等。

CPTPP 重申每一缔约方制定法律和规章，确定其监管优先事项，并在政府认为适当的范围和层级执行这些措施。[4]《加欧协定》强调避免不必要的障碍，促进竞争和创新的环境，包括通过追求监管兼容性、承认监管等同性和监管趋同，以及促进透明度措施，CPTPP 则强调在制定监管措施时利益相关方的参与。CPTPP 认为监管一致性的目标之一是促进国内政策目标实现的同时促进国际贸易与投资、经济增长与就业，因此确认缔约方为实现合法政策目标而进行管制

[1] 《加欧协定》第 21.4 条第(g)款第(iii)项。

[2] 《加欧协定》第 21.2 条第 3 款和第 21.7 条。

[3] CPTPP 第 25.10 条。

[4] CPTPP 第 25.2 条第 2 款，《加欧协定》第 21.2 条第 2 款、《智利—乌拉圭自由贸易协定》第 15.2 条也有类似的规定。

的权利。[1] CPTPP 还对“监管一致性”章适用的涵盖监管措施(covered measures)进行了界定。涵盖监管措施指由具有强制力的监管机构所执行,包括与各自协定涵盖的任何事项相关的一般适用措施。在确定涵盖监管措施的范围时,每一缔约方应力求明确“重要”范围,在协定对其生效之后 1 年内迅速确定适用范围并予以公布。[2]

《太平洋联盟协议附加议定书修正议定书》的附件 4“监管改善”和《智利—乌拉圭自由贸易协定》的“监管一致性”章采用了与 CPTPP 近乎一致的立法体例,条款的顺序、条文内容均参考了 CPTPP 的文本。[3] 这也许与两协议缔约方中的智利和秘鲁同属 CPTPP 缔约方有关,也进一步说明 CPTPP 的协定文本已被不同发展水平的成员所接受。略有不同的是,CPTPP 要求缔约方应当在协定对其生效后 1 年内确定涵盖措施的范围,《太平洋联盟协议附加议定书修正议定书》和《智利—乌拉圭自由贸易协定》要求在生效后 3 年内。[4] 关于监管合作委员会首次开会的时间,CPTPP 要求协定生效后 1 年内召开,此后每 5 年审议良好监管实践领域的最新发展;《太平洋联盟协议附加议定书修正议定书》则要求在附加议定书生效后 1 年内首次召开会议,此后每 3 年审议一次善治的监管做法等;[5]《智利—乌拉圭自由贸易协定》要求协定生效后 3 年内首次召开会

---

[1] CPTPP 第 25.2 条。

[2] CPTPP 第 25.3 条。

[3] 三份协定在条款设置上仅有细微的差别,例如《智利—乌拉圭自由贸易协定》的第 15.2 条“总则”第 d 款对应 CPTPP 的第 25.8 条“与利害关系人的参与”。

[4] 《太平洋联盟协议附加议定书修正议定书》附件 4“第 15 条之二”第 3 款、《智利—乌拉圭自由贸易协定》第 15.3 条。

[5] 《太平洋联盟协议附加议定书修正议定书》附件 4“第 15 条之二”第 6 款。

议,此后每5年审议善治的监管做法的最新发展。[1] 与CPTPP一样,《太平洋联盟协议附加议定书修正议定书》和《智利—乌拉圭自由贸易协定》也未对“监管一致性”章与其他协定之间的关系进行说明,但规定了与本协定其他章节之间的关系,即如果“监管一致性”章与其他章节有任何不一致的地方,则以后者为准,[2] 相比之下,《加欧协定》则没有类似条款。

(三)欧盟—日本经济伙伴关系协定

2019年2月1日生效的《欧日协定》也涵盖了“监管合作”的内容。《欧日协定》第十八章“善治的监管和监管合作”章包括3个部分,即善治的监管和监管合作、动物福利、最终条款。其中,善治的监管和监管合作又分为4个小节。第一小节(sub-section)即“一般规定”,包括本节的目标及一般原则(第18.1条)、相关定义(第18.2条)和适用范围(第18.3条);第二小节即“善治的监管”,包括内部协调(第18.4条)、监管程序及机制(第18.5条)、拟制监管措施的早期信息(第18.6条)、公众参与(第18.7条)、影响评估(第18.8条)、事后评估(第18.9条)、提交意见的机会(第18.10条)、关于善治的监管的信息交流(第18.11条);第三小节“监管合作”,包括监管合作活动(第18.12条)、促进监管兼容性的良好做法(第18.13条);第四小节“机构条款”,包括监管合作委员会的设立(第18.14条)、联络点的设立(第18.15条)、对拟议或现行监管措施信息的交换(第18.16条)。“动物福利”部分只有一个条款,即缔约方关于动物福利问题的合作,包括增进对双方法律法规的了解,以及双方可以

---

〔1〕《智利—乌拉圭自由贸易协定》第15.3条。

〔2〕《太平洋联盟协议附加议定书修正议定书》附件4“第15条之二”第10款、CPTPP第25.10条、《智利—乌拉圭自由贸易协定》第15.9条。

同意达成一项工作计划,并设立动物福利技术工作组,以交流经验、信息,并探讨促进进一步合作的可能性。因此,动物福利条款实际上并无实质性的规则,仅表达了双方对提升动物福利这一问题上的共识及合作意图。本章最后一部分即“最终条款”,主要是关于“善治的监管和监管合作”一节的适用范围和争端解决机制的适用问题。除了第十八章,《欧日协定》第十九章还规定“农业领域的合作”,包括合作目标(第19.1条)、合作范围(第19.2条)、合作改善商业环境(第19.3条)、请求提供资料(第19.4条)、设立农业领域合作委员会(第19.5条)、联络点的设立和通信(第19.6条)6个条款的内容。

(四)跨大西洋贸易与投资伙伴关系协定

美国与欧盟此前谈判的TTIP虽已被搁置,但TTIP将重点放在解决谈判双方的监管分化问题,因此本书将其列入研究范围,并以欧盟公布的文本和谈判背景为基础,洞悉欧盟和美国在监管合作规则上的发展态势。

由欧盟公布的TTIP谈判文本分为4个部分,第二部分即“监管合作”。该部分除“监管合作”章和“善治的监管”章外,还设有“技术性贸易壁垒”章、“卫生与植物卫生措施”章,以及主要以附件形式体现的特定行业监管安排。其中,TTIP的“监管合作”章包含开展监管合作[1]、促进监管的兼容性[2]、透明度和公众参与[3]等内容。该章不适用于与第二章第一节“投资自由化”和第三章“跨境服务贸易”相关的服务监管措施,因此并非横向适用于协定涵盖的所有贸易部门。[4] 当该章的规定与货物贸易和服务贸易有关的特定条款或

〔1〕 TTIP(欧盟提案文本)“监管合作”章第4条。

〔2〕 TTIP(欧盟提案文本)“监管合作”章第5条。

〔3〕 TTIP(欧盟提案文本)“监管合作”章第6条。

〔4〕 TTIP(欧盟提案文本)“监管合作”章第3条第2款。

部门条款不一致时，以后者为准。[1] TTIP（欧盟提案文本）还另设一章为“善治的监管”，对内部协调、利害关系人咨询、监管影响评估等进行了规定。

（五）美国—墨西哥—加拿大协定

2018年9月30日，美国与墨西哥和加拿大达成一项关于重新谈判《北美自由贸易协定》的协议，即《美墨加协定》，该协定于2018年11月30日签署。该协定涵盖名为“善治的监管”的新章节。

在“善治的监管”这一章中，缔约方作出了提升规制质量的各种承诺。缔约方承诺根据本章标准来协调其中央监管机构和内部程序。[2] 而这一章设置的标准包括，改善用于监管立法或决策依据的信息质量，[3]要求缔约方每年公布未来12个月实施或拟实施的规制清单。[4] 所有监管信息必须以便于利益相关方获取的方式予以公布，例如要求通过专用网站公开[5]、采用浅显易懂的语言[6]、最终出版物[7]以及规章制定程序的透明度要求[8]。由于监管质量的重要性，各缔约方在作出监管决策前，必须根据可靠的数据、信息和科学技术分析并开展监管影响评估，同时征求专家的意见。[9]

各缔约方还同意对来自任何公众或利害关系人的意见保持开放的态度，并在此基础上对监管措施进行回溯性审查，以确定是否对之

---

〔1〕 TTIP（欧盟提案文本）“监管合作”章第3条第3款。
〔2〕 《美墨加协定》第28.3条和第28.4条。
〔3〕 《美墨加协定》第28.5条。
〔4〕 《美墨加协定》第28.6条。
〔5〕 《美墨加协定》第28.7条。
〔6〕 《美墨加协定》第28.8条。
〔7〕 《美墨加协定》第28.12条。
〔8〕 《美墨加协定》第28.9条。
〔9〕 《美墨加协定》第28.9条、第28.10条、第28.11条。

前的监管立法或决策进行修改或废除。[1] 就监管合作活动本身而言，缔约方认识到监管机构之间的对话、双边或三边合作论坛对实现监管目标和监管兼容性的重要性，鼓励缔约方之间就技术、科学信息或数据开展正式和非正式的交流，加强在国际论坛的共同行动，促进更好地使用国际标准、指南和建议等。[2]

"善治的监管"章确立了《美墨加协定》监管合作的总体框架，该章广泛适用于大部分政府部门和法规，远远超出《北美自由贸易协定》的范围。《北美自由贸易协定》并未提出监管合作或监管一致性的概念，而是将重点放在透明度要求上。《北美自由贸易协定》对各缔约方提出的透明度要求横向适用于本协定涵盖的任何事宜，包括各缔约方应设立各自的联络点，以便开展交流，[3] 并迅速公布与协定涵盖事项有关的法律、法规、程序与行政裁决，[4] 向另一缔约方提供并通报有关信息，在行政程序中保障另一缔约方相对人的权益。[5]

此外，尽管其他优惠贸易协定未包括监管合作专章，但仍体现了监管合作的要素，例如更具体的透明度要求，确保贸易伙伴了解相关法规和标准的发展情况。[6] 又如普遍适用的通知与评论要求以及审查机制，如《韩国—美国自由贸易协定》（第二十一章）[7]，《秘鲁—新加坡自由贸易协定》（第十五章）[8] 和《中华人民共和国政府和新

〔1〕《美墨加协定》第 28.13 条和第 28.14 条。

〔2〕《美墨加协定》第 28.17 条。

〔3〕《北美自由贸易协定》第 1801 条。

〔4〕《北美自由贸易协定》第 1803 条。

〔5〕《北美自由贸易协定》第 1804 条。

〔6〕See Elizabeth Sheargold & Andrew D. Mitchell, *The TPP and Good Regulatory Practices: An Opportunity for Regulatory Coherence to Promote Regulatory Autonomy?*, World Trade Review, Vol. 15:4, p. 587 - 612 (2016).

〔7〕《韩国—美国自由贸易协定》于 2007 年 6 月 30 日签署，自 2012 年 3 月 15 日起生效。

〔8〕《秘鲁—新加坡自由贸易协定》于 2008 年 5 月 29 日签署，自 2009 年 8 月 1 日起生效。

西兰政府自由贸易协定》(以下简称《中国—新西兰自由贸易协定》)(第十三章)[1]。综上,国际监管合作规则的制定平台逐渐由WTO为代表的多边贸易机制转向区域或双边优惠贸易协定,而优惠贸易协定中国际监管合作规则的制定逐渐不局限于解决技术性贸易壁垒和动植物检验检疫壁垒,而是将监管合作的适用范围扩展至其他贸易领域,令监管合作成为横向适用的贸易规则或工具,这对贸易协定缔约方间的国际监管合作提出了更高的要求。

第三节 国际贸易协定中监管合作规则的要素类型

无论从语义学分析的角度,还是从国际贸易协定实践的角度看,监管合作、监管一致性、善治的监管等术语的运用并未统一,本书在将所有涵盖在监管一致性和善治的监管专章下的规则都纳入监管合作规则研究范围的基础上,通过对涵盖监管合作专章的优惠贸易协定进行实证研究,提出一个观点,即无论理论研究者还是贸易协定谈判者赋予不同的术语何种含义,所有监管合作规则都包括实体要素、程序要素和执行要素三类。

一、国际监管合作规则的实体要素

国际贸易协定中监管合作规则的实体要素和程序要素在监管成效、实现路径方面各不相同。就国际贸易协定而言,两种路径分别由

---

〔1〕《中国—新西兰自由贸易协定》于2008年4月签署,自2008年10月1日起生效。

不同的规则实现。[1] 这里的实体要素和程序要素,与国内法概念中的实体规则和程序规则二分法不同。实体性的监管合作规则指直接对监管合作的结果(outcomes)作出要求,旨在实现消除监管分歧的实体效果,例如标准的协调、相互承认、等效等,上述规则可以直接对各国和地区的监管法规或合格评定程序作出要求,以国际标准或缔约方的规定作为参照物,相互或单方协调监管要求,以实现监管的协调和统一。本书主要将 WTO 的《技术性贸易壁垒协定》和《实施卫生与植物卫生措施协定》,以及优惠贸易协定中监管合作专章纳入研究范围,并对监管合作实体规则的分布进行了梳理(见表 1.3)。

表 1.3　国际监管协定中监管合作实体规则

实体规则	具体条款
标准的协调	《技术性贸易壁垒协定》第 2 条第 5 款;《实施卫生与植物卫生措施协定》第 3 条,第 5 条第 1 款、第 2 款、第 7 款、第 8 款;《加欧协定》第 21.4 条第(h)款、第(r)款;《欧日协定》第 18.13 条第(b)款;《美墨加协定》第 28.17 条第 3 款第(g)项
相互承认	《技术性贸易壁垒协定》第 6 条第 3 款;《加欧协定》第 21.4 条第(g)款、第(r)款
等效	《技术性贸易壁垒协定》第 2 条第 7 款、第 6 条第 1 款;《实施卫生与植物卫生措施协定》第 4 条第 1 款;《加欧协定》第 21.4 条第(g)款、第(r)款;TTIP("监管合作"章—欧盟提案)第 5 条;《欧日协定》第 18.13 条

资料来源:根据贸易协定条款归纳整理。

综上,标准的协调、相互承认、等效主要存在于 TBT 和 SPS 相关

[1] See Bernard M. Hoekman & Petros C. Mavroidis, *Regulatory Spillovers and the Trading System: From Coherence to Cooperation*, E15 Initiative, ICTSD and World Economic Forum, April 2015, p. 2 – 3.

的条款中,欧盟参与的贸易协定将部分实体性规则纳入监管合作专章,使其成为横向适用的监管合作规则。相比之下,美国参与谈判的贸易协定除《美墨加协定》将国际标准作为监管的基础外,再无涉及实体性规则的横向性要求。

二、国际监管合作规则的程序要素

监管合作规则的程序要素,即只对国内监管规则的制定、通过、公布和实施等程序提出要求,例如监管影响评估、利益相关人参与、透明度等,上述规则仅对监管规则制定程序进行协调,无法直接产生消除监管规则分歧的效果。但程序性规则可以产生国内监管规则或措施制定程序趋同的效果,从而保障国内监管质量的协调和一致性,为国际监管合作的开展奠定基础。因此,程序性规则主要涵盖"自下而上"的程序如善治的监管的实施。国际贸易协定中监管合作程序规则的分布见表1.4。

表1.4 国际贸易协定中监管合作程序规则

程序规则	具体条款
透明度和公众参与	《加欧协定》第21.2条第(c)款、第(d)款、第(e)款、第(f)款,第21.8条"与私营实体的磋商";CPTPP第25.5条第4款、第5款、第7款、第8款,第25.8条"利害关系人的参与";TTIP(欧盟提案文本)"监管合作"章第6条;TTIP(欧盟提案文本)"善治的监管"章第4条"监管程序的说明"、第5条"及早提供资料"、第6条"利益相关方协商"、第7条"对现行监管框架的反馈";《欧日协定》第18.5条、第18.6条、第18.7条、第18.10条、第18.15条;《太平洋联盟协议附加议定书修正议定书》附件4"第15条之二"第5款第5项、第6项,第8款;《美墨加协定》第28.7条、第28.8条、第28.9条、第28.10条(专家咨询小组)、第28.12条、第28.14条、第28.15条、第28.16条

续表

程序规则	具体条款
监管影响评估	《加欧协定》第21.4条第(g)款;CPTPP第25.5条第1款、第2款、第3款;TTIP(欧盟提案文本)"善治的监管"章第8条;《欧日协定》第18.8条;《太平洋联盟协议附加议定书修正议定书》附件4"第15条之二"第5款第1~3项;《美墨加协定》第28.5条、第28.11条
回溯性评估	《加欧协定》第21.4条第(o)款、第(p)款、第(q)款;CPTPP第25.2条第6款;TTIP(欧盟提案文本)"善治的监管"章第9条;《欧日协定》第18.9条;《太平洋联盟协议附加议定书修正议定书》附件4"第15条之二"第5款第7~8项;《美墨加协定》第28.13条
国内监管的协调	CPTPP第25.4条;TTIP(欧盟提案文本)"善治的监管"章第3条;《欧日协定》第18.4条;《太平洋联盟协议附加议定书修正议定书》附件4"第15条之二"第4款;《美墨加协定》第28.3条、第28.4条

资料来源:根据贸易协定条款归纳整理。

根据程序性规则的分布情况来看,几乎所有涉及监管合作或监管一致性、"善治的监管"专章的贸易协定都涵盖了这些规则。其中,《美墨加协定》的规定最为完善,也代表了国际贸易协定中监管合作规则最新的发展动向。《美墨加协定》的四类程序性规则中,透明度要求和公众参与的内容最为丰富,包括对专用网站、公布监管法规和措施所使用语言都进行了详尽的要求。

三、国际监管合作规则的执行要素

除实体性规则和程序性规则外,国际贸易协定中监管合作专章还涵盖了一类条款,包括监管合作规则的适用范围、缔约方之间加强合作与交流、设立监管合作委员会、争端解决机制等。此类条款的目的在于确保监管合作实体要求和程序要求的实施,其中,确定适用范围是监管合作规则适用的前提,监管合作机构的设置是国际贸易协定中监管合作规则的重要组成部分,争端解决机制不仅赋予规则约束力,也保障了规则的有效执行,因此本书将此类条款归为监管合作规则的执行要求,即保障监管合作规则得以执行的机制条款。与程序规则和实体规则相比,执行要素不具备独特性,即该类规则可能为国际贸易协定其他规则所通用,本书主要研究适用于监管合作规则的执行条款(见表1.5)。

表1.5 国际贸易协定中监管合作执行规则

执行规则	具体条款
涵盖监管措施	CPTPP第25.1条、第25.3条;TTIP(欧盟提案文本)"监管合作"章第2条;TTIP(欧盟提案文本)"善治的监管"章第2条;《欧日协定》第18.3条;《美墨加协定》第28.1条和附件28-A
适用范围	《加欧协定》第21.2条;CPTPP第25.10条;TTIP(欧盟提案文本)"监管合作"章第3条;《欧日协定》第18.18条;《太平洋联盟协议附加议定书修正议定书》附件4"第15条之二"第1款、第3款、第10款
合作与交流	《加欧协定》第21.4条第(a)款、第(b)款,第21.5条;CPTPP第25.7条;TTIP(欧盟提案文本)"监管合作"章第4条、第8条;《欧日协定》第18.11条、第18.12条、第18.16条;《美墨加协定》第28.17条
监管合作机构	《加欧协定》第21.6条;CPTPP第25.6条;TTIP(欧盟提案文本)"监管合作"章附件;《欧日协定》第18.14条;《太平洋联盟协议附加议定书修正议定书》附件4"第15条之二"第6款;《美墨加协定》第28.18条
争端的解决	CPTPP第25.11条;TTIP(欧盟提案文本)"监管合作"章第9条;TTIP(欧盟提案文本)"善治的监管"章第11条;《欧日协定》第18.19条;《太平洋联盟协议附加议定书修正议定书》附件4"第15条之二"第11款;《美墨加协定》第28.20条

续表

执行规则	具体条款
其他执行要求	CPTPP 第 25.9 条“实施通知”;《太平洋联盟协议附加议定书修正议定书》附件 4“第 15 条之二”第 9 款“实施通知”;《美墨加协定》第 28.19 条“联络点”

资料来源:根据贸易协定条款归纳整理。

从上述分类来看,涵盖监管措施指的是监管合作规则涵盖的国内措施范围,适用范围则指的是该规则可适用于协定涵盖的哪些事项,二者构成监管合作规则执行的前提,即确定缔约方执行规则的范围;合作与交流则指缔约方通过加强兼容与合作,就拟议措施、监管合作事项、善治的监管加强交流的做法,这一类规则可以帮助缔约方优化执行效益;监管合作机构包括监管合作委员会、善治的监管委员会等,是为了执行监管合作规则而设立的机构;争端解决机制则是为了保障监管合作执行效果的设置,与贸易协定中的其他规则一样,监管合作可能适用争端解决机制解决争端,也可能适用替代机制予以解决。上述规则与其他执行要求一起构成国际贸易协定中监管合作的执行规则。

综上,三类规则是当前监管合作规则的组成要素,也是本书的主要研究对象。本书将基于国际贸易协定的具体规则,对上述规则进行逐一分析,分析在当前国际贸易协定中此类规则的现状和成效,并试图将散见于不同贸易协定中的三类规则整合起来,构建完善的监管合作规则体系。

第四节 国际贸易协定中监管合作规则的目标分解

在纳入国际贸易协定前，国际监管合作的目标主要是解决国家监管能力的局限性，由各国监管者开展合作共同应对跨境风险。这一时期的国际监管合作，贸易机构的参与并不多见。国际贸易协定中的监管合作，由于融入了贸易自由化的需求，不再局限于早期的共同监管目标，而追求更加复杂的目标层次，即不仅通过监管合作实现监管的协调或一致性，还追求降低贸易成本、消除贸易壁垒，最终促进国际贸易和投资。

一、消除各国监管分歧

国际贸易协定中监管合作解决的是各国影响国际贸易的监管措施之分歧或差异。从理论上讲，监管分歧并不必然需要国际合作予以解决。例如普遍的自由贸易，政府单边开放自由贸易，直接声明符合国外生产标准或要求的产品可合法予以进口。如中国的监管机构可以直接接受欧盟或东盟国家生产的食品、汽车等。但这在实践中很难做到，一国的监管要求往往有其存在的基础和价值，国内监管机构不会轻易放弃自己的监管要求，或轻易承认其他国家的监管要求，故监管分歧往往意味着需要国际合作予以解决。2012 年 4 月，时任美国总统的奥巴马签署了《促进国际监管合作》(Promoting International Regulatory Cooperation)的行政令，并阐述道："外国政府采取的监管选择可能不同于美国监管机构为解决类似问题而采用的选择。在某些情况下，美国监管机构与国外监管机构之间的监管分歧是不必要的,并可能损害美国企业的出口能力和国际竞争力……国际监管合作可以减少、消除或防止监管要求中不必要的差异。”[1]

传统国际贸易协定中关注的国内监管措施,通常属于贸易保护主义范畴,但贸易保护主义难以识别,而且部分国内监管措施虽然对国际贸易造成影响,却仅仅出于国情的不同而与贸易保护主义无关。因此,国际贸易协定中的监管合作规则还关注监管分歧为国际贸易带来的成本和影响。如前所述,监管分歧本身并不必然带来国际贸易协定中纳入监管合作规则的需求,只有在全球价值链和科技发展的背景下,国际贸易的各个环节密不可分,导致国内监管效力外溢,引发监管碎片化对贸易自由化进程的影响,监管合作规则才被纳入国际贸易协定以解决这一问题。从劳工标准到货币政策再到知识产权保护,许多国内行政措施都具有实质性的溢出效应。各国的不同规定及其域外效应一直是国际经济法学术界关注和讨论的一个领域。国内监管政策在实现公共利益目标或追求社会福祉的同时也不得不面对一个问题,即一国的国内政策会对其他国家造成多大的损害。长期以来,国际贸易法的目标之一就是确保各国不会通过不必要或恶意的国内政策伤害彼此,这也体现在现有的国际贸易规则中。

如果国内监管机构缺乏与其他国家监管机构的沟通与协调,即使与其他国家的公共政策目标相似,也可能导致国家间监管措施的差异。国内监管的作用原本仅局限于一国境内,不需要解决监管差异或分歧带来的问题,但是,贸易、通信成本的不断下降使企业得以在地理上分割其生产流程,并利用国际供应网络将不同的生产任务分配给不同国家的工厂或供应商。而随着生产和贸易逐渐融入全球

---

〔1〕 See The White House, *Promoting International Regulatory Cooperation*, *Executive Order* 13609, Federal Register, Vol. 77: 87, p. 26413(2012).

价值链/网络,越来越多的终端产品将受到多个管辖区的影响。根据伯纳德·霍克曼和查尔斯·萨贝尔的观点,技术发展和专业化改变了产品的生产流程,从而影响了监管的架构。在全球价值产业链的主导之下,产品及生产组织解体成垂直结构,终端产品的每一个零部件都有可能由不同的生产者设计或制作。因此,生产商基于节约成本的理由将不同的生产流程分配至各种跨国生产区域,使产品的性质进一步解体。[1] 生产已经成为全球性的多步骤程序,监管也与生产的特征密切相关。由于每个生产步骤都受到国内监管的规制,在这一漫长的生产过程中,每一步骤都以部分生产程序为单位受到监管。最后,根据不同监管法规或措施生产的不同组件必须跨越边境才能组装成终端产品。虽然监管竞争反映监管方面的差异,该差异又源自政策选择或偏好上的差异,但不同的法规可能既基于相同的监管目标又产生不必要的合规成本,最后反映到产品的终端价格上。这种情况则需要有效且高效的监管方式。例如制造一辆汽车所需的数以千计的零部件,可能来自世界各地的不同供应商,而由此受到不同国家监管制度的约束。监管的效力便跨越了边境,可能影响境外的企业或贸易活动。贸易的国际化虽然令产品有机会在两个以上不同国家的市场销售,但不同的监管标准和要求将增加不必要的成本。实证研究表明,与各国服务业监管分歧相关的企业运营成本也很高。[2]

综上,现有新签署的优惠贸易协定涵盖的监管合作规则主要针

---

〔1〕 Bernard Hoekman & Charles Sabel, *Trade Agreements, Regulatory Sovereignty and Democratic Legitimacy*, Robert Schuman Centre for Advanced Studies Research Paper, No. RSCAS 2017/36, 2017.

〔2〕 H. Kox & Nordas, *Services Trade and Domestic Regulation*, MPRA Paper, No. 2116, H. 2007.

对不必要、重复和阻碍贸易的监管壁垒,其运用的工具或手段,实际上在其他国际组织平台或政治层面已相当成熟。国际贸易协定显然试图用更为法律化的措辞予以阐述监管合作要求,并整合至专门的贸易协定章节之中,因此需要评估贸易协定的架构与监管合作的性质是否相协调,这是因为贸易协定的模式相对固定,其主要参与主体也是一国政府,但全球化背景下的国内监管超越国界,监管合作不仅使贸易协定的目标变得多元,也需要除政府以外的多个行为者参与。

二、提升国内监管质量

除了消除各国间不必要的监管分歧,国际贸易协定中监管合作规则的第二项目标则是提升国内监管质量。各国政府开始就如何识别和减少不必要、重复、过度的监管,以及如何提高监管的质量展开辩论,WTO 等国际讨论场所也就"善治的监管"展开讨论。[1] 不同国家关于监管改革的口号也体现了其核心诉求。[2] 显然,从一个角度看,监管质量的提升是国内监管的长期需求。从另一个角度看,国内监管质量的提升也是为了消除各国间在监管质量上的差异,并使各自的监管水平达到趋同。这不仅是监管合作得以开展甚至成功的前提,提升国内监管质量这一目标本身可通过加强各国间交流与合作,实现有效、透明、可预测的国内监管环境,也是促进国际贸易与投

---

〔1〕 See for example, WTO, *WTO Committee on Technical Barrier to Trade*, G/TBT/1/Rev. 10, 9 June 2011.

〔2〕 例如欧盟提出"减少繁文缛节(red tape),促增长",加拿大的口号是"明智的监管"(smart regulation),澳大利亚的口号则是"最低限度的有效监管",日本的口号是"自由为原则,监管为例外",荷兰的口号为"竞争、放松监管(deregulation)以及监管质量",英国则简洁有力地呼吁监管"更少、更好、更简单",美国则认为"美国人民值得服务于他们的监管体系,而非对他们不利"。See Serguei Kouzmine, *Smart Regulation: How to Find The Right Balance*, Customs Scientific Journal, No. 1, p. 7 – 15 (2013).

资的关键所在。

实践中,国内监管主要有以下问题。第一,缺乏协调,即政府各部门经常在没有互相征求彼此意见的情况下作出决策,因此以这些决策为基础的监管行为彼此并不关联。第二,部门主义,即基于部门解决短期目标而制定监管策略,而不考虑长期影响或潜在后果,这种做法将导致出现更多需要监管的问题。第三,监管的"生命周期",即监管的时效性,即使当前看来属于"善治"的监管举措,随着环境的变化,在未来也可能过时,需要一种机制来审查现有的监管行为。大部分过时的监管措施阻碍了通往新方法的道路,甚至不允许考虑现代的解决方法或者基于科学的方法制定监管措施的可能性,也不考虑新的社会和经济需求。第四,制定监管法规的质量。监管法规的质量决定监管的成效,差的监管法规往往象征意义大于实际价值。这就需要监管者对监管即将造成的影响进行事前评估,但这并不意味着必须要实现完美的监管行为,而是要确保在必要监管的同时对经济造成最小的损害,并减少潜在的负面影响。因为最终目标是找到一个每一方都能接受的解决方案,并且最大限度地减少痛苦。

国际贸易协定中监管合作规则将监管质量的提升纳入目标的理由,可通过不同的市场参与主体加以理解。对监管机构而言,其肩负重要的监管责任和艰巨任务。市场、产品和服务迅速变化,监管机构的资源也日渐紧张。尽责的监管机构关心监管产出(outcomes)的质量,而监管合作中的程序性规则,包括善治的监管等要求,可促进与各类利益相关者的交流,并对监管产生的影响和收益进行分析,使监管机构更好地理解监管需求,以避免意外的监管结果。而监管质量的提升,又可以激励市场主体对监管政策、规定和措施的遵守,最终实现预期的监管目标。此外,监管合作规则还可以使各国监管机构集中资源，合并简化监管程序，相互分担市场监督的责任。对消费者而言，善治的监管和监管合作可以使消费者提升对监管质量的信心，并使其可以以更低的价格获得更优质的产品和服务。对国际贸易和投资的参与者而言，监管质量的提升可以改善监管的透明度和可预测性，从而优化营商环境，促进贸易和投资。最后，对国际贸易协定的缔约方来说，监管质量的提升是增加彼此间信任的关键，也是消除贸易摩擦和监管壁垒的良方。

综上，国际贸易协定中监管合作带来国内监管质量的提升，符合国际贸易多个参与方的共同利益，也可为国际贸易和投资创造更优质的监管环境，从而促进国际经贸的发展，因此监管质量的提升可被视为国际贸易协定中监管合作规则的目标之一。

三、促进国际贸易发展

国际贸易协定中监管合作的第三重目标即促进跨境贸易和投资。虽然国际贸易协定追求的目标多元化，但基本目标之一仍然是追求贸易自由化和经济发展。因此，协定中即便是纳入劳工、环境等非贸易议题，也是因为与跨境贸易和投资相关联。一般适用国际贸易协定中监管合作规则的领域，都是与贸易与投资相关的议题，例如货物的技术标准，这些议题下的监管分歧造成了贸易成本的重复损耗，需要通过监管合作予以规制。而即使是适用于消费者保护、环境保护、网络安全等需要共同监管才能实现社会福利最大化的非贸易议题，也是因为这些领域的监管分歧或监管无力造成了对贸易自由化的阻碍。

实际上，关税与贸易总协定在成立之初已将非关税措施考虑在内。从《1947 年关税与贸易总协定》的条款来看，歧视性非关税措施是完全被禁止的,这与关税与贸易总协定的基本政策主旨一致。因此《1947 年关税与贸易总协定》的条款涵盖了对歧视性非关税措施的规制。《1947 年关税与贸易总协定》第 3 条规定了国民待遇基本义务,禁止对进口产品征收与“类似”国内产品更高的国内关税和费用。国民待遇基本义务要求与国内销售、购买、运输、分销或使用有关的国内法律、法规和规定不具有歧视性。虽然《1947 年关税与贸易总协定》没有具体提及技术或健康标准,但一般认为第 3 条国民待遇基本义务中的“法律、法规和规定”已涵盖了技术及健康标准。当然,《1947 年关税与贸易总协定》也通过第 20 条明确承认“保护人类、动植物生命和健康所必需”的措施是合理的,即允许政府要求货物符合某些国家标准,只要这些标准满足“必要性测试”的规定,且未对国际贸易构成任意或不合理的歧视或变相限制。

尽管关税与贸易总协定的前五轮谈判〔1〕几乎专门用于关税减让谈判和新成员加入谈判,但在 1954 年至 1955 年的审查会议(review session)期间,成员们分别起草了修订非关税措施相关条款的议定书。直到 1964 年启动“肯尼迪回合”谈判时,各国政府施加压力希望解决各种非关税措施,包括那些属于例外条款(escape clause)的措施、反倾销、国营贸易企业、政府采购、海关估价、歧视性进口限制、边境税以及越来越多的技术和卫生标准。〔2〕 在 1963 年 5 月的一

---

〔1〕 第一轮多边贸易谈判于 1947 年 4 月至 10 月在瑞士日内瓦举行,第二轮多边贸易谈判于 1949 年 4 月至 8 月在法国安纳西举行,第三轮多边贸易谈判于 1950 年 9 月至 1951 年 4 月在英国托奎举行,第四轮多边贸易谈判于 1956 年 1 月至 5 月在瑞士日内瓦举行,第五轮多边贸易谈判(又称“狄龙回合”)于 1960 年 9 月至 1962 年 7 月于瑞士日内瓦举行。

〔2〕 关税与贸易总协定秘书处拟定了一项可供谈判的非关税措施清单,其中 900 项措施中有 150 项都与标准有关。See WTO, *World Trade Report* 2012: *Trade and Public Policies: A Closer Look at Non-tariff Measures in the 21st Century*, World Trade Organization, 2012, p. 36 – 47.

次"肯尼迪回合"谈判筹备会议上,各国贸易部长同意即将举行的谈判"不仅处理关税也处理非关税壁垒问题"。但1964年开始的"肯尼迪回合"谈判在解决非关税措施方面的成就有限,最积极的成果是1967年回合谈判结束时达成的《关于执行〈关税与贸易总协定〉第6条的协定》(Agreement on Implementation of Article Ⅵ of GATT 1947,以下简称《反倾销协议》)。除此之外,"肯尼迪回合"谈判没有为其他非关税措施相关规则带来任何重大变化。[1] 1973年至1979年的"东京回合"谈判在"肯尼迪回合"谈判的基础上有了新的进展。"东京回合"谈判所处的20世纪70年代正值国际经济和贸易格局剧变和贸易保护主义抬头的环境,关税与贸易总协定下的国际贸易体制受到非关税措施的威胁。在发起"东京回合"谈判的部长级宣言中,其中一个关键目标即"减少或消除非关税措施,或在不适当的情况下,减少或消除其贸易限制或扭曲影响,并将此类措施引入更多有效的国际纪律"。为了体现这一优先事项,贸易谈判委员会于1974年2月创设了一个非关税措施问题特别谈判小组委员会,下设数量限制、技术性贸易壁垒、海关事项、补贴和反补贴措施以及政府采购谈判小组。特别谈判小组的主要成果是6项新的诸边协定,包括《进口许可证程序协议》、《补贴与反补贴协议》、《技术性贸易壁垒协议(1979)》、《海关估价协议》、《政府采购协议》,以及修订的《反倾销协议》。[2] 其中,海关估价、进口许可、补贴等非关税措施因在表现形式上具有较为直接而易被国际贸易协定识别的特点,关税与贸易总协定对上述非关税措施直接创设共同的实体规则来统一或协调成员

---

〔1〕 See E. H. Preeg, *Traders in a Brave New World: The Uruguay Round and the Future of the International Trading System*, University of Chicago Press, 1995, p. 13 – 16.

〔2〕 "东京回合"谈判在"肯尼迪回合"谈判的基础上,对《反倾销协议》作出了重大修改和补充,达成新的《反倾销协议》,并自1980年1月1日起生效。

的做法,但并非所有的非关税壁垒都能达成共同规则,因此监管合作提供了另一种方案,允许成员长期解决分歧。

除传统的货物贸易和服务贸易外,互联网和数字技术的迅猛发展正在颠覆全球贸易市场,为人类迎来数字贸易时代。数字技术改变了传统的货物和服务贸易形式,同时带来新的监管问题。基于各国的国情、文化、政治环境,数字贸易发展阶段及国内监管需求的不同导致监管措施的分歧,而互联网的无边界导致监管外溢更加明显,影响了贸易自由化进程。例如,2018 年 5 月 25 日欧盟正式施行《通用数据保护条例》(General Data Protection Regulation,GDPR),该条例构建了个人数据保护的规则体系。无论互联网公司是否在欧盟设立实体或服务于欧盟客户,只要处理欧盟公民的个人资料,就必须遵守《通用数据保护条例》的义务。尽管《通用数据保护条例》是一个区域性的法律规范,但它的监管效应并不局限于欧盟境内,而是对全球数字经济布局具有重要影响。

因此,国际贸易协定中监管合作规则纳入对国内监管规则、措施制定、修改、实施等环节的程序性要求,特别是监管影响评估要求,将监管对贸易的影响作为其中一个考量因素纳入国内监管程序,将可能有助于解决监管过程中涉及的贸易问题。其一,监管合作规则要求缔约方将监管措施结合现实进行评估,并支持循证(evidence-based)的政策制定模式,帮助引导各方在监管过程中发表意见,包括提出与贸易有关的关切。其二,监管合作规则的要求是非歧视性的,例如基于提升监管质量这一目标而设置的要求,所有潜在的贸易伙伴都可以从更好的监管中获益。其三,监管合作规则维护各缔约方的监管主权。其四,作为横向适用的规则,监管合作规则选择了低成本的路径,同时可能有助于避免具体或特定贸易部门关于监管分歧带来的贸易问题的冗长讨论。

本章小结

由于一国监管能力的局限性和国内监管政策的外部性，以及贸易壁垒范围由关税壁垒扩展至非关税壁垒，监管分歧为国际贸易和投资带来不必要的成本，构建协同、透明和高效的国际监管环境成为新时代的必然要求，因此国际贸易协定为降低监管分歧带来的贸易成本，以监管合作规则作为监管分歧回应，逐步在协定中纳入横向适用并聚焦边境后监管程序的监管合作规则，促进国际贸易和投资目标的实现。与监管议题下的国际监管合作所不同的是，贸易议题下的国际监管合作范围仅涵盖与国际贸易和投资相关的监管法规和措施，参与主体除监管机构外，还包括政府及贸易机构。因此，国际贸易协定下的监管合作规则不仅融入了贸易自由化的需求，还追求更加复杂的目标层次，包括通过监管合作实现监管的协调或一致性，并追求降低贸易成本、消除贸易壁垒，最终促进国际贸易和投资。欧盟和美国主导谈判的国际贸易协定逐渐形成监管合作规则的准范式，同时反映出二者在监管合作问题上达成的基本共识。国际监管合作首次构成与贸易投资合作并行的重要内容，并开启了国际贸易监管合作的新时代。当前国际贸易协定中的监管合作规则体系主要涵盖实体性要素、程序性要素和执行性要素，也是本书研究的重点。本书将进一步研究国际贸易协定的监管合作规则现状和适用困境，并在此基础上研究其他监管合作机制中哪些要素可被纳入国际贸易协定，以及监管合作规则能否适用争端解决机制等问题。

第二章　国际贸易协定中监管合作的实体规则

2014年,时任欧盟贸易专员帕斯卡尔·拉米(Pascal Lamy)提出:"21世纪真正的贸易问题是安全、健康或消费者保护等领域的标准和规则,而非关税或配额。"[1]一般而言,针对贸易相关标准或规则的实体性协调有四种方式:一是各国可以自由制定标准或规则以满足国内合法公共政策的需求,但同时遵守强制性的法律义务,将不利的贸易影响降低到必要限度。二是对规则或合格评定[2]要求进行相互承认或等效,即只要成员明确接受其他成员的标准或规则,那么不管在哪个市场进行销售,生产商都只需要遵循本国的法规要求。[3] 三是部分协调,即要求各国在规则制定时参考或遵循国际标准的要求,同时允许其基于合理理由而偏离国际标准的要求。[4] 四是制定完全统一的规则,即各国政府采用的标准和规则均协同一致,或者存在某

---

〔1〕 Shawn Donnan, *EU and ASEAN to Pave Way for Trade Pact Talks*, Financial Times, 7 September 2004.

〔2〕 合格评定程序(conformity assessment procedure,CAP):确定产品达到法规或标准要求的程序或过程。合格评定程序包括抽样、测试和检查、评估、核查、合格保证、注册、认证和认可等。

〔3〕 例如《技术性贸易壁垒协定》第2.7条和《实施卫生与植物卫生措施协定》第4条。

〔4〕 See Michael M. Du, *Reducing Product Standards Heterogeneity through International Standards in the WTO: How Far Across the River?*, Journal of World Trade, Vol. 44:2, p. 295 – 318(2010).

种超国家实体来制定适用于所有成员的规则,从而彻底消除规则或标准不一致的问题,典型的例子即欧盟。第一种方式对各国间的监管分歧解决力度不大,第四种则在实践中难以实现,本章第一节将着重分析第二种和第三种做法,即标准的协调、相互承认和等效。

第一节　标准的协调

作为国际贸易协定中的监管合作规则,协调的目标是在国际层面统一贸易措施。然而,出于种种正当性理由,例如可接受的保护水平等差异,绝对的协调在实践中很难实现或不被希望实现,但在世界范围内采用相同的产品标准或法规以及相同的合格评定程序仍然令人向往。从理论上看,协调将消除监管法规多样性带来的成本,不同国籍的贸易商将面对相同的交易条件。WTO 高度重视运用国际标准的协调作用,即使遵守国际标准的要求是自愿性的,但在实践中 WTO 已将标准视作特定的准约束力。[1] 关税与贸易总协定的"东京回合"谈判第一次在多边层面将以国际标准为基础制定国内标准和技术法规的要求纳入《东京回合标准守则》(已修改),而"乌拉圭回合"谈判通过的《技术性贸易壁垒协定》和《实施卫生与植物卫生措施协定》要求 WTO 成员在制定国内(地区)技术法规、合格评定程序或 SPS 标准时,将存在或即将拟就相关的国际标准作为制定基

[1] 在欧共体(已废止)和秘鲁关于沙丁鱼标签争议案中,欧共体败诉是因为其没有将相关国际食品法典标准作为其地区内规制的基础。参见 WTO Appellate Body Report, European Communities-Trade Description of Sardines(简称 *EC-Sardines*), WT/DS231/AB/R, 26 September 2002。

础。[1] 符合国际标准的国内(地区)标准被预设遵守 WTO 义务的要求而在很大程度上免于受到 WTO 争端解决机构的挑战。[2] 另外，如果成员选择偏离国际标准并试图提供比国际标准更高的保护水平，则如果另一方请求则需要说明其合理性。[3] 当缺乏国际标准时，成员则有必要区分和比较各自在国内(地区)法规、标准或程序上的差异并在双边或多边的基础上消除其差异。此时对国内(地区)措施的协调则意味着将两个或多个规则变成一个，其结果是两个或多个国家(地区)承认、制定或适用相同的监管措施。

一、标准协调对国际贸易的重要性

WTO 的《技术性贸易壁垒协定》和《实施卫生与植物卫生措施协定》为运用国际监管合作解决成员间标准差异提供了有效的框架。以《技术性贸易壁垒协定》为例。协定区分了技术法规(regulations)和标准(standards)。技术法规一般指的是国内的强制性要求[4]，而标准则往往是非强制性的，并由公认的国内、区域或国际标准制定机构来制定，国际标准还往往是非歧视性的，并向 WTO 所有成员的相关机构开放。与 TBT 相关的国内监管制度一般来说包括规则和合格评定程序。技术法规指评判产品特性或生产工艺或方法的文件；合格评定程序指的是评估产品是否合规的程序。[5] 在经济学文献

---

〔1〕《技术性贸易壁垒协定》第 2.4 条，《实施卫生与植物卫生措施协定》第 3.1 条。

〔2〕《技术性贸易壁垒协定》第 2.5 条，《实施卫生与植物卫生措施协定》第 3.2 条。

〔3〕《技术性贸易壁垒协定》第 2.4 条，《实施卫生与植物卫生措施协定》第 3.3 条。

〔4〕这并不绝对，因为墨西哥诉美国金枪鱼案的专家组发现，自愿性的“海豚安全”标签计划实际上是一项技术法规。参见 WTO Report, United States-Measures Concerning the Importation, Marketing and Sale of Tuna and Tuna Products[简称 *US-Tuna* Ⅱ(Mexico)], WT/DS381/R, 15 September 2011, Para. 7.145。

〔5〕See Alan O. Sykes, *Product Standards for Internationally Integrated Goods Markets*, The Brookings Institution, 1995, p.2-3.

中,“标准”一词的定义更为宽泛,通常指强制性和自愿性要求,以及与产品特性或生产工艺相关的要求。[1] 在传统贸易壁垒减少的同时,人们担心标准的泛滥会给贸易带来不利影响,这可能与产品特性或评估此类特征的程序有关。向 WTO 通报的 SPS/TBT 措施和向 WTO 委员会提起的特别贸易关注(specific trade concerns, STCs)在数量上呈上升趋势,[2]适用于特别贸易关注的 SPS 和 TBT 措施影响了大量产品生产线和国际贸易。虽然一国适用的技术法规或合格评定程序并不必然导致对外国生产商的歧视,因为同样的要求也适用于国内生产商和进口商,但在实践中则可能会被用来影响贸易。例如,面临进口竞争产业的国内公司被发现比外国公司更容易遵守严格的技术规制,则一国政府可能会采用更严格的技术法规。关税和非关税措施在政策替代上的现有实证论据也支持了这一论点。[3] 而技术法规的运用带来的问题是它们不如关税透明,因此相较于关税,前者对贸易造成的扭曲影响可能更大。

标准的制定可能是对消费者需求和环境保护等更加关注的结果,标准也有助于市场更加高效运作。例如,安全标准可为消费者提供关于产品性能的相关信息,有助于增加消费者对国外产品的信心,

---

〔1〕 需要注意的是,根据《技术性贸易壁垒协定》附件 1“本协定中的术语及其定义”中“标准”的定义,《国际标准化组织/国际电工委员会指南 2》中定义的标准可以是强制性的,也可以是自愿的。同样,国内标准除了推荐适用的国家标准和行业标准外,也有强制性标准。因此,关于标准为非强制性的说法并不绝对,但就《技术性贸易壁垒协定》而言,标准被定义为自愿的,技术法规被定义为强制性文件,本书也遵循《技术性贸易壁垒协定》的定义方法,将标准定义为自愿的。

〔2〕 See WTO, *World Trade Report* 2012: *Trade and Public Policies: A closer Look at Non-tariff Measures in the* 21st *Century*, World Trade Organization, 2012, p. 100.

〔3〕 N. Limao & P. Tovar, *Policy Choice: Theory and Evidence from Commitment Via International Trade Agreements*, Journal of International Economics, Vol. 85:2, p. 186 – 205 (2011).

解决信息不对称的问题。虽非必然导致降低贸易量的后果,但国家标准可能对外国生产商强加不成比例的成本从而降低贸易量。[1]标准的实施可能为国外生产商带来理解出口目的地市场法规并使产品合规的固定成本。而如果标准导致生产规模的降低,也可能会增加边际成本。此外,国家标准也可能会影响消费者福祉,如在汽车工业,部分国家设定的排放标准可能会使消费者无法购买到进口的廉价汽车。同样,针对特定产品标准的测试、检查和认证合规也会产生成本。这部分成本有一定的必要性,因为它可以确保产品符合安全或工艺要求。但如果外国供应商可以更具成本效益的方式提供符合标准保障水平的产品,进口国却不予以承认,则可能会给国际贸易带来不必要的障碍。如果各国间的标准要求差异很大并且程序不透明,出口商则需要花费大量成本和资源来获取必要的信息,重新设计产品,并按每一个出口国的要求对其产品进行测试或认证,以满足不同国家的产品标准和要求。

协调或相互承认都可以解决标准对贸易带来的负面影响,两国标准的协调意味着需要对政策目标进行协调。相互承认指两国在互惠的基础上承认各自适用的措施。假设 A 国和 B 国适用不同的标准来实现同样的汽车安全水平。同样,假设每种类型的标准都会产生固定成本。如果没有相互承认协议,某公司想要在两个国家的市场上销售汽车,则需要支付两项固定成本来满足 A 国和 B 国的标准。然而,如果 A 国和 B 国统一适用某一种标准,这种标准可以是双方中任意一方适用的标准,也可以是某项国际标准,即协调;或在

---

[1] 这是因为与没有标准的情况相比,国家标准实际上可以促进贸易。标准可以提高消费者对进口产品质量的信心,从而促进市场与国外产品需求之间的平衡。标准还可以向国外出口商提供国内市场的偏好和产品特性的信息,从而降低在出口之前获取此类信息的成本。

保留本国做法的前提下，承认对方的标准与己方标准相同，即相互承认。无论是标准的协调还是相互承认，该公司都只需付出一次准入的固定成本，并更好地利用规模经济，从而以较低的边际成本生产产品。从消费者的角度看，标准的协调或相互承认都会逐步增加消费者对外国产品的信心，从而导致两国间贸易量增加的效果。

研究文献普遍发现，标准的协调增加了贸易量，共享标准对双边贸易具有积极而显著的影响。[1] ISO 9000 质量体系标准在发展中国家的普及似乎促进了其对发达国家的出口，但并未发现国际标准化组织标准在发达国家的普及对出口或进口有任何重大影响。[2] 此外，协调对出口市场的多样化，包括出口产品种类数量和出口目的地也具有积极影响。从低收入国家向欧盟的纺织品、服装和鞋类出口数据看，出口量较高的品种与标准的协调相关。[3] 而在电子行业，欧盟产品标准与国际规范的协调会增加美国对欧盟的出口。[4] 关于协调或相互承认是否更有利于贸易的问题，在某些情形下，协调将比等效、互相承认更能促进贸易，因为它改变了消费者对国产产品的普遍性偏好。当各国采用同一种标准时，商品将更加同质化，从而

---

〔1〕 See J. Moenius, *Information versus Product Adaptation*: *The Role of Standards in Trade*, International Business and Markets Research Center Working Paper, Kellogg School of Management, Northwestern University, 2004, p. 15 – 20.

〔2〕 See J. A. Clougherty & M. Grajek, *The Impact of ISO* 9000 *Diffusion on Trade and FDI*: *A New Institutional Analysis*, Journal of International Business Studies, Vol. 39:4, p. 613 – 633 (2008).

〔3〕 See B. Shepherd, *Product Standards*, *Harmonization*, *and Trade*: *Evidence from the Extensive Margin Policy*, Research Working Paper, No. 4390, World Bank, 2007, p. 3 – 16.

〔4〕 See J. -D. Reyes, *International Harmonization of Product Standards and Firm Heterogeneity in International Trade*, Policy Research Working Paper, No. 5677, World Bank, 2011, p. 21 – 26.

可以更好地互相替代。[1] 还有一个原因是,采用同一标准可以提高生产或消费中替代产品的兼容性。例如标准化的 CD 播放器适用于大量的 CD 唱片,将有助于提高其价值和可交易性。在生产链较长且复杂的行业,通用标准提高了公司互换零部件的能力,从而降低了库存成本并增强了灵活性。最后,通用标准降低了消费者面对的信息成本,并增强了他们对进口产品质量的信心。[2] 这也适用于企业间关系,即协调提高了企业间的沟通效率。此外,政府通常更频繁地在监管中转致适用标准,而非在法律条款中直接规定产品的详细规格和要求。如欧盟有关产品监管的《新方法指令》(New Approach Directives)仅规定了产品投放市场所必须满足的基本要求(essential requirements),而达到基本要求所需的产品技术规格则由政府间或私人标准化机构制定标准予以规定,对标准的遵守则自动推定为符合相应的基本要求。[3] 随着各国基于国际标准来调整其监管体系,有关产品制造工艺和品控方面的差异将减少。因此,协调可以带来各国根据相同的监管目标实施相同措施的效果。

二、国际贸易协定的标准协调规则

由于标准协调对国际贸易的重要性,各国政府及监管部门和地区监管部门也积极参与国际标准的协调工作。标准的协调主要有两条路径,一是各成员的监管机构鼓励制定国际标准,积极与国际标准

---

[1] See WTO, *World Trade Report* 2005: *Trade, Standards and the WTO*, World Trade Organization, 2005, p. 1 – 6.

[2] See S. M. Dissanayaka et al., *Evaluating Outcomes from ISO* 9000 – *Certified Quality Systems of Hong Kong Constructors*, Total Quality Management, Vol. 12: 1, p. 29 – 40 (2001).

[3] European Union, New Approach Directives, article 3.

制定机构合作,参与国际标准的制定工作,例如美国和欧盟可以就某项技术标准共同制定国际标准,则该工作至少可以协调两成员的监管标准要求。二是国际贸易协定也将标准协调规则纳入谈判范围,鼓励缔约方将国际标准作为国内监管规则制定的基础。这一做法背后蕴含的逻辑是,缔约方之间协同地采用国际标准,将使其彼此的监管要求和制度更加接近,从而减少不必要的监管分歧。其中,在多边贸易协定层面,WTO 成员在经历了关税与贸易总协定时期“东京回合”谈判和 WTO 时期“乌拉圭回合”谈判后,通过《实施卫生与植物卫生措施协定》和《技术性贸易壁垒协定》[1]致力于参与建立新的国际标准,并将相关国际标准作为其制定国内(地区)法规的基础。

(一)关税与贸易总协定时期的标准协调规则

尽管国际标准机构在标准的国际协调上做了大量的工作,但制定的国际标准原则上属于建议或指南,由各国自行决定是否采用。国际贸易协定则进一步通过设定法律义务将国际标准和缔约方国内(区域)标准相联系,并对标准和认证进行国际协调。例如,早期的关税与贸易总协定“东京回合”谈判通过《东京回合标准守则》[2]规定缔约方原则上有义务采用国际标准,尽管这种义务并非严格的强制性义务。同时,根据关税与贸易总协定的相关规定,《东京回合标准守则》的条款也适用于食物卫生和安全标准的协调。具体而言,如果已有国际标准或即将拟定,缔约方必须将《东京回合标准守则》作为其技术法规和标准的基础。但有诸如国家安全、防止欺骗行为、保护人类健康或安全、环境保护、基本气候或其他地理因素等正当理由

---

〔1〕 例如《技术性贸易壁垒协定》第 2.4 条和第 2.6 条,《实施卫生与植物卫生措施协定》第 3 条。

〔2〕 《东京回合标准守则》(BISD 26S/8)于 1979 年 4 月 12 日签署,自 1980 年 1 月 1 日起生效。

时,缔约方可以实施独特的技术标准而不以国际标准为基础。在这种情况下,缔约方须应要求提供正当理由的解释。[1] 实施独特技术法规或标准的缔约方,还必须通知关税与贸易总协定秘书处,提前发布有关该提案的通告,接受其他成员和利益相关者的意见,并确保讨论所收集的意见并纳入考虑范围的机会。[2] 此外,缔约方有义务设立一个查询点,以便向其他缔约方的利益相关人提供有关其技术法规或标准的信息。[3] 《东京回合标准守则》为其解释和适用产生的争端制定了争端解决程序,该程序从争端各方之间的磋商发展到技术贸易壁垒委员会的调查,然后由技术专家小组进行审查,最后是专家组报告。[4]

(二)世界贸易组织时期的标准协调规则

《东京回合标准守则》之后的“乌拉圭回合”谈判期间通过的《技术性贸易壁垒协定》和《实施卫生和植物卫生措施协定》基本上遵守了《东京回合标准守则》的规定,同时在许多方面加强并提出了新的义务。《技术性贸易壁垒协定》和《实施卫生与植物卫生措施协定》为 WTO 成员规定了与国际标准有关的现有义务,包括遵守国际标准以及采用独特的技术规章或标准时的通知义务和评论程序。

1.《技术性贸易壁垒协定》

作为一项国际协定,《技术性贸易壁垒协定》仅对 WTO 成员设定义务。首先,《技术性贸易壁垒协定》规定成员在制定新标准时须以现有和即将拟就的国际标准为基础。[5] 该协定附件 3《关于制定、

---

〔1〕《东京回合标准守则》第 2 条第 2 款。
〔2〕《东京回合标准守则》第 2 条第 5 款第 2 项。
〔3〕《东京回合标准守则》第 10 条第 1 款。
〔4〕《东京回合标准守则》第 14 条。
〔5〕《技术性贸易壁垒协定》第 2 条第 4 款。

采用和实施标准的良好行为规范》(以下简称《良好行为规范》)第 F 条对国际标准规定了相同的义务,这些规定也适用于合格评定程序[1]。

其次,在技术法规符合相关国际标准的情况下,可以根据本协定的规定承认该技术法规不会对国际贸易造成不必要的障碍,[2]从而激励成员以国际标准为制定国内(区域)标准的基础。

最后,该协定明确将与产品生产工艺和方法有关的标准纳入了协定定义的标准涵盖范围。[3] 关于产品生产工艺和方法相关技术法规和标准是否受《东京回合标准守则》的约束存在争议,因为虽然该协定将“技术法规”和“标准”定义为仅适用于产品特性,但又允许在使用与产品生产工艺和方法相关的标准来规避该守则有关产品特性的规则时可援引争端解决程序。[4] 《技术性贸易壁垒协定》则明确与产品生产工艺和方法相关的技术法规和标准适用协定义务,避免了这个问题上的争议。

2.《实施卫生与植物卫生措施协定》

《实施卫生与植物卫生措施协定》在《东京回合标准守则》和《技术性贸易壁垒协定》的基础上,为成员开展卫生与植物卫生措施的国际标准协调规定了不同的义务。第一,成员有义务根据现有的国际标准、指南或建议来制定 SPS。[5] 《实施卫生与植物卫生措施协定》附件 A 明确指出“国际标准、指南或建议”的定义。第二,符合国际标准、指南或建议的 SPS 被认为是保护人类、动物或植物生命或健康

---

[1] 《技术性贸易壁垒协定》第 5 条第 4 款。

[2] 《技术性贸易壁垒协定》第 2 条第 5 款。

[3] 《技术性贸易壁垒协定》附件 1“本协定中的术语及其定义”。

[4] 这也是欧共体激素案(*EC-Hormones*)的争议焦点之一。

[5] 《实施卫生与植物卫生措施协定》第 3 条第 1 款。

所必需的，且与《1994年关税与贸易总协定》的有关规定相一致。[1] 第三，如果有科学依据或成员确定保护水平时，可以制定和实施比国际标准、指南或建议更高的保护措施，从而获得比国际标准、指南或建议更高的保护水平。[2] 第四，各成员应在其能力范围内，参与国际组织及其附属机构，以促进国际组织制定和定期审议与SPS有关的国际标准、指南或建议。[3] 第五，应设立卫生与植物卫生措施委员会并制定程序，以监控国际上对SPS开展国际协调过程以及国际标准、指南或建议的适用情况，并与有关国际组织协同合作。[4] 第六，当某成员实施的SPS并非基于相关的国际标准、指南或建议，而被另一成员认为该措施正在限制或有可能限制其产品出口时，出口成员可要求进口成员说明实施该措施的理由，进口成员必须提供解释。[5]

综上，《技术性贸易壁垒协定》和《实施卫生与植物卫生措施协定》下成员制定卫生与植物卫生措施时原则上必须考虑国际标准，且假定达到国际标准的标准、技术法规、合格评定程序或SPS已符合WTO协定的要求。这些规则产生的结果是，国际标准被赋予了法律约束力，而在此之前国际标准仅具有建议的作用，但这种法律约束力并不具有绝对的强制力。例如，《技术性贸易壁垒协定》规定成员在制定合格评定时需考虑相关国际标准，但允许在作出适当说明的前提下指出标准不适合其国内（地区）需求的原因。[6] 又如，SPS允许

---

[1] 《实施卫生与植物卫生措施协定》第3条第2款。
[2] 《实施卫生与植物卫生措施协定》第3条第3款。
[3] 《实施卫生与植物卫生措施协定》第3条第4款。
[4] 《实施卫生与植物卫生措施协定》第3条第5款和第12条第4款。
[5] 《技术性贸易壁垒协定》第5条第8款。
[6] 《实施卫生与植物卫生措施协定》第5条第4款。

成员制定和实施比国际标准更高的标准，但必须在考虑相关国际组织开发的风险评估技术和科学依据的基础上进行风险评估并确定适当的保护水平。[1] 如果科学证据不足，则允许成员临时采取 SPS。[2]

三、标准协调规则的法律解释

由于《实施卫生与植物卫生措施协定》和《技术性贸易壁垒协定》均要求成员在制定国内（地区）技术法规或标准时基于相关国际标准或以相关国际标准为基础，需要对“国际标准”“相关”“基于”“以……为基础”进行解释，以助于正确理解该规则的含义。

（一）国际标准的定义

《实施卫生与植物卫生措施协定》通过确定国际组织以提供国际标准。《实施卫生与植物卫生措施协定》附件 A 第 3 条为该协定确定了“三姐妹”国际组织，分别是国际食品法典委员会（Codex Alimentarius Commission，CAC）、国际兽疫组织（International Office of Epizootics，IOE）、国际植物保护公约（International Plant Protection Convention，IPPC）秘书处主持下和其公约范围内运作的区域组织。此外，《实施卫生与植物卫生措施协定》附件 A 第 3 条第（d）项指出，对于上述组织未涵盖的事项，可以由 SPS 委员会确定的其他相关国际组织发布有关标准、指南和建议，该国际组织其成员资格须向所有 WTO 成员开放。[3]

《技术性贸易壁垒协定》则遵循了另一种路径，该协定没有明确

---

〔1〕《技术性贸易壁垒协定》第 5 条第 1 款、第 2 款。

〔2〕《实施卫生与植物卫生措施协定》第 5 条第 7 款。

〔3〕但迄今为止，SPS 委员会尚未确定其他相关国际组织的范围。See Marina Foltea, *International Organizations in WTO Dispute Settlement: How Much Institutional Sensitivity?*, Cambridge University Press, 2012, p. 134.

列出国际组织的范围,没有对"国际标准"作出明确的界定。欧共体和秘鲁沙丁鱼案专家组将国际标准界定为"由国际机构制定的标准"。[1] 这就引出一个新的问题,即如何界定"标准"和"国际机构"。《技术性贸易壁垒协定》附件1第2条将"标准"界定为"经公认机构批准的文件,其中规定了产品、工艺或生产方法所通用且重复适用的规则、指南和特性,但这些规则、指南或特性并不要求强制执行"。需要注意的是,《技术性贸易壁垒协定》规定的标准可能与产品本身以及产品生产工艺、流程和方法有关。尽管存在争议,标准还可能包括产品生产是否符合环境和劳工标准。[2]

《技术性贸易壁垒协定》附件1第4条将"国际机构"定义为"成员资格至少向所有WTO成员开放的机构或体系"。至关重要的是,这种"国际机构"可以是政府间组织如国际食品法典委员会,也可以是半私营机构如国际标准化组织,因为WTO成员所指的机构可以是政府机构,也可以是非政府机构。然而,非政府机构被严格限定为"具有执行技术法规的法定权力"的机构。[3] 换言之,法定权利是非政府机构和WTO成员之间必须存在的连接,然后非政府机构的行动才能与《技术性贸易壁垒协定》产生关联。通过分析《技术性贸易壁垒协定》的案文,可推断出至少两个组织的标准可以被认为是国际标准,即国际标准化组织和国际电工委员会(International Electrotechnical Commission,IEC)。[4]

---

〔1〕 WTO Panel Report, *EC-Sardines*, WT/DS231/R, 29 May 2002, para. 7.63.

〔2〕 See J. Pauwelyn, *Non-Traditional Patterns of Global Regulation: Is the WTO "Missing the Boat"?*, in C. Joerges & E.-U. Petersmann eds., Constitutionalism, Multilevel Trade Governance and Social Regulation, Hart Publishing, 2006, p. 210.

〔3〕 《技术性贸易壁垒协定》附件1第8条。

〔4〕 《技术性贸易壁垒协定》附件1和附件3。

《实施卫生与植物卫生措施协定》和《技术性贸易壁垒协定》在界定国际标准上的差异可能有两个原因。一是《技术性贸易壁垒协定》涵盖的范围比《实施卫生与植物卫生措施协定》要广。《技术性贸易壁垒协定》规制的措施几乎涵盖了所有货物的产品特性及其相关生产工艺和标签要求,而《实施卫生与植物卫生措施协定》只涉及较窄范围的涉健康风险,如食品中的添加剂、毒素和致病有机物等。[1] 因此,《技术性贸易壁垒协定》覆盖面广导致其难以识别所有可能制定国际标准的领域及制定机构。TBT 相关的许多国际机构是非政府机构或半政府性质的组织,如国际标准化组织、国际电工委员会和国际电信联盟(International Telecommunication Union,ITU),而《实施卫生与植物卫生措施协定》所界定的 3 个组织,即国际食品法典委员会、国际兽疫组织和国际植物保护公约则都是政府间组织。[2] 关税与贸易总协定和 TBT 委员会先后有 5 份文件对 TBT 可能涉及的国际组织进行了列举。第一份是《关税与贸易总协定关于防止技术性贸易壁垒的行为准则草案》[3],第二份是 1980 年关税与贸易总协定秘书处制定的《〈东京回合标准守则〉第 10 条第 4 款和第

---

[1] 《实施卫生与植物卫生措施协定》附件 A 第 1 条。

[2] See Panagiotis Delimatsis, *"Relevant International Standards" and "Recognized Standardization Bodies" Under the TBT Agreement*, TILEC Discussion Paper, No. 2014 - 031, September 2014, p. 7 - 10.

[3] 该文件列举了联合国粮食及农业组织(Food and Agriculture Organization of the United Nations, FAO)、国际法制计量组织(International Organization of Legal Metrology, IOLM)、国际标准化组织、国际邮政联盟(International Postal Union, IPU)和国际地理联盟(International Geographical Union, IGU)5 个组织。See GATT, *Proposed GATT Code of Conduct for Preventing Technical Barriers to Trade, Contents of Revised Draft Prepared for Consideration by the Drafting Group on* 11 *Jan.* 1972, Doc. Spec (71) 143, December 30, 1971, at s. Ⅱ, Article 3(a).

13 条第 3 款目标的国际标准化机构清单》[1]，第三份是 1982 年 TBT 委员会发布的《关于现有国际标准的通知：秘书处的说明》[2]，第四份是 1999 年《参与制定国际标准的机构提供信息》[3]，第五份是第二次 TBT 三年期技术性贸易壁垒审查（the Second TBT Triennial Review）[4]。但以上文件仅可作为推论依据，《技术性贸易壁垒协定》并没有明确列出有资格颁布国际标准的国际机构。此外，随着技术发展和社会价值观的转变，以 TBT 为目的的标准化领域也将扩大。在墨西哥诉美国金枪鱼案中，上诉机构指出，《技术性贸易壁垒协定》中没有列明国际标准化机构的清单，表明《技术性贸易壁垒协定》鼓励该协定通过时尚未参与标准化活动的机构参与国际标准制定活动。[5] 还有观点认为，《技术性贸易壁垒协定》中未列入国际标准化机构的清单还可能出于政治原因的考量。如前所述，根据《技术性贸易壁垒协定》的条文，国际标准化组织、国际电工委员会和国际电信联盟等组织都可能会成为《技术性贸易壁垒协定》项下的国际标准化机构。然而，国际标准化组织和国际电工委员会主要由欧洲国家设立和管理。[6] 相比之下，美国在传统上则主要依赖私人机

---

〔1〕 TBT Committee, *List of International Standardizing Bodies for Purposes of Articles* 10.4 *and* 13.3 *of the Agreement*: *by Secretariat*, TBT/W/8, June 5, 1980.

〔2〕 TBT Committee, *Information on Existing International Standards*: *Note by Secretariat*, TBT/W/45/Rev.1, May 12, 1982.

〔3〕 WTO Doc., *Information Provided by Bodies Involved in the Preparation of International Standards*, G/TBT/W/106, March 26, 1999, para. 1.

〔4〕 WTO, Committee on Technical Barriers to Trade, *Second Triennial Review of the Operation and Implementation of the Agreement on Technical Barriers to Trade*, G/TBT/9, Nov 13, 2000, Annex 1, p.11.

〔5〕 WTO Appellate Body Report, *US-Tuna* Ⅱ (Mexico), WT/DS381/AB/R, May 16, 2012, para. 379.

〔6〕 See Yoshiko Naiki, *Accountability and Legitimacy in Global Health and Safety Governance*: *The World Trade Organization*, *the SPS Committee*, *and International Standard-Setting Organizations*, Journal of World Trade, Vol.43:6, p.1255 – 1279(2009).

构针对美国市场制定标准。鉴于欧美之间在制定标准方法上存在的重大差异,美国一直不愿意将《技术性贸易壁垒协定》规定的标准制定活动限定在国际标准化组织/国际电工委员会之下,因为美国担心欧盟的影响。[1] 此外,许多发展中国家也将国际标准化组织视为代表发达国家公司利益的组织。[2]

(二)国际标准的相关性

《技术性贸易壁垒协定》第 2 条第 4 款规定,如存在相关国际标准或该标准即将拟就时,要求 WTO 成员将国际标准作为其制定技术规则的依据。WTO 成员既要考虑现存的国际标准,还需要考虑不久后即将通过的国际标准。而《实施卫生与植物卫生措施协定》则不同,该协定不要求成员考虑尚未完成的标准。

对于什么是"相关"的国际标准,《技术性贸易壁垒协定》与《实施卫生与植物卫生措施协定》的规定则较为相似。《技术性贸易壁垒协定》中"相关"的国际标准,就必须涉及(relate to)国内(区域)技术法规,或与之有关(bear upon)、相关(be pertinent to)。[3] 如果国际标准和国内(区域)标准指向相同产品,则国际标准肯定是相关的;而如果国际标准比国内(区域)法规范围更广,则只要它涵盖国内(区域)技术法规规范的产品范围即视为相关。[4] 在欧共体和秘鲁沙丁

〔1〕 See Kenneth W. Abbott, *US-EU Disputes over Technical Barriers to Trade and the "Hashkits" Dispute*, in Ernst-Ulrich Petermann & Mark A. Pollack eds., Transatlantic Economic Disputes: The EU, the US, and the WTO, Oxford University Press, 2003, p. 247, 257.

〔2〕 See Manfred Elsig, *Orchestration on a Tight Leash: State Oversight of the WTO*, in Kenneth W. Abbott et al. eds., International Organizations as Orchestrators, Cambridge University Press, 2015, p. 65, 78.

〔3〕 WTO Appellate Body Report, *EC-Sardines*, WT/DS231/AB/R, 26 September 2002, para. 229.

〔4〕 WTO Appellate Body Report, *EC-Sardines*, WT/DS231/AB/R, 26 September 2002, para. 218.

鱼案中,欧共体认为《国际食品法典委员会关于沙丁鱼罐头和沙丁鱼类产品的标准》(Codex Standard for Canned Sardines and Sardine-Type Product, Codex Stan. 94)(以下简称《国际沙丁鱼类产品标准》)并非相关的国际标准,其理由是只有国际机构协商一致(consensus)通过的标准才可被视为《技术性贸易壁垒协定》第2条第4款所指的国际标准。[1] 专家组提出《国际食品法典委员会程序规则》(Codex Rules of Procedure)允许以正式投票的方式通过措施。[2] 随后,专家组引用《技术性贸易壁垒协定》附件1的解释性说明,即"国际标准机构可以基于协商一致(consensus)来制定标准。《技术性贸易壁垒协定》也涵盖那些非基于协商一致(are not based on consensus)产生的文件",并对这两句话作了进一步解释:"第一句重申了国际标准界的规范,即标准是在协商一致的基础上制定的。然而,第二句则承认一个事实,即协商一致这一结果并非总能被实现,而那些未达成共识的国际标准也在《技术性贸易壁垒协定》的涵盖范围内。因此,《技术性贸易壁垒协定》的该规定确认,即使未以协商一致方式通过的国际标准也可以构成相关的国际标准。"上诉机构支持专家组的解释,并认为《技术性贸易壁垒协定》附件1第2条在对标准进行定义时缺少"协商一致"这一要求是协定起草者故意为之(deliberate choice)。[3]

同样,《实施卫生与植物卫生措施协定》下争端案件的专家组通过审查国际标准和争议国内(区域)措施各自的范围来确定是否存在

[1] WTO Appellate Body Report, *EC-Sardines*, WT/DS231/AB/R, 26 September 2002, para. 219.

[2] WTO Panel Report, *EC-Sardines*, WT/DS231/R, 29 May 2002, para. 4.33.

[3] WTO Appellate Body Report, *EC-Sardines*, WT/DS231/AB/R, 26 September 2002, para. 227.

"相关的国际标准"。[1] 在欧共体激素案中,欧共体认为国际食品法典委员会的标准不属于相关标准,因为欧共体已经制定了禁令,而国际食品法典委员会的标准则允许了激素的最大残留限量。专家组驳回欧共体的观点,认为该国际标准与欧盟措施涵盖的物品不仅用于相同目的,还属于同一产品类别。[2]

(三)"基于"国际标准或以国际标准为基础

《实施卫生与植物卫生措施协定》第3条第1款要求WTO成员基于(base on)现有国际标准来制定SPS,但未明确界定"基于"这一术语。这带来一个法条解释问题,即政府在何种程度上享有降低国际标准的自由裁量权。如果解释得过于狭窄,国家监管自治权将受到很大限制,自愿性的国际标准则可能会转变为政府必须遵循的强制性标准。在欧共体激素案中,专家组将"基于"等同于"符合"(conform to),并进一步裁定,SPS应"基于"国际标准并体现与国际标准相同的保护水平。[3] 上诉机构推翻了专家组的意见,并指出SPS"基于"国际标准意味着前者根据后者或在后者的支持下"保持有效"(stands)或"创设"(is founded)或"构筑"(is built)。[4] WTO成员在此有一定的自由裁量权。相反,"符合"国际标准则意味着SPS完全体现国际标准,并出于实际目的将其纳入国内(区域)标准。[5] 上诉机构认为,以国际标准为基础对SPS的协调是隐含在《实施卫生与植物卫生措

---

〔1〕 See J. Scott, *The WTO Agreement on Sanitary and Phytosanitary Measures: A Commentary*, Oxford University Press, 2007, p. 252.

〔2〕 WTO Panel Report, European Communities-Measures Concerning Meat and Meat Products (hereinafter *EC-Hormones*), WT/DS26/R/USA, 18 August 1997, paras. 8.58 – 70.

〔3〕 WTO Panel Report, *EC-Hormones*, WT/DS26/R/USA, 18 August 1997, para. 8.76.

〔4〕 WTO Appellate Body Report, *EC-Hormones*, WT/DS26/AB/R, 16 January 1998, para. 163.

〔5〕 WTO Appellate Body Report, *EC-Hormones*, WT/DS26/AB/R, 16 January 1998, para. 170.

施协定》中的一个目标但尚未实现。作为理想目标,将国际标准转变为此时此刻必须遵守的约束性法律规则是不正确的。[1]

此外,“基于”一词并不意味着程序性的解释。[2] WTO 成员没有义务在国内(区域)标准制定的过程中故意考虑国际标准。相反,该术语要求的是 TBT/SPS 与相关国际标准之间的实质一致性。

与《实施卫生与植物卫生措施协定》不同,《技术性贸易壁垒协定》并未采用“基于”这一术语,而是要求将国际标准作为国内(区域)技术法规的基础(as a basis for)。上诉机构审查了“基础”(basis)一词的定义,并强调该术语为重要构成(principal constituent)、基本原则(fundamental principle)和主要成分(main constituent)。上诉机构随后推论要求成员运用国际标准作为国内(区域)技术法规的基础,意味着二者之间须有“非常强烈且紧密的联系”,[3]至少二者不存在矛盾之处。[4] 在欧共体和秘鲁沙丁鱼案中,由于欧共体的法规与相关国际规则即《国际沙丁鱼类产品标准》存在矛盾之处,不能说欧共体规则以《国际沙丁鱼类产品标准》为基础。[5] 上诉机构还确认其在欧共体激素案中对《实施卫生与植物卫生措施协定》第 3.1 条“基于”的解释与《技术性贸易壁垒协定》中“作为基础”的解释相关。[6] 但上

---

[1] WTO Appellate Body Report, *EC-Hormones*, WT/DS26/AB/R, 16 January 1998, para. 165.

[2] WTO Appellate Body Report, *EC-Hormones*, WT/DS26/AB/R, 16 January 1998, para. 189.

[3] WTO Appellate Body Report, *EC-Sardines*, WT/DS231/AB/R, 26 September 2002, para. 245.

[4] WTO Appellate Body Report, *EC-Sardines*, WT/DS231/AB/R, 26 September 2002, para. 248.

[5] WTO Appellate Body Report, *EC-Sardines*, WT/DS231/AB/R, 26 September 2002, para. 249.

[6] WTO Appellate Body Report, *EC-Sardines*, WT/DS231/AB/R, 26 September 2002, para. 244.

诉机构拒绝就二者是否指代同一含义作出进一步解释。[1] 笔者认为,从前文对上诉机构表述的分析来看,《技术性贸易壁垒协定》相较于《实施卫生与植物卫生措施协定》,要求国际标准和争议国内(区域)措施之间的联系更为紧密。

综上,由于标准协调的过程不仅可能非常耗时且难以实现完全的协调,有观点认为协调是一种僵化的工具,无法很好地应对变化,因而在许多情况下并非必要或适当的工具。[2] 此外,标准的协调还可能存在负面影响,如可能导致产品品种的减少。假设消费者对产品多样性的追求产生对国外产品的需求,那么产品差异化程度的降低就会阻碍贸易的发展。这种情况下,相互承认就显得更有潜在优势,即允许公司选择任何标准,然后将其产品出售给贸易伙伴,而无须匹配统一的标准。这通常意味着更低的合规成本,因为统一到某通用标准反而可能意味着合规成本很高。因此,在相互承认协议下,生产商仍可以从规模经济中受益,且基于产品多样性需求而推动的贸易也不必受到影响。另外,就合格评定程序来看,协调将降低出口商了解评定程序并适应测试要求的成本,但相互认可合格评定结果对于降低目标市场的重复测试成本至关重要。因为即使国家或地区依靠国际统一的产品标准或接受等同于另一个国家或地区的产品标准,进口国或地区也可能不依赖出口国或地区的合格评定结果。出口商由此承担了每个目标市场的冗余测试和重复认证的成本。这可能会大大增加出口成本,包括出口商将面临货物被装运后被进口国或地区拒绝入境的风险,以及合格评定程序冗长带来的成本。尤其

〔1〕 WTO Appellate Body Report, *EC-Sardines*, WT/DS231/AB/R, 26 September 2002, para. 169.

〔2〕 See Alan O. Sykes, *The (Limited) Role of Regulatory Harmonization in International Goods and Services Markets*, Journal of International Economic Law, Vol. 2:1, p. 49 – 70(1999).

是对于某些具有时效性的产品,例如生命周期较短的纺织品、服装及高科技产品,与进口国或地区产品测试和认证相关的时间延误会严重影响出口商获利和占领市场的能力。下文将详细分析等效和相互承认如何作为监管合作中的工具以弥补协调的不足,以便在一定条件下允许监管差异的存在。协调、等效和相互承认三者不是相互排斥的,而是在减少贸易壁垒的同时,实现诸如保护消费者权益之类监管目标的互补手段。

第二节 相互承认

监管合作的第二类实体规则是相互承认规则,包括范围较窄但目标明确的相互承认协议,这也是 OECD 归纳的 11 种监管合作形式的其中一种,通常被理解为通过监管合作实现贸易便利化的替代方法之一。相互承认可以简单地理解为两个或两个以上的国家或地区相互接受对方的监管法规或措施。WTO《技术性贸易壁垒协定》认识到,消除或减少技术性贸易壁垒可主要通过技术法规和标准的协调、技术法规等效以及合格评定程序的相互承认来实现,因此相互承认也是国际贸易协定中用以协调监管的监管合作规则之一。

一、相互承认的术语及解释

OECD 指出,相互承认正在被越来越多的部门和国家所运用。[1] WTO 的谈判者也意识到,监管管辖权是贸易谈判中的一个重要问

〔1〕 See OECD, *International Regulatory Cooperation: Addressing Global Challenges*, OECD Publishing, 2013, p. 23 -26.

题。在 WTO 的谈判中,除《技术性贸易壁垒协定》外,《实施卫生与植物卫生措施协定》和《服务贸易总协定》都包含了支持相互承认的条款,这些规则与监管权的分配有关。

(一)相互承认的相关术语

相互承认是一个宽泛的概念,指贸易伙伴可相互承认对方监管制度中特定或一般的要求,例如对规则和合格评定的相互承认。规则的相互承认指两个国家或地区将彼此的标准或监管规则视为等同,即两国或地区的规则可能不同,但实现的监管目标或结果是相同或相似的。规则的相互承认与合格评定的相互承认在概念上具有不同之处,合格评定的相互承认是一个更有限的概念,即承认了监管规则之间的差异,但允许缔约方检测并认可产品符合另一方法规的要求。[1] 一国或地区可以检测出口商的产品,以确保其符合进口国或地区的法规,从而减少某些程序的重复。这种对监管规则或合格评定程序进行相互承认的做法,有两个较为成功的例子,即欧盟和跨塔斯曼相互承认,二者之所以能够实现,是因为其独特的经济一体化安排和共同的法律和政治体制框架。

尽管相互承认原则也适用于相互承认协议,但协议严格限于承认特定产品领域外国机构的技术能力。因此,相互承认协议的适用范围较窄,其目的主要是避免国际贸易中的重复测试。正常情况下,相互承认协议是政府或地区监管委员会授权的合格评定机构之间的自愿协议,这种相互承认意味着相关各方对各自的认证和合格评定程序有关的监管体系、结构和程序保持持续的信任。相互承认协议不以法规或标准的协调为前提,既不需要放弃或调整任何安全、健

---

〔1〕 United Kingdom, International Trade Committee, *UK-US Trade Relations*, Second Report of Session 2017 - 19, HC481, 1 May 2018, para 41.

康、环境和消费者保护的目标,也无须改变现有的合格评定程序。因此,相互承认协议中的各方无论是监管目标、技术要求还是合格评定程序,可能都不相同或等同。相互承认针对的主要是:(1)出口国(地区)特定合格评定机构按照进口国(地区)预期水平履行合格评定的技术能力;(2)这些机构关于进口国(地区)的技术要求和合格评定程序的理解。虽然出口国(地区)也可能需要结合进口国(地区)的规则或标准来进行合格评定审查,以便产品可以在出口前由出口国(地区)进行评定,而减少或消除到达时再次检查是否符合进口国(地区)法规的必要性。因此,相互承认协议承认的是出口国(地区)A 指定的合格评定机构有能力根据进口国(地区)B 的技术要求和程序进行测试并颁发证书,反之亦然,从而实现出口货物进入目的地国(地区)而不会遇到进一步的障碍和延误。在这种情况下,企业虽然仍然必须根据本国(地区)市场的产品要求和其他出口要求来承担产品生产成本,但相互承认可以免除或减少企业重复检查的成本和费用,使企业获得"一站式"(one stop)进口的便利,从而节约出口费用并缩短产品入市时间。目前,相互承认协议已经变得比相互承认规则更普遍。相互承认协议也发展出多种形式,大多数相互承认协议都是单独订立的,但越来越多的自由贸易协定也以各种条款的方式相互承认合格评定。独立的相互承认协议也演变出多种形式,传统的相互承认协议是指两个或两个以上的政府机构达成的协议,其目的是促进接受由另一方或双方的合格评定机构根据进口国规章来进行合格评定程序的结果。政府相互承认协定可以是双边或者多边,可以涵盖一个或多个部门,可以在协议中为各方规定具有法律约束力的义务,也可以仅规定自愿性质的义务。政府签订的合格评定相互承认协议的范围通常仅限于政府机构监管的产品,这些产品在投放市场之前,需要通过强制性的第三方合格评定。

相互承认有不同的实现基础[1],其中最重要的应当是信任,包括双方相互对各自的监管制度、目标甚至监管文化、价值观的信任。因为“承认”从法律术语的解释来看,指对法律规则的选择。承认通常由进口国(东道国)作出,指选择出口国(母国)的规则并排除进口国规则的适用。完全的承认指通过消除进口国的监管壁垒来减少贸易壁垒,进口国的法律因为不予适用而无法成为壁垒。因此,承认对于进口国来说则属于“放松监管”(deregulation)。从核心上看,承认意味着通过承认出口国的监管足够好(good enough)而对本国监管自治权的妥协。监管安排的原因包括监管外部性、有害的监管竞争、对外来者的歧视等,因此理解承认安排的效用十分重要。一国可能出于上述考虑而决定是否作出承认安排。需要明确的是,互相承认的价值完全取决于事实和体制方面的背景。

“相互”这个词加在“承认”前表示的是罗伯特·O. 基欧汉(Robert O. Keohane)[2]所描述的狭义互惠,即等价承诺的具体交换。换言之,相互承认对方的监管法规或措施。从这个意义上看,这属于一个贸易概念,即互惠自由化的概念,而不仅仅是一个治理或监管概念。这种狭义的互惠普遍存在于专门的双边协定中,而区域和多边一体化协定则一般只规定承认,而不会特别限制 A 国在 B 国遵守其承认义务的基础上进行承认。在广义的互惠(也是由基欧汉所

---

[1] See Joe Owen, *Trade After Brexit: Options for the UK's Relationship with the EU*, Institute for Government, 18 December 2017, p. 22; Kalypso Nicolaidis & Gregory Shaffer, *Transnational Mutual Recognition Regimes: Governance without Global Government*, Law and Contemporary Problems, Vol. 68, No. 3/4, p. 263 – 317(2005).

[2] See Robert O. Keohane, *Reciprocity in International Relations*, International Organization, Vol. 40:1, p. 1 – 27 (1986).

界定)下,交易是由广泛的交换所支持,而狭义的互惠即相互性则不是必需的。因为相互性所解决的是一个国家如何补偿另一个国家对其规制进行承认的问题。[1]

(二)对相互承认的理解:监管的域外效力与相互借鉴

虽然相互承认属于更广泛的"监管域外效力"范畴,但它并非"单边主义"的域外效力,而是基于合意、双边或多边的形式适用的域外效力。相互承认代表一种共同治理,呼吁参与国或管辖区相互承认对方的规范、法规和标准在自己的领土内有效,这也代表着国家或地区间寻求更有效的分工,这种分工不是发生在霸权国家和周边国家之间,而是发生在监管者和规则制定者之间。相互承认不仅是一种积极的政治选择,也构成在对等的基础上的监管权分配。因此,当国家或地区间相互承认对方的产品生产标准、技术要求时,产品将可以顺畅跨越边境;当国家或地区间相互承认对方的专业教育、专业资格时,个人也不再局限于本国或本地区的服务市场,而是被赋予一种新的社会契约形式,其中包括在这些不同的国家或地区之间进行选择的权利。而在网络监管的语境下,相互承认对方的监管能力和网络安全水平,也可以使数字产业能够畅通无阻地在无边界的网络世界中发展壮大。

从国内监管机构的角度看,相互承认的前提仍是国内单方面的政策选择。国内机构必须决定是否承认非国内的技术法规、标准或合格评定程序等,从而将其视为等同于或符合国内制度的要求。然而,这一决定往往是在合作背景下作出的,即两个或两个以上的缔约方就相互承认达成协议。但相互承认并非总是决策的结果,也不总

---

〔1〕 Joel P. Trachtman, *Regulatory Jurisdiction and the WTO*, Journal of International Economic Law, Vol. 10:3, p. 631 – 651 (2017).

是国家或其他相关行为方之间谈判的结果。在全球化的背景下，默认的相互承认及其域外效力无处不在，相互承认也经常在国家间正式协议之外发挥作用。贸易通常是商品和服务流动的同义词，而国际贸易也暗含对商品和服务所遵循的本国法律的承认。例如，在没有相互承认协议的情况下，美国也可以承认墨西哥进口的产品，即使该产品是没有在美国严格的劳动法监管下生产的。这些母国的法律通过进口这一事实予以认可。这种做法符合地域管辖模式，即母国监管发生在母国的生产过程，而东道国主要根据产品特性来监管消费者或客户所直接面对的产品，特别是根据国民待遇原则。换言之，贸易本身即暗含了单边承认这一核心。然而在实践中，相互承认和国民待遇的适用是相互统一的。在某些领域，国民待遇和东道国主权属于一般规范，而相互承认则是一种例外情况。这种例外情况在特定的产品或部门间予以确定，即相互承认协议往往是就不同的产品、服务和部门展开谈判。因此，产品标准的相互承认最初被视为国民待遇原则的一种宽泛解释。

尽管相互承认被视为国民待遇原则的一种宽泛解释，但实际上在贸易政策和治理的背景下，相互承认却因可能排斥发展中国家而被质疑。有观点认为，“相互承认安排这一路径要求对一个国家治理能力的高度信任。而很少有发展中国家可以获得这种信任，因此目前对自由化进程几乎可以肯定会把发展中国家排除在外”[1]。技术援助是解决这种信任问题的关键，通过制定与发达国家相似的标准和程序并实现技术平等，发展中国家才可能获得贸易伙伴对其监管

---

[1] See Richard E. Baldwin et al., *Regulatory Protectionism, Developing Nations, and a Two-Tier World Trade System* (*with Comments and Discussion*), Brookings Trade Forum, p. 237 - 293(2000).

制度的信心,从而在发展中国家和发达国家之间建立信任。但即使是在发达国家之间,这种信任的建立也非易事。相互承认协议最终能否达成还是取决于长期信任和短期采取的信任措施。[1] 在大多数情况下,相互承认的困难源自其本质,即在保持监管差异的同时允许市场准入。即使相互承认协议顺利达成,其具体的执行过程也面临多种复杂因素。[2] 因此可以将相互承认视为双方政府通过对相互了解对方的国内监管制度,而相互学习影响的过程。

综上,相互承认具有双边性,代表了贸易伙伴在维持自身监管做法的情况下对彼此监管要求的承认。相互承认也可宽泛地被理解为在双方合意的前提下赋予对方监管的域外效力,或被视为国民待遇的一种表现形式。但考虑到相互承认实现的基础即信任,也可将相互承认的核心视作各国政府或监管机构之间相互学习、理解并借鉴对方监管制度的过程。

二、相互承认的典型示例

在将相互承认纳入国际贸易协定之前,实践中已有关于相互承认的成功案例。对实践案例进行分析,有助于理解相互承认这一规则背后仰赖的机制。欧盟和跨塔斯曼相互承认是相互承认领域较为成功的实践案例,下文将对二者进行分析。

---

〔1〕 See Kalypso Nicolaidis & Michelle Egan, *Transnational Market Governance and Regional Policy Externality: Why Recognize Foreign Standards?*, Journal of European Public Policy, Vol. 8:3, p. 454 - 473(2001).

〔2〕 一份关于《美国与欧盟相互承认协议》进程的文件强调了协议执行工作的复杂性和困难,该文件指出"相互承认协议的谈判只是这一过程的开始。许多问题仍有待解决,需要进一步讨论以确定执行的条款"。See Charan Devereaux, *International Trade Meets Domestic Regulation: Negotiating the US-EU Mutual Recognition Agreements*, The Case Program No. 1676.0, Kennedy School of Government, Harvard University, 2002, p. 40.

(一)欧盟

欧盟是最早使用相互承认规则的地区。欧盟在第荣卡悉案(*Cassis-de-dijon*)〔1〕的裁决中引入了"相互承认"的概念,但未启用这一术语。〔2〕 欧盟内部大部分工业产品市场及部分服务市场是由相互承认来进行管理的。但欧盟内部没有签署相互承认协议,而是与第三方签订了相互承认协议。欧盟的贸易目标很容易被识别。第一,减少外部市场的技术壁垒,防止出现新的壁垒;第二,鼓励贸易伙伴采用基于或符合国际和欧洲惯例的标准和监管方法。实现这两个目标将相互促进贸易和市场准入。迄今为止,欧盟的贸易目标一直通过4个层次的战略来实现,包括:(1)依赖WTO,特别是《技术性贸易壁垒协定》。(2)缔结双边政府间协定以减少贸易壁垒和成本。迄今为止,包括缔结关于合格评定、认证和评级的相互承认协议,旨在降低其他市场尤其是主要贸易伙伴的测试和认证成本。(3)确保其他国家的监管制度透明且有利于贸易的技术援助,并在测试和认证领域建立适当的基础设施。(4)监管协调,旨在协调贸易伙伴的规制,并达成对"最佳监管实践"(best regulatory practices, BRPs)的共识,包括增强法规、标准和国际标准化的透明度以及贸易伙伴法规的协调。

欧盟与澳大利亚、以色列、美国都分别签订了相互承认协定,但没有签署范围更广泛的自由贸易协定。加拿大、日本和韩国则分别

---

〔1〕 Rewe-Zentral AG v. Bundesmonopolverwaltung fir Branntwein, Case No. C – 120/78, [1979] ECR 649, Submitted of May 1978, Decided of February 1979.

〔2〕 A. Correia de Brito, C. Kauffmann & J. Pelkmans, *The Contribution of Mutual Recognition to International Regulatory Co-operation*, OECD Regulatory Policy Working Papers, No. 2, OECD Publishing, 2016, p. 62.

与欧盟在各自的自由贸易协定的背景下签订了相互承认协定。[1] 欧盟的自由贸易协定通常包括技术性贸易壁垒有关的相互承认条款,这类条款并不要求标准的协调;卫生与植物卫生有关的相互承认条款,这类措施可以被视为相互等同;以及特定职业范围内对专业资格认证的狭义相互承认。[2] 由于相互承认协定逐个部门谈判,其涵盖的部门数目有限,故在实践中并未发挥充分的作用。[3] 合格评定的相互承认则意味着标准本身并不具有一致性,且双方的监管要求可能大相径庭。欧盟与美国、日本、加拿大、澳大利亚、新西兰和以色列都缔结了此类相互承认协定,这类协定包括一个总体协定和涵盖少数行业的部门附件。在特定自由贸易协定更广泛的框架内,特定部门的合格评定机构也开展相互承认。例如,第三国机构批准的车辆类型可以通过《欧盟—韩国自由贸易协定》及《欧盟—瑞士自由贸易协定》予以承认。以欧盟和美国签订的协议为例,该协议重点在如何处理合格评定系统的等效性评估。欧盟与美国 1999 年签订相互承认协定,协定包括一个总体框架协议和 6 个附件,涵盖电子设备、电磁兼容性、电气安全、休闲工艺品、药品良好生产规范、医疗器械在内的 6 个特定部门合格评定的相互承认。[4] 双方约定,相互承认需

[1] Institute for Public Policy Research, *The Shared Market: A New Proposal for a Future Partnership between the UK and the EU*, 18 December 2018, p. 13.

[2] Institute for Public Policy Research, *The Shared Market: A New Proposal for a Future partnership between the UK and the EU*, 18 December 2018, p. 12.

[3] See E. Lydgate & A. Winters, *Deep and not Comprehensive? What the WTO Rules Permit for a UK-EU Trade Agreement*, University of Sussex Economics Working Paper Series, No. 12 – 1017, 2017, p. 13; Correia de Brito, Kauffmann & Pelkmans, *The Contribution of Mutual Recognition to International Regulatory Cooperation*, OECD Regulatory Policy Working Paper, No. 2, 2016, p. 80.

[4] EU-lex, *Agreement on Mutual Recognition between the European Community and the United States of America*, Document 21999A0204(01), p. 3 – 80.

要缔约方确保其适用的技术规则和标准与另一方的规定等效。该协定第 3.3 条进一步指出合格评定程序的应用需确保符合接收方的要求,符合该缔约方适用的立法、监管和行政规定,相当于接收方自己的程序提供的保证。但除非在部门附件中有明确规定,否则相互承认协议并不意味着相互承认标准或技术法规。[1]

(二)《跨塔斯曼相互承认安排》

《跨塔斯曼相互承认安排》(Trans-Tasman Mutual Recognition Arrangement, TTMRA)由澳大利亚和新西兰于 1998 年签订。该安排的目的是消除澳大利亚和新西兰之间关于货物贸易和服务提供者流动的监管障碍,从而促进贸易发展。该协议包括一项总体安排,规定了拟订具体部门协定的原则。《跨塔斯曼相互承认安排》关于货物贸易的基本原则是,只要某类货物在澳大利亚被允许合法销售,那么在新西兰也被允许合法销售,反之亦然。出于保护公共健康和安全以及环境保护的要求,特定产品可以是例外。这种对货物相互承认的方式与欧盟内部执行的原则相似。《跨塔斯曼相互承认安排》相关的国内规定优先于任何监管货物生产或销售的规定,包括产品标准、包装和标签以及合格评定要求等。因此,根据一方标准和法规生产的商品可毫无障碍地进入另一方市场。

三、国际贸易协定的相互承认规则

(一)多边贸易体制下的相互承认规则

国际贸易协定中的相互承认规则一般要求缔约方可以规则或合格评定开展相互承认谈判并签订相关协定。例如《技术性贸易壁垒

---

〔1〕 *Agreement on Mutual Recognition between the European Community and the United States of America*, article 4.

协定》第 6 条第 3 款鼓励成员间缔结合格评定程序方面的相互承认协议。需要说明的是,相互承认协议可能涵盖多种要素。例如包括与合格评定程序有关的等效性承认,以及在不涉及任何等效性评估的情况下接受各国监管体系中程序和目标的差异,后者也是"第荣卡悉案"式的相互承认概念。此外,相互承认协议还涵盖合规要素,例如确保遵守另一国规则的程序。

对相互承认规则的理解还可以参考 WTO 的 TBT 委员会的相关决议。TBT 委员会认识到对发展中国家签署相互承认协定的困难和问题[1],包括成本、透明度和非最惠国待遇有关的问题。参与相互承认协定的谈判,需要考虑合格评定程序的质量而非产品的来源,以及相互承认协议解决重复测试和重复合格评定程序的效率和效果。因此,TBT 委员会要求成员通报相互承认协定。

1997 年,加拿大要求第一次三年期审议"考虑对检测结果和合格评定程序的相互承认",加拿大认为此次讨论应当包括国际和国内技术法规和标准的相互承认问题。[2] 加拿大还强调,成员间就各自谈判相互承认协定的经验进行交流讨论是有益的。1998 年国际标准化组织向 TBT 委员会提交一份文件,通报其正在制定相互承认协议指南草案。[3] 这一工作于 2002 年完成,国际标准化组织于 2003

---

〔1〕 WTO, *First Triennial Review of the Operation and Implementation of the Agreement on Technical Barriers to Trade*, Committee on Technical Barriers to Trade, G/TBT/5, 1997, p. 10.

〔2〕 WTO, *TBT Triennial Review. Note from the Government of Canada*, Committee on Technical Barriers to Trade, G/TBT/W/41, 1997, p. 5.

〔3〕 WTO, *Communication from the ISO*, Committee on Technical Barriers to Trade, G/TBT/W/73, 1998.

年向 TBT 委员会提交《合格评定结果的承认和接受安排》。[1]

第二次三年期审议期间,TBT 委员会重申了成员通报相互承认协议的重要性。[2] 但相互承认协议并非万能。欧盟委员会就在 2002 年提交 TBT 委员会的文件中强调,相互承认协议在促进贸易方面虽具重要性,但并不适用于所有情形。欧盟委员会认为相互承认协议适用于"潜在贸易伙伴"的制度足够接近的情形,而非需要解决协调问题或接受过于遥远且不可能在合理期限内实现的协调目标。[3] 因此相互承认协议的谈判取决于缔约方之间技术基础设施的水平相当。相互承认协议的成本和收益还需要进一步从政治和商业竞争的角度加以考虑。

在第三次三年期审议报告中,TBT 委员会澄清了《技术性贸易壁垒协定》第 6 条第 3 款。但是,TBT 委员会指出,认可等信任措施可在未缔结相互承认协议的基础上促进合格评定结果的接受。[4] 尽管 TBT 委员会也指出制定相互承认协议可能是促进接受不同评定结果的有效方法,但 TBT 委员会也认识到谈判和执行这种协议所面临的困难。

除《技术性贸易壁垒协定》外,《服务贸易总协定》中也有关于服

---

[1] WTO, *ISO/IEC Guide* 68: 2002 *Arrangements for the Recognition and Acceptance of Conformity Results. Addendum*, Committee on Technical Barriers to Trade, G/TBT/W/73/Add.1, 2003.

[2] WTO, *Second Triennial Review of the Operation and Implementation of the Agreement on Technical Barriers to Trade*, Committee on Technical Barriers to Trade, G/TBT/9, 2000, p.9.

[3] WTO, *Second Triennial Review of the Operation and Implementation of the Agreement on Technical Barriers to Trade: Note from Canada*, Committee on Technical Barriers to Trade, G/TBT/W/143, 2000, p.15.

[4] WTO, *Third Triennial Review of the Operation and Implementation of the Agreement on Technical Barriers to Trade*, Committee on Technical Barriers to Trade, G/TBT/13, 11 November 2003, p.7.

务贸易中人员资格等相互承认的要求。《服务贸易总协定》第 7 条“承认”推动对特定成员授予的执照、教育文凭和经历进行的相互承认或单方承认。该条款允许成员承认一个或多个成员的标准,但不要求甚至不鼓励成员承认外国的法规为等效。《服务贸易总协定》第 7 条第 2 款要求成员缔结相互承认协议时为其他利害关系成员提供充分的机会,以谈判加入此种协定或安排,或与之谈判类似的协定或安排。《服务贸易总协定》第 7 条第 3 款规定成员不得以构成国家间歧视的手段给予承认。各成员必须向服务贸易理事会通报现有的相处承认协议,以及就任何未来协议开展谈判的情况。通常来说,大多数此类通知都涉及承认在国外获得的教育学位和专业资格。

(二)区域贸易协定的相互承认规则

WTO 成员之间缔结了越来越多的双边和区域自由贸易协定,截至 2022 年,已有 355 份生效的区域贸易协定向 WTO 通报。[1] 正如 OECD 所强调的,这些区域贸易协定正越来越多地涉及监管合作和消除技术性贸易壁垒的条款,其中一些条款参照了《技术性贸易壁垒协定》的内容,另一些则超越了《技术性贸易壁垒协定》的规定选择了更严格的条款,被称为“超 WTO/TBT 条款”(WTO/TBT-plus)。

美国、加拿大和澳大利亚等国只采用了单一模式的区域贸易协定,即上述国家所签订的区域贸易协定主要是通过接受对方的技术法规为等效,与国际标准进行协调,以及通过包括缔结相互承认协议在内的广泛机制,对合格评定的结果进行承认。相比之下,欧盟则没有维持单一模式的区域贸易协定。欧盟的区域贸易协定可以分为三类。第一类是寻求与欧盟法规、标准和合格评定程序保持一致的候

---

[1] See WTO, Regional Trade Agreements Database, WTO website (January 20, 2023), http://rtais.wto.org/UI/publicsummarytable.aspx.

选国或邻国签订《稳定和联系协定》(Stabilization and Association Agreements);第二类是与寻求建立更紧密的政治和经济伙伴关系的国家签订《经济伙伴关系协定》(Economic Partnership Agreements);第三类是与第三国签订“超 WTO 条款”(WTO-plus)的区域贸易协定,例如欧盟与韩国签订的区域贸易协定。

《澳大利亚—泰国自由贸易协定》、《北美自由贸易协定》、《日本—马来西亚经济伙伴关系协定》和《日本—瑞士联邦自由贸易和经济伙伴关系协定》以及 CPTPP 在《技术性贸易壁垒协定》第 6.1 条第 1 款的基础上承认,在接受另一方的合格评定机构的合格评定结果前,缔约方可以就这些事项和所涉及的合格评定机构的能力进行磋商。例如,《北美自由贸易协定》和《韩国—智利自由贸易协定》鼓励各方开展合作,促进在《合格评定结果的承认和接受安排》的基础上,相互接受合格评定机构的评定结果。日本与东南亚国家联盟(Association of Southeast Asian Nation,ASEAN)(以下简称东盟)签订的全面经济伙伴协定也鼓励各方开展合作,并在共同商定的领域内建立一个项目,以促进合格评定结果的相互接受。

还有一类区域贸易协定将相互承认协议纳入贸易协定的谈判中,例如《日本—菲律宾自由贸易协定》《日本—新加坡自由贸易协定》《日本—泰国自由贸易协定》《韩国—新加坡自由贸易协定》《新西兰—新加坡紧密经济伙伴协定》《中国—新西兰自由贸易协定》。日本分别与菲律宾、泰国签订的贸易协定的附件四都包含了用于承认电气产品的合格评定结果的相互承认协议。这两个相互承认协议的条文与单独签订的相互承认协议非常相似,都涵盖了关于建立执行协定机制的一般规则,指定、中止和撤销合格评定机构的原则以及市场监督方案。附件还界定了协定的涵盖范围以及指定合格评定机构的其他规定。《日本—新加坡自由贸易协定》则涵盖了两个相互承认协议,包括电信终端设备和电气产品。韩国和新加坡签订的贸易协定则在附件 8B 涵盖了包括电气和电子设备有关的相互承认协议,其条文设置的结构与上述日本签订的贸易协定相似,但内容更为详细。中国和新西兰签订的自由贸易协定中,附件 14 纳入了关于电子、电器产品及其部件合格评定的相互承认协议,适用于中国强制性认证体系和新西兰供应商符合性声明(Supplier Declarations of Conformity, SDoC)要求的产品。新西兰和新加坡签订的贸易协定中,附件 4.1 也涵盖电气和电子设备的相互承认协议。

综上,相互承认规则或协议反映了各国政府有意识地选择不参与监管改革,而仅仅是将重点放在相对来说监管较严格的产品上,以降低这类产品的市场准入成本。事实上,相互承认在监管较宽松的产品领域可行,但由于相互承认不是一国单方面做到承认,而是需要做到相互的承认,因此并不是一个低成本和高效的选择。需要考虑的是,WTO 法律有无可能通过规定本国专属的监管管辖权,来限制各国监管机构交换权力并签订相互承认协议的能力。这是因为,相互承认从最惠国原则的角度看可能具有歧视性。[1]《服务贸易总协定》规定的相互承认要求向其他国家提供同等的机会。显然,单纯的相互性不允许歧视的存在。WTO 法律甚至存在一个问题,即区域贸易协定在多大程度上可以将相互承认安排限制在缔约方范围内,而非向所有其他 WTO 成员提供承认。

---

[1] See Lorand Bartels, *The Legality of the EC Mutual Recognition Clause under WTO Law*, Journal of International Economic Law, Vol. 8:3, p. 691 - 720(2005).

第三节 等 效

虽然从严格意义上看，广义的等效应当涵盖相互承认的内容，因为相互承认蕴含的机理和逻辑起点与等效相同，但本节以单边性和双边性为区分，将等效作为单独的监管合作规则予以分析。

一、等效与相互承认的概念辨析

事实上，等效的概念基于通过不同的措施实现监管目标这一事实。如健康和食物安全这一监管目标实际上可以通过不同的措施来加以实现。例如，澳大利亚已通过对牛奶热处理的方式来生产硬质奶酪以确保食品安全。瑞士则使用鲜牛奶，但采用特殊的生产工艺以实现与巴氏杀菌同等的杀菌水平。[1] 又如，新西兰实行“无风险”(no risk)原则，在冬季从澳大利亚进口瓜类蔬菜作为替代性健康措施，替代使用化学手段来避免果蝇扩散的需求。[2] 这意味着澳大利亚已经表明，其为实现 SPS 目标所采取的方法与新西兰所要求的方法等效，而新西兰可以接受澳大利亚的产品为替代措施而不会损害其国内监管目标。关于技术措施的例子是，日本接受了美国的有机农产品标准，使其等效于日本相关标准，允许在日本市场上销售符合美国标准和标识要求的产品。换言之，日本认为美国的标准和标签

---

〔1〕 WTO, A *Policy Framework for Mutual Recognition Activity*: *Contribution from Canada*, *Committee on Technical Barriers to Trade*, G/TBT/W/167, 2001.

〔2〕 WTO, *Decision on the Implementation of Article* 4 *of the Agreement on the Application of Sanitary and Phytosanitary Measures*, *Committee on Sanitary and Phytosanitary Measures*, G/SPS/19, 2001.

标识是为了确保消费者权益,并与日本自己的标准和标签标识规定一样有效。这些例子表明,等效规则可以产生与标准协调相同的效果,即消除贸易监管壁垒。等效在产品符合相关监管目标要求的基础上接受产品,即使此时仍然存在监管差异。因此,等效规则比协调更为灵活,使各国可以在实施独特国内监管措施的同时消除该措施的贸易限制效果。

关于相互承认和等效的区别,有几种不同的看法。有学者认为"等效"应该界定为"互惠性的单方承认"(reciprocal unilateral recognition),指的是一方承认另一方的标准或监管制度与自己的标准或监管制度效力相等,或者这些标准或监管制度"足够"(adequate)被承认。这是进口国单方的决定,可以随时撤回。[1] 联合国粮食与农业组织则根据等效条款和相互承认条款针对的对象来区分二者,认为等效条款针对的是措施、技术法规和合格评定结果。如《实施卫生与植物卫生措施协定》中的等效条款鼓励 WTO 成员应另一方的要求进行磋商,以期达成承认特定卫生措施等效的双边和多边协定。《技术性贸易壁垒协定》也有等效条款并呼吁成员积极考虑接受其他成员的技术法规为等效,即使这些法规与本国(地区)法规不同,只要能实现本国(地区)法规所追求的目标即可。《技术性贸易壁垒协定》还增加了对合格评定程序的要求,即成员应尽可能接受其他成员的合格评定结果。[2] 而相互承认条款则主要针对合格评定程序,即相互承认对方的合格评定程序,以确保遵守法规要求。[3] 还有学者也根据所针对的对象来区分二者,该观点认为等效可以被理

---

〔1〕 See Kathryn Wright & Dominic Webb, *Future Trade with the EU: Mutual Recognition. House of Commons Library*, Briefing Paper, No. 8384, 2018.

〔2〕《技术性贸易壁垒协定》第 6 条第 1 款。

〔3〕《技术性贸易壁垒协定》第 6 条第 3 款。

解为,虽然适用于甲国的规则和乙国不同,但亦可实现乙国的目标,乙国可以考虑将甲国的规则视为等效。等效可以通过单边授予贸易伙伴,或者通过共同协定来予以实现。相互承认则指两个或两个以上的国家在约定的条件下同意承认对方的规则或/和合格认定程序。因此,这一术语与等效的区别仅体现在合格评定程序的承认上。[1]

本书同意第一种观点,即以单边性和双边性来区分等效和相互承认。以跨境数据流动的规制为例,欧盟理事会和欧洲议会授权欧盟委员会根据欧盟《1995 年数据保护指令》(第 95/46/EC 号指令)裁定欧盟外第三国是否基于国内法或国际承诺对数据实施了充分保护,属于对等效规则的运用。因为这属于欧洲议会和欧盟理事会的单边行为,可随时修改或撤回。该裁定的结果是个人数据可以从欧盟(以及挪威、列支敦士登和冰岛)向该第三国传输,而无须任何进一步的保护措施。换句话说,传输数据到相关国家的行为被等同于欧盟内部的数据传输。截至 2022 年 12 月,欧盟裁定承认了 15 个国家具有充分保护的能力。[2] 而 1997 年欧盟与美国签订的涵盖电信设备、电磁兼容性、电气安全、游艇、药品制造、医疗设备等特定部门合格评定的相互承认协议,则属于相互承认的范畴。需要说明的是,除相互承认协议外,非政府机构之间的协议通常称为"互认安排"(mutual recognition arrangements)。例如,互认安排可使供应商通过本国承认的实验室提交检测报告,并直接以此报告在另一国获得认证,无须重复昂贵的测试。除认证的相互承认外,不同的认证机构也可视

---

〔1〕 See Orefice, Gianluca, Roberta Piermartini & Nadia Rocha, *Harmonization and Mutual Recognition: What Are the Effects on Trade?*, Mimeo, April 30, 2012.

〔2〕 15 个国家中,美国虽然与欧盟签署了《隐私盾保护协议》(EU-U. S. Privacy Shield)(无效),约定个人数据从欧盟转移到美国的公司的相关要求。但鉴于该协议项下的权利仍然是欧盟的单方授予,欧盟可以随时收回,因此也属于等效的范畴。

对方的机制、能力和结果为等效,并订立相互承认协议。[1] 因此,认证机构可认可并采纳母国认证机构提供的评估报告(assessment report),而无须重复完整的现场评估过程。[2] 本书只研究国家之间的相互承认,不研究非政府机构之间的相互承认。除相互承认协议外,各国还可以缔结等效协议(equivalence agreements)。在此类协议中,进口国承认出口国在某产品上的目标和合格评定与其本国等效,尽管它们不必完全相同。等效协议的裁量权在进口国一方,因此具有单边性质。等效完全可以基于个案作出,就像贸易谈判中“正面清单”(positive list)模式一样。因此,相互承认更具有协调的雄心,在相互承认制度下规则是相互而不是单边承认,要求例外的程序也通常很困难,使相互承认类似于严格“负面清单”(negative list)模式,而与等效协议有所不同。

二、多边贸易体制的等效规则

(一)多边贸易协定中的等效条款

《关税与贸易总协定》本身没有包括具体的等效要求。然而,

---

[1] 认证和认可是与合格评定紧密相关的活动,认证涉及向消费者提供保证,认可则涉及对认证机构的承认。例如,一家公司根据特定标准或法规的要求生产其产品。认证指的是认证机构对这家公司产品、服务、管理体系是否符合相关技术规范的强制性要求或标准的合格评定活动。认可则是指由认可机构对认证机构、检查机构、实验室以及从事评审、审核等认证活动人员的能力和执业资格予以承认的合格评定活动。

[2] 国际认可论坛(International Accreditation Forum, IAF)成立于1994年1月,是由世界范围内的合格评定认可机构和其他有意在管理体系、产品、服务、人员和其他相似领域内从事合格评定活动的相关机构共同组成的国际合作组织。IAF致力于在世界范围内建立一套唯一的合格评定体系,通过确保已认可的认证证书的可信度来减少商业及其顾客的风险。IAF成员主要分为认可机构成员、辅助成员(包括认可的认证机构/检查机构成员、工业界/用户成员)、区域成员、伙伴成员四类。中国合格评定国家认可委员会(China National Accreditation Service for Conformity Assessment, CNAS)是其成员单位之一,中国也是17个发起国之一。

《关税与贸易总协定》第 20 条第(b)项和第(d)项所规定的"保护生命和遵守法律的例外"的必要性要求可能要求承认。这些条款规定了违约后可以允许辩护的例外情形,并要求国内措施的选择需要考虑对贸易产生的限制。对贸易限制最少的选择也是对母国监管的有效性的承认。

此外,WTO 上诉机构在美国对某些虾及虾制品的进口限制案(*US-Shrimp*)中对《关税与贸易总协定》第 20 条序言作出进一步阐释。上诉机构裁定如下:"我们认为,通过采用实质上相同的方案来限制市场准入与在通过采用效果相当的方案来限制市场准入之间存在重要区别。授权进口成员将出口成员制定与进口成员有效性相当的监管计划作为市场准入的条件,可以为出口成员提供充分的自由来制定与进口成员效力水平相当的监管计划。"[1] 因此,要求美国和外国监管"等效"而非"本质上相同"的措施将不构成对贸易任意或不合理的限制。这似乎反映了一种"软性"对等原则,只有在违反了关税与贸易总协定的其他规定后才会适用。

《实施卫生与植物卫生措施协定》的第 4.1 条要求在一定条件下将其他成员的措施视为等效。《实施卫生与植物卫生措施协定》第 4.2 条鼓励成员缔结等效协议,但没有提到相互承认或相互承认协议。《技术性贸易壁垒协定》关于等效的条款主要是关于技术法规的第 2 条第 7 款和关于合格评定程序的第 6 条第 1 款。第 2 条第 7 款要求成员在确信其他成员的技术法规的目标与本国技术法规一致的情况下,接受对方的技术法规为等效,即使与本国的法规不一致。第 6 条第 1 款则要求成员尽可能接受其他成员合格评定程序的结果,即

[1] WTO Appellate Body Report, United States-Import Prohibition of Certain Shrimp and Shrimp Products (hereinafter *US-Shrimp*), WT/DS58/AB/R, October 12,1998, para. 144.

使与本国的程序不一致,前提仍然是信任对方的程序符合技术法规或标准。与《实施卫生与植物卫生措施协定》相比,《技术性贸易壁垒协定》第2条第7款显得更具有鼓励性质,因为该条仅要求成员"积极考虑"将该成员的技术法规作为等效法规加以接受。此外,《技术性贸易壁垒协定》第2条第7款所规定的技术法规需要实现的合法目标没有《实施卫生与植物卫生措施协定》第4条的规定具体,这也反映了《技术性贸易壁垒协定》更加开放的性质。《实施卫生与植物卫生措施协定》只是为了实现健康保护目标,而《技术性贸易壁垒协定》则可能实现广泛的合法性目标,例如国家安全要求、欺诈行为的防范、人类健康和安全保护、动植物生命健康或环境保护。[1]因此,在评估用于实现某一具体目标的不同技术法规是否可以被视为等效前,必须明确该技术法规所追求的目标。《技术性贸易壁垒协定》第6条第1款具体规定了合格评定的等效。合格评定程序的等效性意味着接受不同的合规检查程序可以达到相同水平的合格保证效果。

由于《关税与贸易总协定》第20条要求成员在管理监管分歧时保持适当程度的灵活性[2],《技术性贸易壁垒协定》第2条第7款或与《关税与贸易总协定》第20条相平行的《技术性贸易壁垒协定》第2条第2款很可能被理解为要求足够的灵活性,以确保出口成员建议的替代和等效标准可以被善意地考虑。

《服务贸易总协定》第6条第4款呼吁服务贸易理事会(Council

---

[1] 《技术性贸易壁垒协定》第2条第2款。

[2] WTO Appellate Body Report, *US-Shrimp*, WT/DS58/AB/R, October 12,1998, para. 165; and WTO Appellate Body Report, United States-Import Prohibition of Certain Shrimp and Shrimp Products-Recourse to Article 21. 5 of the DSU by Malaysia [hereinafter *US-Shrimp* (*Article* 21. 5 – *Malaysia*)], WT/DS58/AB/RW, October 22, 2001, paras. 135 – 152.

for Trade Services, CTS)制定必要的规则以确保有关资格要求和程序、技术标准和许可要求的措施不会构成对服务贸易不必要的壁垒。在根据《服务贸易总协定》第6条第4款制定的特定规则生效前,进口成员可根据《服务贸易总协定》第6条第5款的要求对作出具体承诺的部门提供相关国家措施的要求,包括以下两点:

1. 许可或资格要求和技术标准必须不得以具体承诺作出时未能合理预期的方式取消或减损具体承诺。

2. 相关措施必须:(1)依据客观和透明的标准;(2)不得比为保证服务质量所必需的限度更难以负担;(3)就许可程序而言,其本身不应成为对服务提供的限制。

需要注意的是,《服务贸易总协定》第7条和关于金融服务的附件第3条规定了对审慎措施的承认,但并未作强制性要求。尽管《服务贸易总协定》对标准的必要性要求可能会最终导致司法上所要求的等效,但根据目前的条约语言来看可能情况有所不同,必要性测试可能要求部分规则等效并使其成为比例原则的后果。

(二)SPS委员会和TBT委员会关于等效的讨论

等效一直是SPS委员会多年来关注的议题。2001年,SPS委员会通过了《关于执行第四条等效性的决定》[1],以确保"《实施卫生与植物卫生措施协定》的第四条具有可操作性"。该决定允许成员间通过不同的监管方式来实现相同的监管目标,并规定进口成员有义务应出口成员的请求,对SPS的目标和原理作出解释,明确界定相关措施试图解决的风险,还要说明SPS所需要达到的"适当保护水平"。

---

[1] Committee on Sanitary and Phytosanitary Measures, *Decision on the Implementation of Article 4 of the Agreement on the Application of Sanitary and Phytosanitary Measures*, G/SPS/19, 26 October 2001. This document was clarified in 2004, in G/SPS/19/Rev. 2.

同时,成员需要考虑 SPS 委员会在 2000 年 6 月 21 日至 22 日的会议中通过的《关于进一步执行第 5.5 条的指南》中的意见。[1] 此外,出口成员必须应请求给予进口成员通过检查、测试和其他相关的程序来确定等效性的合理机会。这种请求必须迅速进行,并不得中断或暂停正在进行的进口。总体来说,进口成员应提供必要的信息帮助出口成员证明其措施的等效性。该决定还规定,进口成员应在 6 个月内及时回应出口成员提出的任何等效确认请求。至于出口成员方面,则有责任通过科学和技术文件证明该措施满足进口成员的保护水平。但是,应允许进口成员进行与等效评估有关的检查或测试。SPS 委员会于 2002 年 3 月通过了《关于进一步执行第四条"等效"的具体工作计划》。[2] 这项工作计划已于 2004 年 3 月完成。该计划进一步澄清了 2001 年作出的关于等效的决定,还涉及与合格评定程序相关的几个问题,以及"加速程序"和"历史贸易"[3],"贸易中断"[4]和"保护水平"[5]的比较。关于加速程序和历史贸易指的是成员双方贸易关系的信任度有可能加快等效评估程序。关于"贸易中断"的问题,该决定明确指出等效承认的请求本身不应成为中断或暂停请求成员进口的理由。因此,SPS 委员会实际强调这种中断或暂停请求成员进口的行为明显违反了《实施卫生与植物卫生措施协定》第 2

---

[1] Committee on Sanitary and Phytosanitary Measures, *The Guidelines to Further the Practical Implementation of Article* 5.5, G/SPS/15, July 18, 2000.

[2] WTO, *Decision on the Implementation of Article* 4 *of the Agreement on the Application of Sanitary and Phytosanitary Measures*, G/SPS/19/Rev.2, 23 July 2004, para. 13 and note 9.

[3] *Decision on the Implementation of Article* 4 *of the Agreement on the Application of Sanitary and Phytosanitary Measures*, G/SPS/19, October 24, 2001, para. 5.

[4] *Decision on the Implementation of Article* 4 *of the Agreement on the Application of Sanitary and Phytosanitary Measures*, G/SPS/19, October 24, 2001, para. 6.

[5] *Decision on the Implementation of Article* 4 *of the Agreement on the Application of Sanitary and Phytosanitary Measures*, G/SPS/19, October 24, 2001, para. 7.

条的义务。但是,承认等效并不阻碍进口成员实施必要的 SPS,为避免任何误解,SPS 委员会建议进口国应当立即向受影响成员详细解释实施理由。SPS 实现适当保护水平的能力,是等效评估的关键所在。SPS 委员会制定了《进一步实施〈SPS 协定〉第 5 条第 5 款的指南》,帮助成员判断适当保护水平的等效性。[1] 总之,SPS 委员会在等效条款的执行上作出了重要的澄清,还在一定程度上反映了成员关于等效条款适用的意见和经验,并与国际标准化机构建立了密切联系,SPS 委员会决定将等效作为定期会议的常设议题。

TBT 委员会对《技术性贸易壁垒协定》项下的等效进行了多次讨论。[2] 在《技术性贸易壁垒协定》第一次三年期审查中,成员就等效概念如何适用于自愿性标准和执行《技术性贸易壁垒协定》第 2 条第 7 款的经验进行交流。[3] 部分成员向第一次三年期审查提交的文件都讨论了相互承认的问题以及等效的概念。1997 年新西兰提交了一份题为《关于技术贸易壁垒协定对技术法规的拟订、通过和审议的要求》的来文。[4] 新西兰认为,在每个国家的情况类似使等效成为可能的情况下,协调和承认等效是可取的。因此,新西兰认为等效和相互承认是减少技术性贸易壁垒的潜在可行选择,同时可以解决

---

[1] WTO Committee on Sanitary and Phytosanitary Measures, *Guidelines to Further the Practical Implementation of Article* 5.5, G/SPS/15, 2000.

[2] WTO, *First Triennial Review of the Operation and Implementation of the Agreement on Technical Barriers to Trade*, Committee on Technical Barriers to Trade, G/TBT/5, 1997. See also WTO, *Second Triennial Review of the Operation and Implementation of the Agreement on Technical Barriers to Trade*, Committee on Technical Barriers to Trade, G/TBT/9, 2000.

[3] WTO, *First Triennial Review of the Operation and Implementation of the Agreement on Technical Barriers to Trade*, Committee on Technical Barriers to Trade, G/TBT/5, 1997, p. 6.

[4] WTO, *Requirements of the Agreement on Technical Barriers to Trade Concerning the Preparation, Adoption and Review of Technical Regulation: Communication from New Zealand*, Committee on Technical Barriers to Trade, G/TBT/W/44, 1997.

与国家监管制度差异有关的问题。在第二次三年期审查中,TBT委员会认为,各成员可能认为,在缺乏相关国际标准的情况下,进一步探讨标准的等效性并将其作为促进贸易的临时性措施是有益的。[1] 2000年的《TBT委员会年度报告》[2]指出,作为制定适合的国际标准前的临时措施,TBT委员会认为在某些情况下,某些成员境内的标准化机构或监管机构选择接受另一成员的标准为等效,尽管这些标准与境内实施的标准不同,但可以实现相同的目的。当然,TBT委员会也强调,标准的等效只能作为临时措施予以适用。TBT委员会进一步指出单方面承认外国合格评定程序结果的可能性,以及《技术性贸易壁垒协定》第6条第1款在这方面的相关性。[3] 在缺乏认可的情况下,合格评定机构可以通过其他方式证明其能力。其中一个方式就是单方承认合格评定机构、国外检测报告和认证为等效。TBT委员会"重申必须积极考虑根据第2条第7款的规定,接受其他成员的技术法规为等效的重要性"[4]。涉及认可机构及其活动安排的等效评估也被提及,但TBT委员会指出这种安排已经存在国际标准和指南。此外,还有人指出,等效可以是善治的监管的一个要素,并与

[1] WTO, *Second Triennial Review of the Operation and Implementation of the Agreement on Technical Barriers to Trade*, Committee on Technical Barriers to Trade, G/TBT/9, November 13, 2000, p. 23.

[2] WTO, Report (2000) of the Committee on Technical Barriers to Trade, G/L/412, November 14, 2000.

[3] WTO, *Agreement Reached by a Member with Another Country or Countries on Issues Related to Technical Regulations, Standards or Conformity Assessment Procedures: Notification*, Committee on Technical Barriers to Trade, G/TBT/10.7/N/36, 2002, p. 27.

[4] WTO, *Agreement Reached by a Member with Another Country or Countries on Issues Related to Technical Regulations, Standards or Conformity Assessment Procedures: Notification*, Committee on Technical Barriers to Trade, G/TBT/10.7/N/36, 2002, p. 9.

第6条第1款所预见的合格评定相关。[1] TBT委员会同意启动一个交流等效经验的议程，特别是关于如何在实践中执行这一概念的经验。

第二次三年期审议工作表明，TBT委员会认识到技术法规和标准等效的重要性。虽然多年来一直在讨论这些问题，但是TBT委员会没有发布文件明确等效或相互承认的术语和适用等问题。因此，与SPS委员会相比，TBT委员会关于等效的工作似乎进展更为缓慢。

三、区域贸易协定的等效规则

本书对WTO成员1948年到2022年通报的355份已生效区域贸易协定进行抽样比对。其中，日本、韩国和欧盟的区域贸易协定较少提到将技术法规视为等效来减少技术性贸易壁垒。欧盟签订的协定中，技术法规和标准的协调是更常见的做法，欧盟只在和智利、哥伦比亚、秘鲁分别签订的区域贸易协定中要求缔约方相互合作，以确定在不同的部门减少技术性贸易壁垒的更有效机制，包括技术法规的等效。

大多数促进承认技术法规等效的协定都要求缔约方在拒绝将另一方的技术法规视为等效时需作出解释。例如，新加坡与澳大利亚、泰国与澳大利亚、墨西哥与乌拉圭、新西兰与新加坡，以及欧盟分别与智利、哥伦比亚、秘鲁签订的自由贸易协定等。虽然难以收集这些贸易协定执行情况的资料，无法判断缔约方确切的承诺水平，但可以

---

〔1〕 WTO, *Third Triennial Review of the Operation and Implementation of the Agreement on Technical Barriers to Trade*, Committee on Technical Barriers to Trade, G/TBT/13, November 11, 2003, p. 3.

假定的是,当贸易协定要求缔约方解释不承认另一方技术法规为等效的理由时,对缔约方的约束力比不要求解释的协定更强,反映了缔约方更高的承诺水平。

《新西兰—新加坡紧密经济伙伴协定》则促进了对强制性要求和标准的等效承认。技术要求的等效是指缔约方在接受另一缔约方的强制性要求下产生的效果等同于该缔约方自己的强制性要求所产生的效果。[1] 理论上,技术法规的等效承认不同于技术法规的相互承认,因为前者要求的是尽管缔约方的技术法规不同,但可以充分实现相同的目标,而后者则不可能要求技术法规是等效的。然而,在实践中,如果缔约方不能保证同等程度的保护和类似的效果,就不会相互承认各异的技术法规。

综上,无论是多边贸易体制还是区域贸易协定,都对等效规则进行了规定,虽然在实践中,等效规则和相互承认规则的机理可能是一致的,即二者都建立在技术法规或标准视为等效的基础上,但等效规则和相互承认规则实际上有所不同,主要体现在等效承认的单边性和双边性上。在等效规则和相互承认规则的约束下,缔约方可以从实体规则上协调技术法规或合格评定程序并降低贸易成本,进一步推动贸易便利化和自由化。

本章小结

在以往的研究中,标准的协调、相互承认和等效都被视为贸易便利化议题下的备选方法之一,但实际上便利贸易也是监管合作的目

---

〔1〕《新西兰—新加坡紧密经济伙伴协定》第6.9条。

标之一，二者并不矛盾。由于这三类规则可以较好地实现监管的一致性或协调性，OECD 也将其列为监管合作的形式，因此本书将其归为监管合作的实体性规则。然而，等效、相互承认与协调之间存在区别。协调指有两个或多个不同的标准而将其转化为一个，主要通过国际标准的适用来完成，因此对国际标准化组织的依赖程度较高；等效和相互承认则将不同的监管制度中部分规定视为等同，理由是其产生相同的效果或达成相似的目标。由于等效和相互承认的适用取决于不同监管制度的相近程度，政治、经济和法律制度较为接近的国家之间更容易达成涵盖等效或相互承认规则的协定或签订单独的相互承认协定。此外，合格评定的相互承认还提供了一种更加有效的系统，即在国家之间和公私机构进行更好的分工，以助于分散遵守法规的成本。然而，最有利的解决方案是在协调法规和标准或承认等效的前提下仅根据一套产品要求来生产产品，且在相互承认合格评定协议的基础上仅对产品要求一次测试和申报。因此，协调、等效和相互承认三类规则虽然不同却又彼此关联，并共同消除监管分歧、促进监管合作。

第三章 国际贸易协定中监管合作的程序规则

如本书第一章所述,国际贸易协定中有关监管合作的程序规则主要对国内监管规则或措施的制定程序提出要求。从国际贸易协定中现有条款来看,主要包括4种要素,即透明度和公众参与、监管影响分析、国内监管协调或兼容、回顾性审查。其中,监管影响分析主要适用于规则制定的事前阶段,回顾性审查聚焦规则制定的事后阶段,而透明度和公众参与、国内监管协调或兼容等要求则可能贯穿规则制定的事前、事中和事后阶段。上述要素与 OECD 和 APEC 所倡导的"善治的监管"内涵相一致。本章将在阐述国际贸易协定中监管合作的程序规则的渊源"善治的监管"后,对程序性规则进行逐一分析。

第一节 规则渊源:善治的监管

善治的监管不仅是监管合作的组成要素,也是监管合作取得成功的重要前提。善治的监管可使政府机构之间得到良好协调,以更好地实现既定政策目标,从而避免规则制定的重复或不一致。善治的监管不是关于更多或更少的监管，而是为了获得更好的监管结果。OECD 和 APEC 成员将善治的监管作为解决贸易和投资问题的新路径，并积极在国际贸易协定的语境下探讨如何纳入善治的监管相关要求以促进贸易和投资的发展。这些要求源自成员尤其是美国国内监管的经验和做法，属于对国内规则制定程序中质量和一致性提出的要求，即确保以公开、透明和参与性的方式制定监管法律法规，并确保其成果基于风险或可获取的最佳数据。[1] 因此，国际贸易协定中监管合作程序规则主要源自成员各自的善治的监管相关要求。

一、善治的监管与监管合作程序规则

正如 APEC 标准和一致化分委员会前任主席朱莉娅・多尔蒂（Julia Doherty）所言，多年以来，贸易团体和监管改革团体的工作一直是平行且在各自独立的通道进行，但这些通道正在融合。[2] 监管改革工作侧重于国内程序和影响，而贸易机构则侧重于国际程序和影响，二者间的互动很少。除了承担必要的法定义务，各国政府不愿向国际机构让渡对国内监管程序进行规制的权力，国际贸易谈判也鲜有善治的监管方面的专家参与。国内监管改革以经济学原理和新公共管理原则为基础，国际贸易谈判则以国际经济和司法原理为基础并逐步实现自由化，促进国际贸易的增长。二者的目标通常不同但实则互补。国际贸易谈判的首要任务是逐步放开关税和贸易相关的非关税措施来实现全球经济增长，而监管改革的目标则侧重于国

---

〔1〕 See US Chamber of Commerce, *The Bridge to Cooperation*: *Good Regulatory Design*, US Chamber of Commerce (June 20, 2023), https://www.uschamber.com/sites/default/files/good_regulatory_design_paper_-_4-24-2017_-_final.pdf.

〔2〕 APEC Technical Assistance and Training Facility, *Supporting the TBT Agreement with Good Regulatory Practices*, APEC#212-CT-01.6, March 2012, p.3.

内经济表现的宏观问题,如消费者福祉、生产率,也包括在实现公共政策目标、增强监管有效性的同时降低商业、创新、国内工作机会、中小企业表现、开业等成本的微观问题。在国际贸易协定纳入监管合作规则以融合贸易自由化和监管改革要求之前,OECD 和 APEC 认为善治的监管对国内监管改革,促进经济增长、贸易和投资具有重要性,并推动各国实施善治的监管。

由于善治的监管涉及创设并遵循规则制定的过程,规则制定必须确保问责制。政府作出的政治决定将限制监管机构所享有的自由度,但一旦政治目标确定,善治的监管要求应指导规则制定的过程。政治进程一般作出方向性的决策,而善治的监管则通过遵循透明度的要求和公众参与的规则制定过程,循证作出决策来创造专业的规则制定过程,以实现政治决策所确定的目标。因此,善治的监管涵盖了透明度和利益相关者参与、确保监管规则制定所依据的数据质量和科学性、基于风险的方法、监管影响评估、事后评估等内容。

APEC 和 OECD 长期关注"善治的监管"这一议题并在界定和推广善治的监管上作出了卓有成效的努力,比如《2005 综合清单》就对善治的监管进行了阐述。[1] 其中,OECD 认为,首先,善治的监管应服务于明确界定的政策目标,并有效地实现这些目标,还应具有健全的法律和实证基础;其次,对产生利益所需的合理成本进行分析,即考虑到监管对社会各方面的影响,特别是对经济、环境和社会的影响;再次,善治的监管还应当尽量减少成本和市场扭曲,通过市场激励和基于目标的方法促进创新,并做到简单、清晰和实用;最后,善治的监管须与其他监管和政策保持一致,并尽量与国内和国际层面有

---

〔1〕 OECD, *APEC-OECD Integrated Checklist on Regulatory Reform*, OECD Publishing, 2008, p. 19.

关竞争、贸易和投资促进的原则保持一致。[1] OECD 关于善治的监管的衡量标准，其中一项关键组成部分即监管影响评估，其定义是"利用连贯的分析方法，系统地识别和评估监管提案预期效果的过程"[2]。OECD 主张对拟议监管法规进行成本效益分析或类似的分析，并强调基于证据作出决策，尤其在公共安全、公共卫生和环境保护领域。

OECD 和 APEC 不存在"放之四海而皆准"(one-size-fits-all-model)的模式，也没有要求各成员开展善治的监管的硬性规则(hard rules)。二者只是收集并记录成员间不同的善治的监管做法，其中一些做法已被大型和发达经济体所采用，也有小型经济体或市场转型过渡期经济体采用了善治的监管所涵盖的做法。《2005 综合清单》中善治的监管如果可以在成员中得以适用，则可能在整个亚太地区产生重大效益。国际经验中的重要的教训之一是，如果不在政府机构中系统性地实施善治的监管，则难以产生持续且重大的效益。对大多数国家庞杂且功能失调的监管丛林进行细微改变是容易的，改变未来国内规制制定和实施的方式却是艰难的，但后者更为重要，也与市场更相关。[3] 虽然 OECD 和 APEC 持续帮助成员推进监管改革，加强善治的监管的能力，但这种倡议性的讨论包括短期或临时的建议，并不能产生持续性的效益。例如 APEC 成员如通过一次性的

---

〔1〕 OECD, *OECD Guiding Principles for Regulatory Quality and Performance*, OECD Publishing, 2005, p. 3.

〔2〕 OECD, *Introductory Handbook for Undertaking Regulatory Impact Analysis (RIA)*, OECD Publishing, 2008, p. 3.

〔3〕 See Scott Jacobs & Peter Ladegaard, *Better Regulation for Growth: Governance Frameworks and Tools for Effective Regulatory Reform-regulatory Governance in Developing Countries*, Investment Climate Advisory Services/World Bank Group, Working Paper, No. 55645, Vol. 1, July 13, 2010, p. 1.

监管审查(one-off regulatory reviews)来帮助成员调整善治的监管的做法,但这种临时性的建议不太可能产生更多投资、就业、贸易或良好经济表现等方面的持续效益。无论选择何种善治的监管方法,都必须通过法律、法规、程序、指南,将"善治的监管"所运用的机制制度化,使之成为决策机制的一部分,以提高成员政府的监管质量。

鉴于国际贸易协定在连接善治的监管的国际共识与国内政府义务的问题上可发挥较好的作用,国际贸易协定逐渐纳入监管改革过程中逐渐达成的善治的监管共识,最终形成系列程序性的要求。

二、国际贸易协定中善治的监管要求

APEC 和 OECD 成员积极推动将善治的监管纳入国际贸易协定,要求缔约方将善治的监管纳入国内监管决策机制,因此当前国际贸易协定中的监管合作规则均蕴含了 APEC 和 OECD 的印记。[1] APEC 和 OECD 中与贸易相关的善治的监管分为三类。第一,国内规则制定的内部协调;第二,监管影响评估;第三,透明度与公众参与。这三类要求虽然不能涵盖"善治的监管"的所有做法,但从目前来看,这三类要求属于善治的监管的核心要求,贯穿监管规则或措施制定的整个过程,且与贸易议题直接相关。如果通过精心策划的组织和程序,将整个政策决策过程整合在一起,则对监管质量的控制应该最为有效。OECD 呼吁为政府的监管职能发挥"积极的质量保障作用"。这些组织和程序的职能是保护监管制度的核心价值。

第一,国内规则制定的内部协调指设置明确考虑对贸易和竞争的重要影响的程序来制定规章,以及鼓励专业机构参与监管决策,并

---

〔1〕 CPTPP、《美墨加协定》、TTIP、《欧日协定》的缔约方均为 APEC 或 OECD 的成员(其中欧盟部分成员国是 OECD 的成员)。

发表贸易或贸易相关原则(如竞争)的具体观点。主要体现在《2005综合清单》的 A4、A5、B1 和 D2。包括:(1)制定全面且公开的善治的监管原则,以指导善治的监管。将贸易原则纳入总体原则。(2)创设有效的部门间机制,管理和协调各部门或各机构的监管改革。(3)每年发布一份覆盖所有经济领域、成本敏感且具有前瞻性的监管议程。确保贸易官员审查该议程并识别出可能对贸易产生负面影响的问题。(4)系统审查现有的规章制度,以提升其有效性并减轻负担。审查内容包括贸易影响标准。(5)将竞争和市场开放的影响纳入监管质量体系。建立系统程序,使监管影响评估草案和法律文本可以尽早与竞争贸易和标准办公室共享。

根据《2005 综合清单》的这一分类,国际贸易协定中对应的监管合作程序规则包括:CPTPP 第 25. 4 条“协调与审查程序或机制”;《欧日协定》第 18. 4 条“内部协调”、第 18. 6 条“计划监管措施的早期信息”;TTIP(欧盟提案文本)“善治的监管”章第 3 条“内部协调”、第 5 条“早期信息”;《美墨加协定》第 28. 4 条“内部协商、协调和审查”、第 28. 6 条“早期规划”、第 28. 16 条“年报”。

第二,监管影响评估的目标是在政策决策的过程中提供信息使政府理解监管行为的后果,以及通过选择监管和非监管解决反感,以最低经济、消费者福祉和贸易影响成本为代价来实现公共政策目标。监管影响评估对应《2005 综合清单》中的 A8、B2、B3、B6、C1。主要涵盖以下内容:(1)要求对公民或企业有重大影响的监管提议采用监管影响评估。(2)尽早完成监管影响评估。(3)制定、采纳和适用监管影响评估手册。(4)遵循监管影响评估的标准格式。(5)在决定进行监管时,尤其在该问题是政府失灵或市场失灵所导致的情况下,明确该监管提议的需求,并说明问题的性质和重要性,以及问题产生的原因和驱动因素。(6)确定政府的政策目标。(7)审查解决问题的可行方案,包括负担较轻的替代方法,如以市场为基础或非强制性的解决方法。作为这一步骤的一部分,审查任何选择的歧视性影响、适用国际标准的可能性以及各种合格评定选择。(8)系统比较每种选择的成本和收益。比较每种选择在数量和质量上的成本和收益。评估是否存在贸易限制较小的替代方法,该方法也可以在实现政策目标和保护水平上作出同等贡献。(9)公布监管影响评估以征求公众意见,并对意见作出回应。将外国公司和国内公司的意见进行比较,并判断外国公司是否受到了国内公司所没有的影响。(10)判断所选择的备选方案是否为实现政策目标的最佳选择。适用贸易影响过滤掉与国际条约义务不一致的任何备选方案。

国际贸易协定的监管合作规则也能找到对应条款,例如 CPTPP 第 25.5 条第 1 ~ 5 款;《欧日协定》第 18.8 条"影响评估";《加欧协定》第 21.4 条第 g 款和第 i 款;TTIP(欧盟提案文本)"善治的监管"章第 8 条"监管影响评估";《美墨加协定》第 28.11 条"监管影响评估"。

第三,公众参与机制的目的是在制定新的监管规则或措施时,设计一种有效、高效和实用的方式,将民间社会的信息引导到监管决策过程中来,收集理解问题所需的特别信息,并选择以最低的经济发展和消费者福祉成本来实现公共政策目标的解决方案,并确保受影响的利益相关者被告知未来可能的监管行动。主要涉及《2005 综合清单》中的 B2、B5、D1、D4,具体如下:(1)要求对影响公民或企业的所有监管提议进行最低标准的协商。(2)提前计划协商。(3)设置程序以确保所有公共利益相关方(stakeholders)有对监管提议提意见的机会。在制定新政策或修订现有政策的全过程中进行广泛的协商。

(4)确定利益相关方,确定所有应该协商的利益相关群体或个人。(5)适用简明易懂的语言提供清晰的措施草案,并给予利益相关方足够的时间来考虑这些措施,使利益相关方和政府可以进行有意义的对话,从而改善监管成果。准备协商文件并明确关键问题,以供受影响的利益方(interests)回应,例如是否有成本较低的方案供选。(6)确保监管机构对如何考虑公共意见负有公开责任。将收集到的意见运用到最终的监管影响评估和建议中,向利益相关者提供反馈。

与之对应的国际贸易协定的监管合作条款,如《加欧协定》第21.4条"监管合作行动"第c款、第d款、第e款和第f款,第21.8条"与私人实体的协商";CPTPP第25.5条"核心良好监管合作的实施"第4款、第5款、第7款、第8款,第25.8条"利害关系人的参与",第25.9条"实施通知";TTIP(欧盟提案文本)"监管合作"章第6条"透明度与公众参与",TTIP(欧盟提案文本)"善治的监管"章第4条"监管程序的描述"、第5条"早期信息"、第6条"利益相关者协商"、第7条"对现行监管框架的反馈";《欧日协定》第18.5条"监管程序及机制"、第18.6条"规划监管措施的早期信息"、第18.7条"公众参与"、第18.10条"提交意见的机会";《美墨加协定》第28.7条、第28.8条、第28.9条、第28.10条"专家咨询小组"、第28.12条、第28.14条、第28.15条、第28.16条。

除上述三个要素外,自由贸易协定中监管合作章的要素还包括对监管措施或法规的事后审查机制,即回顾性审查。主要有《加欧协定》第21.4条"监管合作行动"第o款、第p款和第q款;CPTPP第25.5条"核心良好监管实践的实施"第6款;TTIP(欧盟提案文本)"善治的监管"章第9条"回顾性评估";《欧日协定》第18.9条"回顾性评估”;《美墨加协定》第28.13条。

综上,无论是国际贸易组织讨论语境下的善治的监管,还是自由贸易协定监管合作章中的善治的监管,都具备如下特点:第一,它基于循证的监管政策制定方式,帮助引导受影响各方提出贸易相关的关切。第二,善治的监管是非歧视的,即所有潜在的贸易伙伴都可能从更好的规则中获益。第三,善治的监管维护监管主权。第四,善治的监管是一种横向纪律,且属于低成本方法,可以避免国际贸易协定谈判在特定部门陷于冗长讨论的难题。[1]

第二节　核心程序:透明度和公众参与

透明度通常被认为是法治的核心原则,也是善治(good governance)的一个关键要素。[2] 公众参与则是为了保障贸易相关监管措施影响的利益相关方的利益,提升行政权力机构与民间社会互动的透明度和效率。

一、透明度要求

虽然利益相关方的参与也属于透明度的要求,但为了论述的方便,本部分将只讨论利益相关方参与以外的透明度要求,并以监管措

---

〔1〕 See C. Kauffmann, *The OECD Perspective on Good Regulatory Practices and International Regulatory Cooperation*, George Washington University Regulatory Studies Center's Conference: Enhancing the Transatlantic Trade and Investment Partnership: Reducing Regulatory Barriers, December 19, 2014.

〔2〕 See Francis Fukuyama, *State-Building, Governance and World Order in the 21st Century*, Cornell University Press, 2004, p. 6.

施来指代一切与贸易相关的国内监管规则和行为等。国际贸易协定中监管合作章的透明度要求主要涉及对缔约方和利益相关方的透明度义务,其适用的目的是确保缔约方和利益相关方对监管措施的预测,包括及时公布计划中或正在进行的监管行动、现行和拟议的监管措施。这种披露措施使监管机构更加透明,并让缔约方和利益相关方了解并预测未来需要考虑的监管因素。

(一)国际贸易协定中的透明度要求

关于国际贸易体制下透明度原则的学术讨论集中在外部、内部和监管透明度。外部透明度可以观察到国际贸易组织如 WTO,而内部透明度则反映了国际组织成员如 WTO 成员参与组织工作的能力,监管透明度则构成了国内行政法的重要组成部分,并成为善治的工具。[1]

许多国际组织强调透明度对市场经济和社会发展的重要性,并以类似于《关税与贸易总协定》第 10 条的内容来定义透明度原则。OECD 认为透明度原则有两层含义。第一层含义是监管透明度,即衡量被监管主体表达、识别和理解法律义务的能力;第二层含义是政府信息透明度。[2] 监管透明度保护私人相关利益方知晓法律,并被告知有关其权益的决定且要求决定须有合理理由,以及对这些决定进行审查的权利。[3] 因此,与监管透明相关的法律改革增加了市场开放性并降低了商业交易成本。信息透明度则包括与相关利益方磋

---

〔1〕 See Robert Wolfe, *Regulatory Transparency*, *Developing Countries and the WTO*, World Trade Review, Vol. 2:2, p. 157 - 182(2003).

〔2〕 See OECD, *Regulatory Policies in OECD Countries from Intervention to Regulatory Governance*, PUMA/RE6 (2001) 10, November 21, 2001, p. 41.

〔3〕 National Economic Research Associates, *Economic Consulting*, *Regulatory Transparency: International Assessment and Emerging Lessons*, A Final Report for the World Bank, June 6, 2005, p. 147.

商、广泛散发电子版的监管材料、在起草法律和规章时运用简明易懂的语言、通过透明程序对监管自由裁量进行管控，以及设立上诉程序。[1]

关税与贸易总协定中的透明度原则要求成员承担对以规则为基础的贸易体制运行所至关重要的程序性和实体性法律义务，主要包括：(1)公开提供有关法律、法规和其他政策信息；(2)将相关法律、法规及其任何变更通知各利益相关方；(3)确保以统一、公正和合理的方式实施法律和规章。[2] 1989 年贸易政策审议机制(trade policy review mechanism，TPRM)设立并成为监督成员是否遵守《关税与贸易总协定》第 10 条的手段，表明在深化经济一体化的背景下透明度日益重要。[3] 《技术性贸易壁垒协定》中透明度要求主要指要求成员在准备适用技术法规或合格评定程序时，应当尽早发布并通过 WTO 秘书处通知其他成员。成员在通知中应对拟议措施的目的予以简要说明。这些义务在下列情况下予以适用：一是不存在相关的国际标准、指南或建议；二是拟议的技术法规和合格评定措施中的技术内容与相关国际标准、指南或建议不相符。[4] 在这种情况下，成员还必须为其他成员留足"合理期限"，以对拟议的技术法规和合格评定程序提出书面意见。关于合理期限，TBT 委员会建议"至少 60 天"[5]，

---

[1] See Robert Wolfe, *Regulatory Transparency, Developing Countries and the WTO*, World Trade Review, Vol. 2:2, p. 157 - 182(2003).

[2] 《关税与贸易总协定》第 10 条。

[3] WTO, *World Trade Report* 2011: *The WTO and Preferential Trade Agreements: From Co-Existence to Coherence*, World Trade Organization, 2011, p. 184.

[4] 《技术性贸易壁垒协定》第 2 条第 9 款和第 5 条第 6 款。

[5] WTO, Committee on Technical Barriers to Trade, *Fifth Triennial Review of the Operation and Implementation of the Agreement on Technical Barriers to Trade under Article* 15.4, G/TBT/26, November 19, 2009, para. 40.

并考虑其他成员的评论。[1] 成员还须保证迅速发布所有的技术法规和合格评定程序。[2] 协定要求每一成员设立咨询点，以回答其他成员或其利害关系人提出的所有合理问题。[3]

WTO 贸易和投资关系工作小组曾在报告中称现有双边和区域协定中的透明度条款，尤其是在外商投资条款中的透明度要求，普遍不如 WTO 协定中的类似条款详细和规范性强。[4] OECD 对区域贸易协定中监管透明度条款的研究表明监管透明度条款的相对扩张并没有过多地影响到 OECD 成员已有的国内监管机制。[5] 另外，涵盖更高透明度要求条款的区域贸易协定为 OECD 成员强化了行政法规和监管实践的国内框架，而这些国家此前的国内监管框架并不算发达。显然，区域贸易协定谈判使拥有发达监管体制国家的利益相关者有机会提出透明发展机制，这种机制可以改善发展中国家政府的问责制并影响其国内透明度水平。上述 OECD 研究还将区域贸易协定中监管透明度相关的条款划分为三大类：第一类是与区域贸易协定涵盖事项相关的一般透明度规定，包括信息可获取性、公众参与和正当程序；第二类是与协定涵盖的货物有关的透明度规定，例如 TBT 和 SPS 方面的透明度条款；[6]第三类是与服务贸易监管有关的透明

---

〔1〕《技术性贸易壁垒协定》第 2 条第 9 款和第 5 条第 6 款。

〔2〕《技术性贸易壁垒协定》第 2 条第 11 款和第 5 条第 8 款。

〔3〕《技术性贸易壁垒协定》第 10 条第 1 款。

〔4〕See WTO, *Working Group on the Relationship between Trade and Investment: Transparency*, WT/WGTI/W/109, March 27, 2002, p. 1; Robert Howse & Michael J. Trebilcock, *The Myths of NAFTA's Regulatory Power: Rethinking Regionalism as a Vehicle for Deep Economic Integration*, in G. Bruce Doern et al. ed., Changing the Rules: Canadian Regulatory Regimes and Institutions, University of Toronto Press, 1999, p. 336 – 360.

〔5〕See Evdokia Moïsé, *Transparency Mechanisms and Non-tariff Measures: Case Studies*, OECD Trade Policy Working Papers, No. 111, OECD Publishing, 2011, p. 4 – 5.

〔6〕See Evdokia Moïsé, *Transparency Mechanisms and Non-tariff Measures: Case Studies*, OECD Trade Policy Working Papers, No. 111, OECD Publishing, 2011, p. 9.

度规定。区域贸易协定的一般透明度规定基本上复制自《关税与贸易总协定》第10条的正当程序规定,并未对利益相关者提供影响规则制定过程的其他机会,例如额外的审查或上诉权。区域贸易协定通常至多承担"尽最大努力满足公众参与"的义务。[1] OECD的研究进一步显示,很少有区域贸易协定对与服务相关的国内行政法规作出比WTO更进一步的透明度要求。[2]

由此可见,国际贸易体制的一般透明度要求主要涵盖的是对缔约方的义务,包括3个方面:(1)尽早公布与贸易有关的拟议监管措施;(2)给予其他缔约方对拟议监管措施提意见的机会并保证合理期限,同时在监管措施制定过程中考虑缔约方的意见;(3)保证缔约方对监管措施进行咨询的机会和渠道。虽然也涉及公众参与,但主要是缔约方为另一方的利害关系方提供咨询监管措施的机会和渠道。

(二)监管合作的透明度规则

区域贸易协定中与TBT和SPS相关的透明性条款通常倾向于在WTO相应条款的基础上更进一步,更详细地阐明各缔约方在标准、技术法规和合格评定程序方面的义务。[3] 这种类型的条款被运用于发达国家间、发展中国家间以及发达国家和发展中国家之间签订的区域贸易协定。例如《澳大利亚—美国自由贸易协定》和《加拿大—秘鲁自由贸易协定》,要求缔约方不仅允许其本国公民,还应允

[1] See Evdokia Moïsé, *Transparency Mechanisms and Non-tariff Measures: Case Studies*, OECD Trade Policy Working Papers, No. 111, OECD Publishing, 2011, p. 11.

[2] See Evdokia Moïsé, *Transparency Mechanisms and Non-tariff Measures: Case Studies*, OECD Trade Policy Working Papers, No. 111, OECD Publishing, 2011, p. 18.

[3] See Evdokia Moïsé, *Transparency Mechanisms and Non-tariff Measures: Case Studies*, OECD Trade Policy Working Papers, No. 111, OECD Publishing, 2011, p. 12.

许其他缔约方的私人参与国内标准和技术法规的制定。[1] 国际贸易协定的监管合作章则更进一步,不仅规定将私人参与制定的法规范围从国内标准和技术法规扩大至所有监管法规,且不仅允许私人对拟议中的法规发表意见,还允许对现有的法规发表意见。

国际贸易协定的监管合作章将透明度要求放在重要的位置,在此前国际贸易协定的基础上,增强了对利益相关方的透明度义务,主要是为了促进利益相关人的参与。主要涉及下列条款类型。

1. 尽早发布拟议监管措施。例如《加欧协定》第 21.4 条第 d 款要求成员尽可能早地分享可能对另一缔约方的贸易产生影响的拟议技术或卫生与植物卫生规章;第 e 款和第 f 款则要求缔约方应另一缔约方的请求提供拟议监管措施的副本,并尽早交换计划中的监管措施或行动或修订资料。这些要求的目的是方便利害关系人提意见和实施监管影响评估。

2. 确保公众获取监管信息的渠道。例如 CPTPP 第 25.5 条第 5 款要求缔约方保证相关监管机构向公众提供监管措施的信息,并在可行时采用在线公开的方式提供。《欧日协定》第 18.7 条第 2 款要求缔约方的主管部门应当利用电子通信手段,设法运行一个专门的单一门户网站,以便提供信息并接受公众参与有关的意见。

3. 年度公告。CPTPP 第 25.5 条第 7 款要求缔约方对未来 12 个月内发布的任何涵盖监管措施进行合理预测并提供年度公开通知。《欧日协定》也有类似要求,在第 18.6 条"拟议监管措施的早期信息"中要求缔约方每年一次公布计划采取的监管措施清单,并说明范围和目标。如果没有公布这一清单,则需要每年尽早向监管合作委

---

[1] See Evdokia Moïsé, *Transparency Mechanisms and Non-tariff Measures*: *Case Studies*, OECD Trade Policy Working Papers, No. 111, OECD Publishing, 2011, p. 10.

员会提供清单和简要说明。《美墨加协定》第 28.6 条“早期规划”也要求缔约方应当每年公布其合理预期的未来 12 个月将采用或建议采用的规制清单。清单中列出的每项规制都应当附有拟议规制的简要说明,并在监管主管机构内设立一个联络点,并指定知晓情况的个人负责。如果缔约方已经知道哪些部门将因为该规制受到影响,以及国际贸易或投资是否会受到重大的预期影响,需要予以说明。清单中还需要尽可能包括后续行动的时间表,包括根据《美墨加协定》第 28.9 条为公众参与提供机会的时间表。

4. 对监管程序的描述。TTIP(欧盟提案文本)“善治的监管”章第 4 条和《欧日协定》第 18.5 条均规定缔约方应当公开说明其主管机构制定和审查监管法规而适用的程序和机制,包括允许公众为制定法规提供意见的指南、规则和程序。

5. 联络点的设立。《加欧协定》第 21.9 条要求加拿大和欧盟设立联络点,就本章涵盖的事项接受咨询和协调。[1] CPTPP 第 25.6 条第 5 款要求缔约方指定一个联络点,以便应另一缔约方的请求提供信息。《欧日协定》第 18.15 条要求缔约方指定联络点,方便交流和通知相关信息。《美墨加协定》也要求缔约方指定并通知与“善治的监管”章事项相关的联络点,如果联络点有任何重大变化,须迅速通知其他缔约方。

此外,《加欧协定》第 21.4 条第 c 款还要求缔约方在符合其国内法的范围内共享非公开信息。《美墨加协定》第 28.7 条还要求缔约方开通一个或多个可以相互链接的公开免费网站,并在可行的范围内公布第 28.9 条“透明制定规章”所要求公布的所有信息。CPTPP 第 25.5 条第 4 款和《美墨加协定》第 28.8 条则对监管措施作出文字

---

[1] 《加欧协定》第 21.9 条。

简洁的要求，由于某些监管措施处理技术问题，对这些措施的理解和适用需要借助专业知识，因此缔约方应当确保新的涵盖监管措施文字通俗易懂，意思清晰且逻辑严密。

二、公众参与要求

美国认为，公众参与监管机构的规则制定过程是行政程序的基石。在美国《行政程序法》(Administrative Procedure Act, APA)实施前，美国的行政机关在颁布规则时需要通过咨询、委员会、听证和调查等形式，定期征求利益相关者的意见。[1] 美国和欧盟在各自的贸易协定谈判中，也分别将公众参与要求纳入监管合作专章中。除《欧日协定》第18.7条"公众参与"将公众参与的范围确定为所有人外，大部分贸易协定都将公众参与的范围限于利益相关方。事实上，公共参与决策这一过程往往也是由利益相关方推动，因此下文主要从利益相关方参与开始分析。

（一）OECD对利益相关方参与监管决策的理解

OECD设立的十条"开放性和包容性政策制定指导原则"(Guiding Principles for Open and Inclusive Policy Making)[2]强调，包容性不仅意味着所有利益相关方都应当有平等的机会和多种渠道获取信息，还意味着监管者应当与其进行协商。通过开放并包容的政策制定来获取正确的建议建立在两个关键要素之上，一是开放性；二是包容性。与开放性相对应的监管合作规则是透明度要求，与包容性相对应的则应当是利益相关方的参与。监管政策的重要目标是确

---

[1] See U. S. Department of Justice, *Final Report of Attorney General's Committee on Administrative Procedure*, January 22, 1941.

[2] See OECD, *Focus on Citizens: Public Engagement for Better Policy and Services*, OECD Publishing, 2009, p. 79.

保公共利益参与监管措施的设计和实施,这只有在利益相关方的参与下方可实现。

OECD 认为,利益相关方可能包括市民、企业(包括外国和本国企业、潜在投资者等)、行业团体、民间社会组织等。将利益相关方纳入政策制定的过程,也是 OECD 定义的开放政府、政策制定的开放性和包容性的一部分。OECD 倡导的开放性和包容性的政策制定是一种治理文化,其基础是向公共行政管理以外的利益相关方开放决策过程,通过扩大循证基础以更好地制定政策。[1] 在 OECD 看来,公共行政管理部门并不垄断专业知识,利益相关方同样可提供有价值的信息,并应当表达自己的需求和专业知识。利益相关方的参与强调政策和服务的反应能力,并积极让受政策影响的人参与进来,所以利益相关方的参与可以说是"用户导向"(user-centred)。这一机制还具有包容性,所有利益相关方都可以参与其中,包括处于边缘、处境不利或权力较小的群体。它可以以不同的程度和方式来进行,从提供信息到咨询,再到积极参与政策的设计、实施和评估阶段。

2012 年 OECD《理事会关于监管政策和治理的建议》(以下简称《2012 年 OECD 建议》)规定,各成员应当遵守开放政府的原则,包括透明度和监管过程参与性,以确保规制服务于公共利益,并了解监管对象或受监管影响的利益者的合法需求。该机制包括为公众提供有意义的机会(例如在线)参与拟订监管建议草案的过程,并提高监管分析的质量。各成员政府应当确保监管完整且清晰,以便其他成员容易理解其权利和义务。[2] OECD《监管政策最佳做法原

[1] OECD, *Best Practice Principles on Stakeholder Engagement in Regulatory Policy*, The Draft, February 1, 2017, para. 10.

[2] See OECD, *Recommendation of the Council on Regulatory Policy and Governance*, OECD Publishing, 2012, p. 8.

则:监管机构的治理》(Best Practice Principles for Regulatory Policy: The Governance of Regulators)认识到,受监管部门和监管计划影响的企业和公民提供的信息有助于更有效地监管。为此,监管机构应定期与受监管实体以及其他利益相关方合作,讨论如何改善监管框架的运作和效果。

此外,2008 年 OECD《监管质量和业绩指导原则》(Guiding Principles for Regulatory Quality and Performance)规定政府应在制定或审查监管规章时,在尽可能早的阶段与受到重大影响或潜在的国内和国外利益团体进行协商,以确保该协商及时透明,并能够被清晰理解。[1]《2005 综合清单》提到监管制定过程的透明度要求及对监管开放性和包容性的重要性。需要注意的是,利益相关方并不仅仅是参与监管措施或政策的制定过程,而是参与监管治理全流程,因此利益相关方的参与还涉及监管的后续程序,例如实施后的事后审查程序。但利益相关方的参与不能替代已有的正式的议事机构或程序,它只是对政府监管决策程序的重要补充。该机制通过在政策制定的讨论过程中引入相关人员的专业知识、观点和替代措施建议,扩大了政府在监管决策过程中可获取的信息范围,因此便于政府平衡各种利益,识别非预期的影响和实践问题,进行成本收益分析并考虑替代方法,最终作出更优的监管选择。最后,利益相关者的参与还可以提高其遵守监管规则的意愿。一方面,因为在规则制定阶段即引入利益相关方的参与,使其在早期便了解到监管措施或政策可能变化的方向,及时预见可能的挑战,并有足够的时间和机构改变其行为方式以适应规则的要求。另一方面,利益相关方的参与使其对规则

[1] See OECD, *OECD Guiding Principles for Regulatory Quality and Performance*, OECD Publishing, 2008, p. 5.

产生一定程度的认同意识，有助于促使其遵守监管规则。

因此，2015 年 OECD《监管政策和治理指引》(Indicators of Regulatory Policy and Governance)发现，所有 OECD 成员政府都接受开放政府和公众参与政策制定的理念，表明该实践做法的重要性至少在 OECD 内部已经得到广泛认可。[1]

(二)公众参与要求的国内法渊源

公众参与要求主要源自国内行政法规则，例如美国的"通知与评论"(notice-and-comment)要求。有观点也认为，TTIP 中的"利益相关者协商"要求可被认为是欧盟"更好的监管"和美国"通知与评论"的结合，为利益相关者提供评论和参与监管措施制定的机会。[2] 更准确地说，TTIP 或现有的其他欧美参与的贸易协定中关于公众参与的要求，主要是欧盟"更好的监管"中"利益相关者参与"(stakeholder engagement)[3]与美国"通知与评论"要求的结合。因此，考察美国和欧盟的相关要求，可以帮助理解公众参与要求的实质内涵。

1. 美国：通知与评论

美国行政法透明度的理念体现在一个新的法律领域，这一领域与政府不断扩大的角色相关，并随着"新政"时代(the New Deal era)

---

[1] Christiane Arndt et al., 2015 *Indicators of Regulatory Policy and Governance: Design, Methodology, Key Result*, OECD Regulatory Policy Working Papers, No. 1, OECD Publishing, 2015, p. 27.

[2] *Annex-Detailed Comments to the Revised EU TTIP Regulatory Cooperation Proposal*, Brussels: T&E, EEB, EPHA, EHN, BEUC and TACD, 2016.

[3] 这是因为欧盟的"更好的监管"不仅涵盖了利益相关者的参与要求，还包括监管影响评估(regulatory impact assessment)、对法律法规的事后评估(ex post evaluation of laws and regulations)、监管管理和欧盟法(regulatory management and EU law)、对欧盟全境的监管审查和质量控制(regulatory oversight and quality control across the EU)等要求，而监管合作中公众参与要求主要与利益相关者参与相关。

政府颁布零散且有限的监管措施而呈现。[1] 除了少数例外,美国《行政程序法》允许通过两种程序来制定法规,一种是如今很少使用的记录式、试验式的方法[2],另一种是不那么正式、普遍适用的“通知与评论”规则制定过程,这种规则制定程序传统上涉及学者和从业人员。[3] 尽管这两种程序都强调透明度要求,但后者构成与公众参与相关的一般性义务。1939 年,时任美国总统富兰克林·罗斯福(Franklin Roosevelt)要求司法部前部长弗兰克·墨菲(Frank Murphy)对行政法的实践和程序进行深入并全面的研究,以期发现任何不足之处并提出改进的方向。[4] 该研究最终为《行政程序法》奠定了基础,尤其是“通知与评论”规定。1941 年司法部部长的报告称,“行政机关的信息几乎都是不完整的,而且必须了解受到监管影响公众的观点”[5]。而允许这些受监管影响的群体参与到规则制定程序中来,可使行政机构了解情况,并为私人利益提供充分的保障。因此,该报告建议行政机构程序应当作出调整,给予所有受影响的人充足的机会表达观点,陈述其所知道的事实、替代方案的坏处和益处。[6]

这份报告的建议成为当前《行政程序法》关于“通知与评论”规

---

〔1〕 See Sylvia Ostry, *China and the WTO: The Transparency Issue*, The UCLA Journal of International Law and Foreign Affairs, Vol. 3, p. 1 – 22(1998).

〔2〕 United States *v*. Florida East Coast Railway Co., 410 U. S. 224 (1973).

〔3〕 See Robert W. Hamilton, *Procedures for the Adoption of Rules of General Applicability: The Need for Procedural Innovation in Administrative Rulemaking*, California Law Review, Vol. 60:5, p. 1276 – 1337(1972).

〔4〕 U. S. Department of Justice, *Final Report of Attorney General's Committee on Administrative Procedure*, January 22, 1941, p. 103 – 117.

〔5〕 U. S. Department of Justice, *Final Report of Attorney General's Committee on Administrative Procedure*, January 22, 1941, p. 102.

〔6〕 U. S. Department of Justice, *Final Report of Attorney General's Committee on Administrative Procedure*, January 22, 1941, p. 102 – 103.

则制定要求的基础。这些“通知与评论”要求规定，拟议规则制定的一般通知应在《联邦公报》(Federal Register)上公布，除非确定受法律约束的人并亲自送达，或以其他方式根据法律实际通知。在美国《行政程序法》第553条规定的通知发出后，行政机关应当给予利害关系人(interested persons)机会，通过提交书面数据、意见和论点参与制定规则，无论是否有机会进行口头陈述。在审议所提出的有关事项后，行政机关应当在通过的规则中对其依据和目的进行简单说明。[1]

司法部前部长弗兰克·墨菲1941年的报告详细阐述了利益相关方在20世纪30年代和40年代与各机构接触的不同方式，包括非正式磋商进程、正式咨询委员会、对抗性或非对抗性听证会上的证词、调查等。[2] 1946年《行政程序法》自颁布以来，美国国会、联邦法院和总统进一步明确了行政机构应给予相关人员参与规则制定的机会，以及在规则制定时考虑相关人员的意见。具体而言，《行政程序法》明确了三个方面的问题。

第一，公众在多大程度上有机会参与规则制定过程。美国法院的判决和总统行政令都要求行政机构确保公众有切实机会可以参与监管评论程序。行政机构应当对拟议规则给予充分的通知，通常可通过在《联邦公报》上发布拟议规则来实现。[3] 例如《行政程序法》规定：“拟议规则制定的一般通知应在《联邦公报》上发布。在本节要求的通知发布后，行政机构应给有意者提供机会，通过提交书面数

---

[1] Administrative Procedure Act (hereinafter APA), Pub. L. No. 79-404 §4(a)-(b), 5 U.S.C. §553(b)-(c) (2018).

[2] U.S. Department of Justice, *Final Report of Attorney General's Committee on Administrative Procedure*, January 22, 1941, p. 103-111.

[3] Forester v. Consumer Prod. Safety Commission, 559 F.2d 774 (D.C. Cir. 1977).

据,观点或论点参与到规则制定过程中,无论有没有机会口头表达。在考虑了提出的有关事项后,行政机构应在其最终通过的规则中纳入对制定基础和目的的简要说明。"[1] 具体而言,联邦机构被要求在《联邦公报》上就拟议规则制定发布通知,包括监管草案文本、用于解释规则必要性的序言以及该规则制定的事实性和科学性基础摘要,以便潜在的利益相关者就涉及的问题反馈意见、数据和其他论点。[2] 关于征求意见的时间,美国前总统比尔·克林顿(Bill Clinton)在第12866号行政令中要求监管机构确保评论者有足够的时间提出意见。行政命令指示各机构必须为公众提供有意义的机会,对任何拟议监管措施提出意见,在大多数情况下应当保证不少于60天的意见期。[3]

第二,行政机构在最终颁布规则前应当在多大程度上对评论予以回应。联邦机构最终在完善、修订或撤回拟议规则时需要考虑收集的信息和意见。在公众参与结束后,联邦机构必须在《联邦公报》上公布最终拟定的规则,并附上监管机构对所收集意见的合理回应,这将成为未来司法审查的一部分。[4] 关于予以回应的意见范围,美国联邦最高法院认为,行政机构必须考虑并回应在征求公众意见期间收到的重要评论(significant comments)。[5] 美国哥伦比亚特区联

---

[1] APA, 5 U.S.C. §553(b) - (c)(2018).

[2] 《行政程序法》颁布后,美国司法部准备了一份有关《行政程序法》的综合手册(comprehensive manual),以便其他联邦机构参考。关于"通知与评论"程序相关的历史资料,参见 U.S. Department of Justice, *Attorney General's Manual of the Administrative Procedure Act*, 1947, p. 31 -35。

[3] Exec. Order No. 12866, *Regulatory Planning and Review*, 3 C.F.R. 638, 1993, reprinted in 5 U.S.C. §601 (Supp. 1993).

[4] Exec. Order No. 12866, *Regulatory Planning and Review*, 3 C.F.R. 638, 1993, reprinted in 5 U.S.C. §601 (Supp. 1993).

[5] Perez *v.* Mortg. Bankers Association, 135 S. Ct. 1199 (2015).

邦巡回上诉法院(The U.S. Court of Appeals for the D.C. Circuit)将“重要评论”定义为“足够重要,在行政机构回应或纳入考虑之前,超过重要性的最低要求”[1]。更详尽而言,“重要评论”指“如果属实,则提出了与行政机构决策相关的要点”,以及“一旦被采纳,则将改变行政机构的拟议规则”,即“对立场提出合理性质疑”。法院进一步强调“这种对话必须是双向的,如果行政机构不对公众提出的重要观点作出回应,赋予公众评论的机会则是无意义的”[2]。因此,正如美国联邦第四巡回上诉法院(The U.S. Court of Appeals for the Fourth Circuit)所指出的“在通知与评论程序期间,行政机构有义务识别并回应在这一程序期间公众所提出的相关重大问题”[3]。行政机构可以通过修改其拟议规则,也可以解释为何在最终文本中没有修改拟议规则,以履行对评论做出答复的义务。

第三,行政机构如何利用新技术来改进“通知与评论”程序。在21世纪初,美国国会指示联邦机构创建在线备忘录和方法,以便于评论拟议规则。在2002年美国《电子政务法》(E-Government Act)中,美国国会承认“计算机和互联网的运用正在迅速改变社会互动方式,以及公民、私营企业和政府的关系”[4]。此外,“联邦政府在运用信息技术的进步以加强政府职能和服务、提升效能、增加民众获取政府信息并参与政府活动等方面的成功程度参差不齐”[5]。国会进一

[1] Portland Cement Association *v.* Ruckelshaus, 486 F.2d 375 (D.C. Cir. 1973).

[2] Home Box Office Inc. v. F.C.C., 567 F.2d 9 (D.C. Cir. 1977).

[3] North Carolina Growers' Ass'n, Inc. v. United Farm Workers, 702 F.3d 755, 769 (4th Cir. 2012).

[4] E-Government Act of 2002, Pub. L. No. 107 – 347 §2(a)(1), 44 U.S.C. §3601 (2018).

[5] E-Government Act of 2002, Pub. L. No. 107 – 347 §2(a)(2), 44 U.S.C. §3601 (2018).

步解释,《电子政务法》这一做法是为了寻求“通过运用信息技术来增加获取信息的途径、增强问责制和透明度,以提高行政机构制定和发布监管措施的效果”,并“通过电子方式强化公众参与政府决策”,这与《行政程序法》相关要求是一致的。[1] 《电子政务法》进一步要求,行政机构在可行的范围内应通过电子形式接收公众对拟议规则的评论,并确保公开一个可登录的联邦政府网站,以公布规则制定的电子文件信息,其中包括与提交评论相关和规则制定文件中包含的其他材料。[2] 因此,电子规则制定(e-rulemaking)成为规则制定程度的重要组成部分。2011 年,时任美国总统奥巴马发布第 13563 号行政命令,要求行政机构“在法律允许和可行的范围内”,向公众提供“通过互联网对任何拟议监管提出评论的实质机会,一般情况下评论期至少不少于 50 天”。还要求行政机构提供拟议和最终规则文本,以便于搜索和下载开放格式,及时通过网站在线提供规则制定摘要,包括相关的科学和技术结论。[3] 而在第 13579 号行政命令中,奥巴马总统还在法律允许的范围内将这些要求扩展至独立的行政机构。[4] 今天,绝大多数“通知与评论”程序都是在网上进行。大部分联邦行政机构都使用行政法规网(regulation. gov)[5] 和联邦线上规

[1] E-Government Act of 2002, Pub. L. No. 107 – 347 §206(a)(1) – (2), 44 U. S. C. §3601 (2018).

[2] E-Government Act of 2002, Pub. L. No. 107 – 347 §206(c) – (d), 44 U. S. C. §3501 (2018).

[3] Exec. Order No. 13563, *Improving Regulation and Regulatory Review*, 76 Fed. Reg. 3821, January 18, 2011.

[4] Exec. Order No. 13579, *Regulation and Independent Regulatory Agencies*, 76 Fed. Reg. 41585, July 11, 2011.

[5] 2003 年,美国联邦政府设立了专门网站——行政规制网(http://www. regulations. gov),供公众查阅联邦政府规则并进行评议,所有同规则制定相关的信息和资料,都属于对公众开放并接受评议的范围。

则制定管理系统（Federal Docket Management System，FDMS）[1]来管理其在线公众评论程序。少数行政机构则采用自己的网站，例如美国联邦通信委员会（Federal Communications Commission，FCC）通过官网的电子评论归集系统（Electronic Comment Filing System，ECFS）收集意见，美国证券交易委员会（Securities and Exchange Commission，SEC）则通过自己的官网来收集评论意见。

2. 欧盟：利益相关者协商

欧盟“更好的监管”涵盖的利益相关者协商（stakeholder consultation）要求既是一项法律义务，也逐渐发展为欧盟委员会监管政策工具箱中的关键工具。广泛磋商义务的直接依据是各项条约，包括《欧洲联盟条约》（Treaty of European Union，TEU）的第 11 条，以及关于适用辅助原则和比例原则的第 2 号议定书[2]。协商的最低标准于 2002 年确立。[3] 2015 年欧盟在相关文件中将利益相关者协商完全纳入“最好的监管”工具箱中。[4] 具体而言，系统的咨询和反馈机会贯穿整个政策决策过程。在准备监管影响评估报告前，必须进行为期 12 周的公众咨询。初期影响评估、授权和实施法案以及委员会通过的提案都应当公布以征询公众的反馈意见。在这个阶段，欧盟委员会不用公布监管影响评估的草案或立法建议的草案以供公开讨论。这是因为欧盟委员会的提案需要先经过委员会讨论，然后才能纳入公共讨论的范围。欧盟委员会提案的性质是草案，因为只有

---

〔1〕 2022 年，美国联邦政府创设了“联邦线上规则制定管理系统”，统一的政府公共网络平台随后诞生——所有的政府机构都被要求加入这一文件管理系统。

〔2〕 Treaty on European Union, *Treaty on the Functioning of the European Union*, Protocol 2.

〔3〕 European Commission, *Minimum Standards of Consultation*, COM (2002)0704, Luxembourg, Publications, 2002.

〔4〕 European Commission, *Communication Better Regulation for Better Results*, COM(2015) 215 final, Luxembourg, Publications Office of the EU. 19 May 2015.

欧盟理事会和欧洲议会作为共同立法者才能通过立法，或由欧盟理事会和欧洲议会授权欧盟委员会立法。在后一种情形下，立法草案将提交反馈。欧盟委员会将在立法草案通过后推动对提案的评论，在通过之日起8周内收到的任何评论都将提供给共同立法者，以便其在立法过程中予以考量。

此外欧盟委员会在其《欧洲治理白皮书》(White Paper on European Governance)中强调善治的五项原则：开放、参与、问责、有效性和一致性。[1] 而让公众参与政策制定和政策执行的不同阶段，则是参与原则的基础。欧洲理事会针对公众参与的不同形式和方式[2]，以及对公众参与的评估和监督提出了若干建议。[3] 2017年，欧洲理事会部长委员会(Committee of Ministers of the Council of Europe)发布《公民参与政治决策准则》(Guidelines for Civil Participation in Political Decision Making)[4]，并以此作为整个欧盟委员会成员公众参与的指导文件。

综上，国际贸易协定中监管合作规则的公众参与要求从欧美的国内实践发展而来。公共参与要求的目的是向利益相关人通报规则的一般目的和制定基础，为私人利益提供充分的参与和保护，并推动

---

[1] See EU, *European governance-A white paper EUR iops*, (Apr. 26, 2020), http://eur-lex.europa.eu/legal-content/EN/TXT/? uri=celex:52001DC0428.

[2] Council of Europe: Committee of Ministers, *Recommendation CM/Rec* (2001) 19 *to member states on the participation of citizens in local public life*, December 6, 2001.

[3] Council of Europe: Committee of Ministers, *Recommendation CM/Rec* (2009) 2 *of the Committee of Ministers to member states on the evaluation, auditing and monitoring of participation and participation policies at local and regional level*, March 11, 2009.

[4] Council of Europe, *Guidelines for civil participation in political decision making*, CM(2017) 83 – final, September 27, 2017.

实现透明、合理、一致和法定的行政行为。[1] 相较而言,美国"通知与评论"要求比欧盟"更好的监管"中的利益相关者协商历史发展时间更长,具体要求也更为详尽。这种高度透明的机制反映了起源于美国革命的普通法传统,该传统试图通过政府3个分支的权力制衡、行政国家和利益集团代表制之间不断变化的关系以及当代行政法改革,来确保权力不被高度聚集。[2]

(三)监管合作规则的公众参与要求

TTIP(欧盟提案文本)的"监管合作"章将透明度列为缔约双方建立合作机制所需的基本要素及优先事项,并认为利益相关方的协商对监管合作的成功至关重要。所有自然人和法人需要为监管合作提供意见、建议和举措。因此需要以适当的方式,为利益相关自然人和法人建立透明对话的机制。

监管合作中与公众参与密切相关的是国内监管程序的透明度要求,为了实现这一目标,规则制定的过程应当包括:(1)现行监管措施的公众参与。随时向利益相关方通报现行监管措施,征求利益相关方对现行监管事项的意见。(2)拟议监管措施的公众参与,即在监管规则制定前,及时公布拟议监管措施的草案,并允许利益相关方提议。(3)对利益相关方提出意见的回应。拟议监管法规草案公布后,在最后定稿前,监管机构应当考虑利益相关方的意见,并在最后确定规则前,监管机构还应当说明根据利益相关方意见作出的修改及理

---

〔1〕 See Alan Morrison, *The Administrative Procedure Act: A Living and Responsive Law*, Virginia Law Review, Vol. 72:2, p. 253-270(1986).

〔2〕 See Sylvia Ostry, *China and the WTO: The Transparency Issue*, The UCLA Journal of International Law and Foreign Affairs, Vol. 3, p. 1-22(1998); see also Richard B. Stewart, *The Reformation of American Administrative Law*, The Harvard Law Review, Vol. 88:8, p. 1667-1813(1975).

由,以及未采纳利益相关方意见的理由。具体体现在以下条款中。

《加欧协定》“监管合作”章第21.8条“对私人机构的协商”要求缔约方保证与利益相关方和包括学者、智库、非政府组织、企业、消费者和其他机构在内的有关各方进行协商。咨询方式由缔约方自行决定,可选择任何其认为合适的方式。CPTPP第25.8条规定了“与利害关系人的联络”,要求缔约方建立适当的机制,为利害关系人提供机会,就监管一致性问题提建议。TTIP(欧盟提案文本)的利益相关方参与包括三个方面。第一,对拟议监管措施或规章进行协商。“善治的监管”章第6条“利益相关方协商”要求缔约方在非歧视的基础上为任何自然人和法人提供提意见的合理机会,包括公布监管规章草案或协商文件,以便使自然人或法人以及另一缔约方评估其利益是否受到影响,以及如何受到影响。除了涉及机密信息或个人数据等不适当内容,缔约方应当公开所有收到的意见。考虑收到的意见并在公布拟议或最终的监管措施时,就协商程序的结果给予公开解释。第二,就现行监管框架进行反馈,即为任何自然人和法人提供机会,就与现行监管框架的有关问题提意见,包括该监管框架是否在保护健康、环境、福利、安全或其他公共政策目标方面变得无效,或者提出简化或减轻监管负担的建议。第三,除了国内监管措施,TTIP(欧盟提案文本)“监管合作”章第6条“透明度与公众参与”还要求缔约方为自然人或法人提供机会,对现行的监管合作进程提意见,以及就联合年度监管合作方案与国内咨询小组进行磋商,该小组可以包括中小企业、贸易团体、公共利益团体等实体,并确保代表所有利益相关方。上述表述中,除了国内咨询小组的构成只包括国内利益群体,其余都用“任何自然人或法人”来表述协商程序针对的对象,因此将国外利益相关人同样包含在内。《欧日协定》也涵盖了利益相关人对拟议监管措施和现行监管措施提出意见的要求,并采用了 TTIP(欧盟提案文本)的表述方式,但二者的缔约方义务并非完全一致。《欧日协定》第 18.7 条“拟议监管措施的协商”和第 18.10 条“提交意见的机会”的措辞与 TTIP(欧盟提案文本)存在细微差别,导致适用范围和约束力不同。具体而言,针对拟议监管措施,TTIP(欧盟提案文本)要求在准备监管行动(regulatory acts)时应在“非歧视”的基础上与利益相关方进行协商,《欧日协定》则要求在制定重大监管措施时,“酌情”(where applicable)与公众进行磋商。同样,针对现行监管措施,TTIP(欧盟提案文本)要求缔约方保障任何自然人和法人有机会就现有监管框架提出改进意见,而《欧日协定》也规定了此义务,但附加了一项前提即在“不妨碍缔约方实现公共政策目标”的前提下为任何人提供就现有监管措施提出修改意见的机会。显然,上述用语使《欧日协定》的义务范围更窄且约束力更弱。《欧日协定》将公众参与针对的对象表述为“任何人”,笔者认为与 TTIP(欧盟提案文本)的“任何自然人或法人”的表述在含义上无本质的区别。

《美墨加协定》则通过“规章的透明制定”条款,就公众参与相关问题进行了规定。[1]《美墨加协定》要求缔约方制定一项规章时,应当在正常情形下公布以下内容。第一,规章的文本及其监管影响评估(如有);第二,规章的解释,包括规章所追求的目标、如何实现这些目标、规章主要特点的原理以及其他可以考虑的主要替代方案;第三,对数据和其他信息的解释,并分析支持规章的监管机构;第四,监管机构官员的姓名、联系方式,以便就相关问题与其联系;第五,制定本规章所参考的数据、其他信息和科学技术分析,包括任何风险评估。在公布上述信息的基础上,缔约方应当确保任何利害关系人,无

[1] 《美墨加协定》第 28.9 条。

论其住所在哪里,都有机会以不低于缔约方本国人的条件,就上述信息提交书面意见,以供缔约方相关监管机构审议。各缔约方应当允许有关人员以电子方式、邮寄方式或以其他技术向公布的地址提交书面意见。如果缔约方预计该规章草案会对贸易产生重大影响,则缔约方通常应当为公众提交意见公布期限。一般来说,利害关系人应当在自公布上述信息之日起不少于60天的时间内提交意见。缔约方还可以视规章性质和复杂程度适当延长期限,以便相关人士有机会了解规章可能对其利益造成的影响并作出回应。如果该规章草案不属于会对贸易产生重大影响的范畴,则在通常情况下缔约方应当努力在公布上述信息之日起给予公众至少4周的时间提交意见。上述两种情形下,缔约方都可以考虑合理请求延长上述意见提交的期限。在收到公众提交的书面意见后,除涉及机密信息或个人信息以及其他不当内容外,缔约方应努力迅速公布收到的任何书面意见。缔约方如无法在《美墨加协定》第28.7条规定的专门网站公布书面意见,也可以在监管机构自有网站公布上述意见。在完成规章制定工作前,缔约方的监管机构应当评估在意见提交期限提交的书面意见中提及的任何信息。《美墨加协定》并未要求缔约方公布对公众意见的采纳情况,仅要求当缔约方监管机构完成某项规章的制定工作时,应当公布该规章的条文、最终影响评估以及第28.12条最终出版物中规定的其他项目。《美墨加协定》特别提到了缔约方在公布第28.9条所列政府制定法规时,可以采用通过字节搜索的数字处理技术和计算机数据挖掘技术或其他技术可以识别的格式。[1]

综上,利益相关方的参与或公众参与实际上构成了监管影响评估的基础,因为利益相关方可以为监管影响评估提供所需的信息或

[1] 《美墨加协定》第28.9条。

数据,因此在许多国家利益相关方的参与不仅是国内监管程序要求的重要组成部分,还构成了监管影响评估程序的前提和基础。

第三节　事前程序:监管影响评估

监管影响评估是一种系统性的方法,用于批判性评估监管或非监管选择的正面和负面影响。监管影响评估的目的是让决策者了解解决公共政策问题的各种监管或非监管选择的成本和效益。

一、国际贸易协定的监管影响评估条款

CPTPP 第 21.4 条第 g 款规定缔约方应当在可行或互利的情况下进行平行或联合的风险评估和监管影响评估,以此来减少不必要的法规差异。CPTPP 第 25.5 条"核心良好监管实践的实施"中则为了避免缔约方因制度、社会、文化、法律和发展方面的差异导致的监管评估做法的差异,对监管影响评估应当涵盖的具体要求和流程予以了规定。第一,满足下列条件的监管措施应当鼓励相关监管机构进行监管影响评估:拟议涵盖监管措施的经济影响或其他监管影响超过其他最低水平;拟议涵盖监管措施的经济影响或其他监管影响超过缔约方设定的水平。第二,审查拟议监管措施的必要性,包括问题的性质和重要性。第三,运用成本收益法,审查可行的替代措施,并说明替代措施可有效实现政策目标的理由。第四,监管影响评估需要以可合理获得范围内的现有信息为基础,包括相关科学、技术、经济或其他信息。第五,CPTPP 特别强调在进行监管影响评估时,需要考虑拟议监管措施对中小企业的潜在影响。

TTIP(欧盟提案文本)“善治的监管”章第 8 条“监管影响评估”在 TTIP“鼓励”采用监管影响评估的基础上,措辞更积极了一些,要求缔约方确认其意图并根据各自的规则和程序,对计划中的监管行为进行监管影响评估,但缔约方应当确保:第一,审议拟议监管法案的必要性,以及该监管法案拟处理问题的性质和重要性。第二,如果有可行的监管和非监管替代选择,审查是否可行,包括对不监管的选择进行审查。第三,对替代选择潜在的短期和长期社会、经济和环境影响进行评估,包括通过定性、定量分析预期的成本和收益,但也应当认识到一些成本和收益实际上是难以量化的。第四,缔约方在进行监管影响评估时,需要考虑对国际贸易和投资的影响,还需要特别注意监管法规对中小企业发展的影响。第五,TTIP(欧盟提案文本)要求缔约方参考另一缔约方对相同事项采取的监管做法,并要求缔约方公布监管影响评估的结果,并不得晚于拟议或最终的监管法规公布的时间。第六,TTIP(欧盟提案文本)还要求缔约方之间交换现有的证据和数据等信息,交换缔约方各自对监管法规的国际贸易和投资影响进行评估的做法,以及监管政策分析所适用的方法论和经济假设。

《欧日协定》第 18.8 条“监管评估”规定缔约方应努力按照有关规则和程序对计划中的主要(major)监管措施进行影响评估,并要求缔约方的监管影响评估程序和机制应当考虑以下因素:第一,采取监管措施的必要性,包括监管措施拟处理的问题的性质和重要性;第二,任何可行和适当的监管或非监管替代方案,包括可能实现公共政策目标的非监管选项;第三,评估替代方案对社会、经济和环境的潜在影响,包括对贸易和中小企业的影响;第四,适当情况下,审查替代方案与相关国际标准的关系,包括产生分歧的原因;第五,应当在不晚于拟议或最终监管措施公布之日，公布监管影响评估的结果。特别注意的是，该条款用了“应努力”（shall endeavour）一词，但又通过“主要”这一限定词限定了条款所关注的监管影响评估的对象。

《美墨加协定》的缔约方则认识到监管影响评估是协助监管机构评估其拟议监管措施的必要性和潜在影响的工具，每个缔约方应鼓励在制定预期成本或影响超过特定阈值时，在适当情况下运用“监管影响评估”。[1] 缔约方的监管影响评估过程应当考虑四个问题。第一，拟议法规的必要性，包括说明该法规拟解决问题的性质和重要性；第二，可行且适当的替代性监管方法或非监管方法，包括不实施监管的替代方法；第三，拟议措施和其他替代方案的收益和成本，包括相关经济、社会、环境、公共卫生和安全方面的影响，同时认识到并非所有成本和收益都可量化或货币化；第四，得出所选择的方案是可取的结论并说明理由。[2] 《美墨加协定》还要求缔约方特别考虑拟议监管是否会对小企业造成严重的不利影响，如果结论为肯定，则应当考虑在实现监管目标的同时，采取可能的措施来尽量削减这些不利影响。[3] 因此，《美墨加协定》的监管影响评估要求与《欧日协定》基本相似。不同的是，《美墨加协定》第28.11条关于监管影响评估的程序性要求运用的是“应当”（should）这一术语，相比《欧日协定》“应努力”的表述，约束力更强。比上述协定更进一步的是，为保证监管影响评估的科学性和有效性，缔约方认识到可靠和高质量的信息对监管规则制定的重要性，第28.5条“信息质量”鼓励缔约方应通过或实施公开提供的指导意见或机制，鼓励监管机构在制定监管法规

〔1〕《美墨加协定》第28.11条第1款。
〔2〕《美墨加协定》第28.11条第2款。
〔3〕《美墨加协定》第28.11条第3款。

时，收集最佳的、合理可得的信息，包括与制定中的监管法规有关的科学、技术、经济或其他信息，以监管法规适用背景相关的信息为基础，并以透明的方式来识别信息来源。如果监管机构系统地通过调查问卷的方式向公众收集信息，则在对受监管影响的民众得出一般性结论之前，使用合理的统计方法，并避免不必要的重复，尽量减少对调查者造成的不必要负担。[1]

因此，作为善治的监管的核心要素，监管影响评估在各贸易协定中均被给予了重视，其中《美墨加协定》的规定无论是从条款数量还是条款约束力来看，都比之前的协定更进了一步。

二、监管影响评估的核心要求

尽管自由贸易协定文本为缔约方在一定程度上具体设置了监管实践的细节，但仍然为各国设置了自由裁量权，以便其制定本国所偏好的监管影响评价方法。[2] 一份未经证实的 TPP 草案泄露文本则通过参考引用 OECD 和 APEC 文件详细列举的各国和地区如何执行"善治的监管"规定了更多的指引。[3] 尽管这些参考文献在最终的 TPP 文本中被删除，但在 TPP 缔约国对"监管一致性"章进行谈判时，这些文件仍然可能为其提供这种监管影响评估的指引。下文将分析 OECD 对监管影响评估的理解。

---

〔1〕《美墨加协定》第 28.5 条。

〔2〕See Rodrigo Polanco, *The Trans-Pacific Partnership Agreement and Regulatory Coherence*, in Tania Voon ed., Trade Liberalisation and International Cooperation: A Legal Analysis of the Trans-Pacific Partnership, Edward Elgar Publishing, 2013, p. 251 - 252.

〔3〕See OECD, *APEC-OECD Integrated Checklist on Regulatory Reform*, OECD Publishing, 2008; APEC, *Information Notes on Good Practice for Technical Regulation*, September 2000. See *Trans-Pacific Partnership Agreement Regulatory Coherence*, Citizens Trade Campaign (4 March 2010), http://www.citizenstrade.org/ctc/wp-content/uploads/2011/10/TransPacific-RegulatoryCoherence.pdf.

(一)监管影响评估的概念和目标

监管影响评估对于不同的国家和利益相关方而言具有不同意义,因此最好将监管影响评估理解为用于达成监管决策的几种方法之一。OECD 成员的监管机构用来作出有效和正确决策的方法可以分类如下:(1)由专家决策,即该决策由值得信赖的专家作出,可能是监管者,也可能是该领域的专家,通过专业判断来决定应该做什么。(2)协商一致,即该决策由利益相关方群体达成共同立场并平衡各方利益。(3)政治决策,即由政治代表根据决策问题对政治进程重要性的共识作出决策。(4)标杆决策,即通过参考外部模型,例如国际规则来作决策。(5)基于经验的决策,即基于研究、事实调查和分析,根据既定的客观标准作出决策。各国根据实际情况一般选择不同的决策方法。例如,荷兰更依赖于协商一致的方法,美国则在构建联邦和次位立法时更依赖于经验主义方法。小国比大国更多使用标杆决策。政治危机往往使决策偏向于政治方法,而不是经验方法。从 20 世纪 90 年代开始,许多 OECD 国家就开始采用监管影响评估,这些国家的政府为监管影响评估确定了 4 个主要目标。

第一,帮助政府了解并理解其监管行动所产生的现实影响,包括行动的利益和成本。监管影响评估可以通过评估一项政策的效率及其工具的成本效应,为决策过程提供信息。通过改进用于比较不同规章的成本和效益的基础,监管影响评估可以帮助确定各规制或监管领域的监管优先事项,并将资源从效率较低的监管分配到效率较高的监管,从而提高效率并降低政府监管行动的成本。

第二,综合多重政策目标。监管影响评估可作为综合框架以确定政策影响并揭示各项政策之间的联系。监管影响评估帮助决策者获得权衡利弊的能力。从这个意义上讲,监管影响评估不仅是分析工具,还是融合不同利益的协调工具。考虑对市场准入和竞争的影响是监管影响评估的重要内容。

第三,提升透明度和协商水平。监管影响评估披露监管决策的优点和监管行动的影响,故监管影响评估与公众参与程序密切相关。

第四,加强政府问责制。监管影响评估可以加强部长级和政治层面决策的参与程度和问责制,并促进政府和公众对政策影响的理解,还展示了政府决策如何造福社会。通过强调开放性,监管影响评估将倾向于服务整个社会利益的政策,而非服务特殊利益群体的政策。

综上,监管影响评估是一种审查和衡量新设法规或变更法规可能会带来的好处、成本和影响的工具。监管影响评估为决策者提供有价值的实证数据和全面框架以评估监管选择和其决策可能带来的后果。对政府行为即将带来的问题和间接影响的理解不充分,可能破坏监管效果并达不到最初的监管目标。监管影响评估用于界定问题并确保政府行动是合理正当的。监管影响评估认识到有必要在逐案的基础上评估法规是否有助于实现公共政策目标。在任何监管决策中,都应明确定义问题并证明政府应采取的行动是合理的。监管影响评估可以帮助检查决策者是否知情。[1] 但监管影响评估也仅仅是帮助政府提高政策效率,其本身并不决定决策的结果,而是主要提供可以厘清决策过程中备选方案的经验数据。监管影响评估可以改变利益相关方对适当监管措施的理解,并有助于确定现代国家的作用。

---

〔1〕 See Delia Rodrigo, *Regulatory Impact Analysis in OECD Countries: Challenges for Developing Countries*, OECD: South Asian-Third High Level Investment Roundtable, June 2005, p. 28.

(二)监管影响评估的关键步骤

监管影响评估作为国内监管法规或措施的科学决策工具,是指国内监管机构在决策过程中将多种因素纳入成本收益考量的相关方法,并适当考虑拟议措施或规则对国际贸易的预期影响。典型的监管影响评估具有如下步骤[1]。

第一,界定问题。拟议新监管规则的主管部门应当识别并详细描述需要解决的问题及其驱动因素。政策问题通常分为两类:一是市场失灵,包括信息不对称、市场准入壁垒、垄断力量、交易成本和其他导致效率低下的市场缺陷。二是监管失灵(regulatory failures),包括现有规则均未达到理想结果的情况,因此有必要进行规则修订或废除。此外,每当行政主管部门面对新的政策目标,即需要新的监管干预措施。

第二,确定替代监管选择。在这一阶段,主管部门须将干预需求转化为具体的政策选择。通常来说,国际和国家层面的指南都建议用其他监管选择来替代刚性或重度监管,例如可以适当考虑柔性监管、轻度监管、基于信息的监管、基于原则的监管,以及自我监管、合作监管之类的干预模式,以确保所选择的方法与当前待解决问题之间的相称性。

第三,数据收集。这一阶段可能需要运用各种实证方法,包括案头研究、电话和面对面访谈、问卷调查、在线调查、协商、监管机构之间的合作等。所需的数据量和收集数据的方法因不同的案例而有所不同,且应当与监管影响评估所对应。当数据缺失时,则可以通过经

---

[1] Robert Basedow & Celine Kauffmann, *International Trade and Good Regulatory Practices: Assessing The Trade Impacts of Regulation*, OECD Regulatory Policy Working Papers, No. 4, 2016, p. 15 - 16.

济建模,尤其是通过法律和经济学文献中运用的行为模型以及计量经济学模型来予以补足。

第四,对替代选择进行评估。这个阶段可以通过不同的技术手段来完成,最常见的是成本效益分析(cost-effectiveness analysis)、成本收益分析(cost-benefit analysis)或风险分析(risk-analysis)。审查的选项通常必须包括"零选择"(zero option),有时也被称作"基线"(baseline)或"不改变政策"(no policy change)的情景,但这不应与现状(status quo)情景混为一谈,因为现状情景反映的是在没有新的监管干预的情况下,该政策问题的演变后果。根据现有数据和监管影响评估应用的深度,评估可能是定性或定量的,也可能是二者兼有。

第五,确定首选的政策选项。对可选政策进行仔细审查和比较的做法,可以帮助监管者确定最优选择。这并不意味着监管者必须根据监管影响评估进行选择,因为监管影响评估本身仅仅起到支持作用,而非取代监管者作决策。国际指导性文件常常建议,即使是首选方案也应当经过更深入的评估,并量化未来的各类影响。

第六,监测和评估安排。由于监管影响评估变得越来越重要,监管影响评估文件还具体说明了如何对监管措施的影响进行事后监测,为以后的修订提供更明确和有效的参考,这也被涵盖到下一部分将要分析的回顾性审查要求之中。因此,只要能在事前阶段选定监测指标,就有利于对监管措施进行过渡期和事后评估。

三、监管影响评估的国内(地区内)实证研究

监管影响评估是实现国内(地区内)福祉最大化的工具。1981年,时任美国总统罗纳德·里根(Ronald Reagan)发布第12291号行政命令,其中一部分原因是回应人们对监管国家和其权力的担忧,从

而提出监管影响分析的概念，该概念被视为“善治的监管”的关键要素。监管影响评估的目的是“减少现有和未来规制的负担，增加机构实施监管行动的责任感，对监管程序进行统一监管，消除重复和冲突的规制，并确保规制的合理性”[1]。该行政令规定，“只有在潜在社会收益大于潜在社会成本的情况下，行政行为才应当被实施”[2]。此外，行政机构还被要求对所有主要规则进行监管影响分析，并将分析结果提交美国行政管理与预算办公室进行审查。[3] 尽管受到批评和质疑，[4]但第 12291 号行政命令基本构建出监管影响分析的概念，尤其是其成本—收益分析作为规则制定的关键要素被广泛适用于联邦层面。将监管影响评估纳入规则制定甚至是政策制定的过程，实际上是为了满足选民日益增长的民主诉求。这种诉求由各种利益驱动，而这些利益与行政监管行为有不同的利害关系。

欧盟委员会对重要的基本法律和附属条例对国际贸易的影响进行评估。一旦具有潜在重大影响的监管举措在政治层面被确认，就需要启动监管影响评估程序。在初始阶段，主管机构需要起草一份所谓的早期监管影响评估，用于确定经济、社会和环境影响的预期重要性。根据预期的影响，它可能通过专章阐述对第三国、国际贸易或投资可能产生的影响。[5] 这份早期监管影响评估需要公开。随后

---

[1] Exec. Order No. 12291, *Adding the Small Business Administration to the President's Export Council*, 46 FR 13193, February 17, 1981.

[2] Exec. Order No. 12291, *Adding the Small Business Administration to the President's Export Council*, 46 FR 13193, February 17, 1981.

[3] Exec. Order No. 12291, *Adding the Small Business Administration to the President's Export Council*, 46 FR 13193, February. 17, 1981.

[4] See E. Donald Elliott, *TQM-ing OMB: Or Why Regulatory Review Under Executive Order 12291 Works Poorly and What President Clinton Should Do About It*, Law and Contemporary Problems, Vol. 57:2, p. 167 – 184(1994).

[5] See European Commission, *Better Regulation Toolbox*, November 25, 2021, p. 49 – 50.

进行全面影响评估，包括为期 12 周的强制性公众咨询。

欧盟的监管贸易评估必须评估拟议措施对以下方面的影响：(1)经济、社会和环境；(2)欧盟内部最关心的群体；(3)中小企业；(4)欧洲经济的竞争力。与贸易有关的影响评估是总体经济评估的一部分。《更好的监管工具箱》(Better Regulation Toolbox)则包括如何详细评估拟议措施影响的指南。"工具箱"要求主管部门评估 3 种不同的潜在贸易影响，并提供方法指导。

首先，"工具箱"要求主管机构从质量上评估拟议措施是否符合 WTO 协定、区域和双边贸易以及投资保护协定中欧盟的法律承诺。它必须根据一系列问题进行评估，以确定拟议的措施是否符合贸易的基本原则，例如"国民待遇"或"最惠国待遇"，是否符合补贴、知识产权、贸易技术壁垒以及卫生和植物卫生标准相关的国际规则。

其次，"工具箱"要求主管部门定量评估拟议措施对贸易和投资流的影响。它列举了 3 个欧盟服务机构需要详细分析的领域。第一，评估拟议措施对最有可能受到影响的经济主体，如特定部门、公司或消费者所产生的直接/间接影响。利益相关方应涵盖美国、中国、俄罗斯、瑞士、土耳其、日本和加拿大等主要贸易伙伴的公司，以便考虑拟议措施对国际供应链的影响。第二，应量化拟议措施对欧盟商品、投资流和服务贸易进出口的影响，这也属于国际供应链所受影响的一部分。第三，根据欧盟对政策一致性和发展的承诺，该"工具箱"还呼吁主管机构研究拟议措施是否对欧盟与发展中国家和最不发达国家的贸易产生重大且最终不成比例的影响。虽然"工具箱"强调需要评估哪些潜在影响，但并未讨论量化这些影响的方法。

最后，"工具箱"还要求定性评估拟议措施对国际监管格局产生的影响。为此，主管部门应评估拟议措施在多大程度上符合国际法规和标准以及欧盟主要贸易伙伴的等效措施。为了避免监管差异和不必要的监管贸易壁垒,主管机构应尽可能将现有的国际监管方法纳入其监管计划。此外,它应利用多边、区域或双边场所,与国际伙伴就监管举措进行磋商。[1]

综上,国际贸易协定中监管影响评估条款作为国内监管政策制定过程中所运用的工具,将贸易因素纳入监管决策的考虑范围,即考虑监管对贸易产生的预期影响,将有助于解决监管过程中产生的贸易问题。

第四节　事后程序:回溯性评估

虽然监管影响评估可能包括对监管措施实施后影响的评估,但由于其采用事前预判的方式,在部分问题上,尤其是在对实施监管措施可能引起贸易摩擦问题的判断上,监管影响评估仍具有一定的局限性。然而,正如 OECD 对监管合作理事会的案例研究中所强调的,贸易监管摩擦不止产生于实质差异的规则。在许多情况下,它们是不同执行机制的结果。解决这种监管壁垒的步骤比较烦琐,不仅要求详细研究一项法规,以确定贸易摩擦的根源,还要求在该法规颁布后,考虑如何实际执行该规则。这种情况下,事前工具可能无法分析出监管的全部影响。《2012 年 OECD 建议》认为善治的监管包括所有政府方法,包括对若干工具的运用,以及对机构设置产生的影响,尤其是监督职能的配置。正是对这些不同组成部分的互补性追求,使各国能够实现规则制定所产生的福利最大化。事后审查(ex post

[1] European Commission, *Better Regulation Guidelines*, SWD(2017) 350, July 2017.

evaluation)作为事前监管影响评估的补充,对实现善治的监管也大有裨益。[1]

一、回溯性评估对监管改善的作用

从理论上讲,对现有法律法规进行事后评估的做法有双重目的。第一,评估监管措施是否有效且高效地实现了其主要目标;第二,评估监管措施在无意间是否对社会、国家、经济或环境产生了负面影响。通过事后评估收集的信息旨在使各国纠正并强化现有措施。[2]对法律法规的事后评估可以采取不同的形式。[3] 首先,各国可以不间断地评估和监督他们的法律法规。持续性评估通常以减少繁文缛节为目标。其次,各国在采取措施时可能建立审查机制。这种内置的审查机制通常是事后评估义务。最后,各国可以根据需要临时审查现有的法律法规。这种情况一般发生在利益相关方抱怨合规成本,或一国需要在某一领域实施新的法律法规时,通常会对现有法律法规进行临时评估。

《2012 年 OECD 建议》认为,各国应监测和评估已经生效的法规和立法的使用情况和产生的影响。事后评估可能在限制不必要的监管摩擦方面发挥重要作用。它提醒监管者注意法规或监管措施带来的意外影响,尤其是在执行阶段,事后评估可能提供关于整个监管环境对贸易商所产生影响的信息。事后评估为监管影响评估提供了一个重要的补充视角,有助于识别国内法规颁布后将对贸易产生的意

---

〔1〕 See OECD, *Recommendation of the Council on Regulatory Policy and Governance*, OECD Publishing, 2012.

〔2〕 See M. Sharma et al., *Expert Report on the Implementation of Ex Post Evaluation-good Practice and Experience in Other Countries*, Prognos, 2013, p. 13 – 16.

〔3〕 OECD, *Regulatory Policy Outlook*, OECD Publishing, 2015, p. 5 – 6.

外影响。与监管影响评估不同的是,事后评估可能采取更广泛的视角,包括评估该法规对特定领域的整体监管环境所产生的影响。利益相关者的参与在事前和事后阶段都可能有助于信息的收集,包括了解预期和现有监管之间的差异及其给贸易商带来的成本和收益。由于贸易商承担监管分歧的成本和收益,利益相关方的参与应引起监管者对潜在意外影响的关注,或提供有关监管分歧对贸易影响的货币化数据。因为相较于社会影响和环境影响,贸易影响实际上更容易被量化和货币化。

但事后评估也有不足之处。例如 OECD 成员对事后评估的理解力有限。这是因为事后评估在监管改革议程中得到的关注相对较少,大多数成员尚未系统地运用事后评估这一工具。[1] 考虑到对贸易影响的评估目前在善治的监管议程中并未受到重视,成员可以在这一政策领域的事后评估中突出其评估重点。事后评估的质量可能受到认知和社会偏见的影响,例如因果假设和价值观均可能妨碍对政策和法规的公正评估,而官僚主义可能进一步将法规评估的透彻和公正性复杂化。动机问题也可能破坏事后评估,因为评估人员可能不愿意批判性地挑战现有的法规,部分原因是他们也可能同时是受审查法规的制定者。[2]

实际上,大多数 OECD 成员的事后评估实践远落后于监管影响评估和利益相关方的参与。虽然越来越多 OECD 成员承认事后评估在确保高质量的监管和立法上的重要性,但大多数国家迄今只是偶

---

〔1〕 See Lorenzo Allio, *Ex Post Evaluation of Regulation: An Overview of the Notion and of International Practices*, in OECD, Regulatory Policy in Perspective: A Reader's Companion to the OECD Regulatory Policy Outlook 2015, OECD Publishing, 2015, p. 23 – 26.

〔2〕 See L. Bennar & K. Dickinson, *Incorporating Evaluation into the Regulatory Process*, Duke Environmental Economics Working Paper Series, No. EE 11 – 06, 2011, p. 6.

尔使用这一工具。大多数 OECD 成员尚未确定事后评估的程序、评估标准和方法。此外,大多数事后评估并不评估措施的实际效果、非预计和非预期影响,而是主要审查与某项措施相关的行政负担和最终的合规费用。公共政策考虑的因素在事后评估中通常很少或者根本不受重视。而且,即使少数政府在事后评估中会审查法规是否符合国际标准,在实践中也很少运用这一机制。[1] 根据 2014 年 OECD《监管指标调查》(2014 Regulatory Indicators Survey),有 32 个政府报告称在过去 12 年间从未评估过国内措施是否符合国际标准。只有比利时和瑞士这样做。这也从侧面说明,OECD 成员在事后评估的运用上普遍具有很大的改进潜力,成员可以运用事后评估来检查监管差异,促进监管一致性并最终更具体地降低不必要的贸易成本。[2]

二、回溯性评估的国内(地区内)实证研究

2014 年欧盟委员会在一份关于原产于受冲突影响或高风险地区的锡、钽、钨及其矿石、黄金等金属供应商认证的监管影响评估报告中,研究了阻止从非洲冲突地区进口特定矿石的不同方案。该条例的其中一项主要政策目标是改变贸易格局。欧盟委员会解释说,条例草案试图切断对武装团体的资助,并解决非法开采矿石所造成的市场扭曲问题。它评估了从不干预到完全禁止有关矿石进口等多种政策方案。最后,基于计量经济学模型和成本收益分析,欧盟委员会建议采用建立在公私监管合作基础上的欧盟法规。它建议为尽责进口商引入供应链上的尽职调查和自我认证制度。进口商应自愿遵

---

[1] See OECD, *Regulatory Policy Outlook*, OECD Publishing, 2015, p. 5 – 6.

[2] See Christiane Arndt et al., *Bulding Regulatory Policy Systems in OECD Countries*, OECD Regulatory Policy Working Papers, No. 5, 2016.

守供应链的尽职调查原则,以提高透明度,并转移从冲突地区进口矿石的需求。在报告的最后一节,欧盟委员会讨论了如何监测和评估欧盟条例在改变贸易格局方面的有效性。对欧盟条例实施情况的持续监测应侧重于冲突地区矿石的进口量、认证进口商附属或供应的冶炼厂、精炼厂的数量及市场份额,以及涵盖尽职调查条款的相关公共采购合同的数量。此外,欧盟建议在法规中纳入一项义务,即在法规实施之日起3年后对措施的事后评估进行总结,该总结基于与持续监测大体上相同的评估标准。评估需要使政策制定者了解是否继续执行或修订该项政策。[1]

美国行政部门对事后评估的运用可以追溯到卡特政府时期。1978年,时任美国总统吉米·卡特(Jimmy Carter)发布了第12044号行政命令《改进政府监管》,为监管政策创设了"成本效益"(cost-effectiveness)标准,要求对重要规章进行监管分析,还要求监管机构对现行规章进行定期审查,并规定了回溯性审查规则的标准。1981年,里根总统发布第12291号行政命令《联邦监管》(Federal Regulation),被普遍认为是当前法规审查和协调的基础。1985年,里根总统以第12291号行政命令为基础发布第12498号行政令《监管规划程序》,要求各机构提交年度监管方案草案,并由美国行政管理与预算办公室汇编成覆盖所有行政部门的年度监管方案。行政命令要求每个机构确定需要废除或修订的重要监管措施。1992年,时任美国总统乔治·H. W. 布什(George H. W. Bush)向各监管机构负责人转交了"减轻政府规制负担"的备忘录。备忘录要求暂停实施新法规90天,

[1] European Commission, *Accompanying the document Proposal for a Regulation of the European Parliament and of the Council setting up a Uni on system for supply chain due diligence self-certification of responsible importers of tin, tantalum and tungsten, their ores, and gold originating in conflict-affected and high-risk areas*, SWD/2014/052 final, 2014.

并要求监管机构评估现有法规,消除那些造成任何不必要监管负担的法规。1993 年,克林顿总统废除了第 12291 号和第 12498 号行政令,并发布了第 12866 号行政令《监管计划和审查》。该行政令要求监管机构在 90 天内向美国行政管理与预算办公室提交一份计划,定期审查现有的重要法规。这一审查将确定是否修改或废除该法规,以使监管方案可以更有效地实现监管目标并造成更少负担,或与总统的优先事项和原则更加一致。[1]

2011 年 1 月,奥巴马总统发布了第 13563 号行政命令《改善规制和监管审查》。这项命令要求对现行规制进行回溯性分析。奥巴马总统呼吁监管机构"考虑如何对过时、无效、不充分或者过于烦琐的规则进行更好的回溯性分析,并根据分析来修改、精简、扩大或废除这些规则"[2]。根据行政命令,监管机构应当在 120 天内向美国行政管理与预算办公室提交一份定期审查现有所有重要条例的计划。行政命令还建议监管机构尽可能在网上发布回溯性分析和支持性数据。2011 年 7 月,奥巴马总统又发布第 13579 号行政命令《监管和独立监管机构》,将对现行规则的回溯性分析扩展至独立监管机构。奥巴马总统第 13610 号行政命令《识别和减少监管负担》指出,各监管机构应当根据法律,优先考虑那些能够在保护公共健康、福利、安全和环境的同时,大幅度降低货币成本和文书成本的提议。[3] 最后,第 13609 号行政命令《促进国际监管合作》还要求各机构考虑改革现

---

〔1〕 Exec. Order No. 12866, *Regulatory Planning and Review*, 58 F. R. 51735, September 30, 1993.

〔2〕 Exec. Order No. 13563, *Improving Regulation and Regulatory Review*, 76 Fed. Reg. 3821, January 18, 2011.

〔3〕 Exec. Order No. 13610, *Identifying and Reducing Regulatory Burdens*, 77 F. R. 28467, May 10, 2012.

有的规章制度,以“解决美国与其他主要贸易伙伴之间在监管要求上不必要的差异”[1]。

新西兰和澳大利亚一直在试行一种创新的跨区域事后评估。2009年,新西兰和澳大利亚因考虑到加强食品安全监管而对商业法规开展联合审查。该联合审查的目的是消除食品安全监管方面不必要的合规成本、重复监管或监管分歧等,从而促进贸易。联合报告确定了两国从实质上改善食品安全、加强执法和降低企业与社会合规成本方面的潜力。新西兰和澳大利亚的联合事后评估是充分利用善治的监管来降低不必要贸易成本的策略之一。[2]

三、国际贸易协定的回溯性评估条款

国际贸易协定中的监管合作章也纳入了对监管法规、政策或措施进行事后评估的要求。较早期出现在《加欧协定》和CPTPP中的事后评估要求涵盖在监管合作或善治的监管条款中。例如《加欧协定》第21.4条“监管合作活动”的第o款、第p款和第q款就要求缔约方对法规或政策进行实施后审查,并对审查方法进行比较。缔约方还需要在视情况相互提供实施后审查结果的摘要。CPTPP第25.5条“核心良好监管实践的实施”第6款也要求缔约方应当在其认为适当的时间间隔对实施后的新涵盖监管措施进行审议,以确定是否修改、简化、扩展或废止其实施的特定监管措施,从而使该缔约方的监管制度能够更有效地实现其政策目标。

---

[1] Exec. Order No. 13609, *Promoting International Regulatory Cooperation*, 77 F. R. 26413, May 1, 2012.

[2] R. Scollay, C. Findlay & U. Kaufmann, *Australia New Zealand Closer Economic Relations Trade Agreement (ANZCERTA) and Regional Integration*, Institute of Southeast Asian Studies, 2011, p. 7.

欧盟参与的TTIP(欧盟提案文本)“善治的监管”章第9条和《欧日协定》第18.9条则专门列出了一个条款规定事后评估的要求,并将该条款命名为“回溯性评价”(retrospective evaluation)。两个协定的该条款均包括两项要求,一是要求缔约方实施对现行监管措施进行定期回溯性评价的程序和机制;二是要求缔约方的监管机构在符合国内(地区内)规则和程序要求的范围公布回溯性评价的计划和结果。

《美墨加协定》不仅规定了事后评估的要求,还强调了利害关系人对监管改善的作用。《美墨加协定》第28.13条“回溯性审查”要求缔约方通过或实施对现行监管法规进行回溯审查的程序或机制,以决定是否修改或废除。这种回溯审查程序的启动依据缔约方的法律,可由监管机构主动发起,也可根据利害关系人提出的改进建议发起。回顾性审查考虑几个方面的问题。第一,通过考察监管实际产生的社会或经济影响,判断是否达到制定时的目标;第二,监管制定以来任何情形的变更,包括新资料的可获取性;第三,消除不必要监管负担的新机会;第四,考虑消除对缔约方间贸易造成不利影响的非必要监管差异的路径,包括通过各种形式的监管合作或公众建议的其他方式。[1] 《美墨加协定》要求回溯性审查需要考虑对小企业的影响,并在可行的范围公布回溯性审查的正式计划和结果。[2] 此外,《美墨加协定》比其他协定更进一步,在回溯性审查要求中强调了对利害关系人建议的采纳和重视。《美墨加协定》要求缔约方为任何利害关系人提供机会,向监管机构提交关于监管建议的书面建议。这些建议可能是建议发布、修改或废除某一法规的建议。例如,有关

〔1〕《美墨加协定》第28.13条第2款。
〔2〕《美墨加协定》第28.13条第3款和第4款。

人士认为,监管法规在保护健康、促进福利或保障安全方面的功能已经失效,或对实现监管目标的负担超过必要的度,没有考虑科学技术发展等新情况,或基于不正确或过时的信息制定的监管法规等。[1]

综上,从《加欧协定》和CPTPP将回溯性评估的要求纳入监管合作规则中到TTIP、《欧日协定》和《美墨加协定》通过专门条款规定回溯性评估的要求,回溯性评估的主要目的是清理过时或负担过重的法规,主要审查的内容是监管目标的实现情况等,但《美墨加协定》同时要求在回溯性评估中考虑对贸易的影响等因素,更契合国际贸易协定的目标。

第五节　机构间程序:国内监管的协调

国内监管的协调是善治的监管之重要组成部分。一般来讲,内部协调可以发生在监管措施制定和实施的不同阶段,包括监管机构发布监管措施并征询公众意见之前、监管措施的起草过程中以及最终监管措施的通过后等。

一、国内监管协调的重要性

对国内行政监管机构来说,共享监管空间可能是一个挑战。国内监管协调至少有3方面的作用。第一,增强信息质量。通过利用所有政府专家的信息,监管机构可以相互帮助完善数据和分析并计划实施监管措施。第二,提升监管效率。机构间协调对于加强机构

[1] 《美墨加协定》第28.14条。

间合作并防止制定和实施重复的监管规则至关重要。第三,强化机构间信任。机构间协调提高了法治政府意识,从而使政府内部各机构有条不紊运行而加强相互信任。本书主要分析国内监管协调与机构决策成本、私人交易成本、监管质量等问题之间的关系。

首先,国内监管协调似乎会增加监管机构的决策成本。与机构独立决定政策事项的做法相比,这一结论确实是正确的。但是,在机构间监管领域重叠的情况下,比较的基准应该包括监管机构间措施或监管活动不一致、冲突或重复所造成合法政策目标无法实现等成本。因此,应当考虑的是即使国内监管需要大量的前期沟通和协调成本,该机制是否对监管成本整体带来改善。事实上,国内监管协调在事前需要投入的成本确实是无法估量的,例如监管机构需要花费时间和人力处理与另一监管机构的不同意见。而监管机构的职责和监管目标的不同造成在制定监管过程中倾向性的不同,这也是沟通和协调成本居高不下的原因之一。但这一机制的前期投入可以为监管措施的实施等节省后期成本。而且如前所述,监管机构获取信息的成本可能因为协调而有效降低,因为如果监管机构从另一监管机构那里获得有用的信息,则无须花费自己获取信息的费用或成本。同时,虽然成本可能会在短期内暂时上升,但有效的机构间协调可以使各机构将未来可能出现的问题前置化处理,从而逐步降低净交易成本。这些问题包括不兼容的监管要求、对法规解释得不一致、模糊不清的监管要求等。如果监管机构职能重叠,共同监管或协调监管统一监管领域,则容易出现上述问题。

其次,国内监管协调对私人交易成本的影响。国内监管协调可以降低利益相关方和监管对象参与监管程序的成本。国内监管机构可以通过协调具有重叠管辖权的监管领域的法律法规,并简化、整合相关监管管辖权来降低私人交易成本。国内监管协调还可以创建一套统一的国家监管标准,降低合规成本并为企业提供更大的确定性。通常而言,受到监管的私人利益团体理应更倾向于相互协调的监管政策,因为其往往会减少浪费性重复和监管程序不一致的风险,并为利益相关方提供更多的监管可预测性和一致性。[1] 但是,仍然存在另一种可能性,即监管对象可能更倾向于碎片化的监管而不是协调监管,以至于它可以在监管机构间进行套利,例如不同的监管机构可能对同一类企业实施不同的产业政策,故该类企业可以在符合条件的情形下,同时享受两种产业政策的扶持。这将削弱政府监管的整体性,而机构间协调可能有助于减少这种套利的机会,至少使监管机构间加强沟通,从而使这种现象更加透明,以控制这种风险。

最后,国内监管协调对监管质量的影响。国内监管协调可以将各监管机构的专业知识累积起来,共同提升监管决策的质量,包括不同监管机构之间信息共享、专业知识的整合、合作开展成本收益分析等。这并不能保证监管决策的质量一定因为上述合作机制而得以改善,因为监管质量是一个难以衡量的概念,但国内监管的协调在一定程度上,通过协调添加改善决策制定的基础分析数据和专业知识,可能会使监管决策变得更好。

二、国际贸易协定的国内监管协调条款

在所有建议善治的监管的国际经验中,内部协调机制是最不具体的。原因在于,这些机制对于每个政府的机构、传统和优先事项来

---

[1] See Cf. E. Donald Elliott, Bruce A. Ackerman & John C. Millian, *Toward a Theory of Statutory Evolution: The Federalization of Environmental Law*, The Journal of Law, Economics, and Organization, Vol. 1:2, p. 313 – 340(1985).

说都是非常复杂的。因此，OECD 一直拒绝为内部协调的相关问题推荐任何具体的模式。尽管如此，《2005 综合清单》仍然为有效的内部协调提供了指导，包括监管政策领域和/或监管部门之间、国内各部门之间，以及政府与国际机构之间的协调。通过增强协调并促进合作，监管机构提高了特定法规的评估、审查和实施过程的质量，同时建立了一种合作体系，其监管质量将优于单独采取行动而没有内部协调的做法。国内监管协调包括以下善治的监管要素：第一，制定全面且公开的善治的监管总体原则，并将贸易原则纳入该总体原则。第二，建立有效的部际机制，管理和协调各部门或机构之间的监管改革。第三，公布全年监管规划的，每年发布一份经济覆盖面广、具有前瞻性的监管议程，确保贸易官员审查该议程并找出可能对贸易产生负面影响的问题。第四，对现有法规进行系统性审查，以提高其有效性并协调其中重复或冲突的要求。第五，将竞争和市场开放纳入监管质量体系，建立一个系统性的过程使监管影响评估和法律文本可以尽早与竞争行为监管部门和贸易机构分享。[1]

国际贸易协定的监管合作章也纳入了对国内监管协调的要求，这是因为增加监管措施制定的协调性，可以促进监管一致性。具体包括以下要求。

第一，早期公布监管规划信息。对监管规划信息的早期公布，有助于机构间相互了解对方的监管计划而为内部协调奠定基础。这是因为在不连贯、无组织的行政监管系统里，很难实现善治的监管。改善杂乱无章且不可预测的监管政策制定流程，须采取循序渐进的方

---

[1] APEC Committee on Trade and Investment APEC Sub-Committee on Standards and Conformance, Supporting the TBT Agreement with Good Regulatory Practices: Implementation Options for APEC Members, APEC Project CTI 20/2010T, 2010, p. 1 -26.

式。监管议程的公开可以是一种低成本、有效的管理工具,它可使政府及各部门了解整个监管计划,选择最重要的监管建议进行协调,并开展监管影响评估或公众参与。监管议程可以在线发布,以便受影响各方更加清晰地了解政府将要做什么。换句话说,透明度可能是第一要务。CPTPP 第 25.5 条第 7 款要求缔约方在其认为适当且符合法律法规方式的情况下,就未来 12 个月期限内计划的涵盖监管措施作出年度报告。TTIP(欧盟提案文本)"善治的监管"章第 5 条"早期信息"要求缔约方每年至少一次公布主要监管行为清单,包括提供监管法规的范围、目标等。《欧日协定》第 18.6 条"拟议监管措施等早期信息"要求每一缔约方的监管机构应至少每年一次公布其计划采取的主要监管措施清单,并简要说明其范围和目标,如果可以,还可以公布预计采取这些措施的时间。如果某一缔约方的监管机构没有公布这一清单,该缔约方应每年并尽快向监管合作委员会提供清单和简要说明。该清单连同简要说明,除指定为机密的资料外,可由每一缔约方的主管当局公布。《美墨加协定》第 28.6 条则命名为"早期规划"(early planning),要求缔约方每年在合理预期内公布未来 12 个月将通过或拟议的监管法规。该条款进一步要求公布的内容应当包括对规划中监管法规的简要说明、公布监管机构内部设立的相关人员联络点、对受监管影响的部门以及是否会对国际贸易或投资产生重大影响进行说明。此外,公布的规划内容中还应当包括后续安排的时间表,包括征集公众意见的时间表。

第二,设立国家或中央一级的协调机构。例如 CPTPP 第 25.4 条第 1 款要求缔约方努力维持相关程序或机制对拟议涵盖监管措施进行有效的机构间协调或审查,包括考虑设立或维持国家或中央一级的协调机构。尽管这些中央协调职能很少由贸易机构承担,因为贸易机构通常不直接参与整个政府的监管活动，但中央协调机构应当让贸易主管部门参与进来，并促进中央协调机构对与贸易有关的因素的考虑。通过将与贸易有关的原则纳入政府的总体监管原则来赋予中央协调职能，并应在日常包括在制定、评估和修订政府法规的过程中运用贸易机构的专门知识。《美墨加协定》在 CPTPP 的基础上，以专门条款的方式对协调机构的设置进行了安排。《美墨加协定》第 28.3 条"中央监管协调机构"规定缔约方应当根据各自的法律设立中央一级的监管协调机构，监管协调机构作用主要包括促进"善治的监管"，履行关键的咨询、协调和审查职能，提高监管质量并改进监管体系。协调监管的要求在《技术性贸易壁垒协定》中也有所安排，《技术性贸易壁垒协定》第 10 条规定的"信息交换"和国内 TBT 委员会承担的"政策协调"是核心功能。在监管过程中应加强对这两个核心功能的协调和认识，在监管决策时考虑贸易专业问题。鉴于监管机构之间，包括贸易部门与监管部门之间的内部协调在快速发展的监管环境中存在困难，应考虑的一种有效做法是在中央监管协调职能的任务中包括"与贸易部门的协调"。

第三，强化国内监管机构之间的协商和协调。包括通过透明的监管规划、利益相关方的协商、监管影响评估和回顾性评估等方法，确定潜在的监管重复和冲突，避免机构间出现不一致的监管要求。例如 CPTPP 第 25.4 条第 2 款第 b 项和 TTIP（欧盟提案文本）"善治的监管"章第 3 条"内部协调"，以及《欧日协定》第 18.4 条"内部协调"。

第四，对系统性的监管改善提出建议，并对被审查监管措施、有关系统性监管改善的提案，以及国内监管协调的程序和机制的更新信息及时予以公布。例如 CPTPP 第 25.4 条第 2 款第 c 项、第 d 项。

《美墨加协定》第 28.4 条也规定了国内监管的协调，认为国内监管协调可以提高缔约方之间的监管协调性并促进贸易，要求缔约方国内主管部门间设置制定监管法规的磋商、协调和审查等内部程序。国内协调的目标是促进缔约方政府实施善治的监管，改善政府的监管程序，识别可能存在监管重复和监管不一致的情况，支持遵守国际贸易和投资义务，包括酌情考虑国际标准、指南和建议，促进监管机构考虑监管产生的影响，尤其是对中小企业带来的负担，鼓励在避免对市场竞争施加不必要限制的前提下选择监管路径。最后，《美墨加协定》还要求缔约方公布国内监管协调相关的程序和机制方面的说明。OECD 和 APEC 都强调对现行法规进行系统审查的重要性。如果没有开展定期性的监管审查，监管措施将变得过时，前后不一致且效率低下，在许多情况下会损害经济和社会发展。国内监管机构的协调将建立在系统性审查的基础上，通过事前事后的审查来加强机构间监管要求的一致性和协调性。

综上，国内监管协调要求国内监管机构的规定相互协调，避免出现影响监管效果的重复或冲突的监管要求，可帮助缔约方实现“善治的监管”这一目标。而国内监管协调的目标不仅限于此，该要求还有助于实现国际监管兼容，避免监管措施对中小企业、市场竞争以及国际贸易和投资的不必要限制和影响。

本章小结

国际监管合作的程序规则具有横向适用于所有贸易部门的特点，是近年来国际贸易协定谈判讨论的热点。通过对程序规则的研究，可以看出其规则的核心渊源是善治的监管，既来自各国（主要是发达国家）的国内实践，也仰赖 APEC 和 OECD 等国际组织在监管改革议题下的推广。善治的监管可以呈现为国际贸易协定中监管合作规则的程序性要素，包括增强立法的透明度和民主的透明度及公众参与规则，以及要求基于科学和证据，并考虑风险因素的监管影响评估。在监管规则和措施的实施阶段，善治的监管要求引入事后程序即回溯性评估，对监管规则和措施的实施效果、现状进行评估，以决定是否废除、修改或保留这些监管规则和措施。为了在国内监管机构之间实现监管的协调统一，善治的监管要求进行机构间协调，以避免内部监管的冲突和不一致性。这些规则虽然不能像实体规则一样直接实现监管的协调或一致，但各国可以通过共享善治的监管做法，实现国内监管质量的改革和提升，并在监管规则和措施阶段保障贸易伙伴和外国利益相关方的参与，在决策时考虑国际贸易利益，以期在一定程度上实现监管的协调和趋同。

第四章　国际贸易协定中监管合作的执行规则

为保障国际监管合作的开展,国际贸易协定还为监管合作规则的实施制定了执行规则。首先,确定适用范围是监管合作规则适用的前提,国际贸易协定中横向适用的监管合作章通常为监管合作规则的适用设置过滤(filter)条款;其次,监管合作机构的设置是国际贸易协定中监管合作规则的重要组成部分,从WTO《技术性贸易壁垒协定》和《实施卫生与植物卫生措施协定》开始,TBT委员会和SPS委员会就在推动各自领域的监管合作问题上取得了较大成就,近年来的国际贸易协定为监管合作规则嵌入了这种软性合作机制,也成为规则得以有效执行的重要辅助要素;最后,争端解决机制不仅赋予规则约束力,也保障了规则的有效执行,监管合作规则所适用的争端解决机制将构成执行规则的核心内容。本章将对包括上述规则在内的相关执行规则进行分析。

第一节　执行范围:过滤条款的设置

明确国际贸易协定中监管合作规则的适用范围,将使缔约方之间的监管合作规则更易于执行亦更可能取得成功。一国往往有数以千计的国内监管法规或措施,拟议中的措施往往也有数十上百项。尽管其中有许多规定可能或肯定会对国际贸易或投资产生影响,但试图将所有法规或措施都纳入国际贸易协定规制范围的想法是不切实际的。国际贸易协定必须设置过滤机制,以确定对缔约方贸易或投资关系影响最为显著的措施。国际贸易协定的监管合作章或监管一致性章适用的前提,需要明确规则适用的范围,过滤机制有助于找出直接影响贸易和投资的重要措施并加以规制。虽然其他措施也可能会影响到国际贸易和投资利益,但这些措施被过滤机制筛选后,仅作为国内问题在一国内部加以调整,而不属于监管合作规则的调整范围。从现有规则来看,国际贸易协定中监管合作的过滤机制通常由两个因素构成,一是明确该规则所涵盖的国内监管措施的类型;二是约定该规则是否可以横向适用于协定涵盖的任一事项的合作。

一、涵盖监管措施

WTO 的《实施卫生与植物卫生措施协定》和《技术性贸易壁垒协定》对其适用的监管措施范围予以了明确。《实施卫生与植物卫生措施协定》适用的措施需满足两个要件,一是该措施"可能直接或间接影响国际贸易",二是该措施必须是"卫生与植物卫生措施"。[1] 协定通过措施的目的和类型来确定措施的涵盖范围。[2] 《技术性贸易壁垒协定》也通过对术语进行解释明确了所适用的"技术法规、标准和合格评定程序"的范围。[3] 当前在区域或双边贸易协定中纳

〔1〕《实施卫生与植物卫生措施协定》第 1 条。
〔2〕《实施卫生与植物卫生措施协定》附件 A"定义"。
〔3〕《技术性贸易壁垒协定》附件 1"本协定中的术语及其定义"。

入的横向适用的监管合作规则，采用了与《实施卫生与植物卫生措施协定》不同的做法，并未将“对国际贸易产生直接或间接影响”作为判定适用范围的标准，而是更接近《技术性贸易壁垒协定》的做法，对“监管机构”“监管措施”等术语作出解释，以明确制定监管措施的机构在中央一级政府外是否涵盖地方政府，监管措施等类型是否涵盖法律、法规、政令等，以确定规则的适用范围并方便缔约方的执行。

TTIP（欧盟提案文本）通过界定“监管机构”和“监管措施”来确定“监管合作”和“善治的监管”两章的涵盖范围，TTIP（欧盟提案文本）“监管合作”章第2条首先分别确定了欧盟和美国的监管机构的范围，欧盟指的是欧盟委员会，美国则指中央政府下设的任何制定规则的行政机构，包括制定监管措施的任何行政部门或独立机构。“监管合作”章涵盖的监管措施则指上述监管机构制定的有关具体货物或服务的普遍适用措施。换言之，该措施不包括针对特定自然人或法人的措施。对欧盟来说，包括3类措施。一是根据《欧盟运作条约》（Treaty on the Functioning of the European Union）第289条提交通过的拟议条例或指令；二是根据《欧盟运作条约》第290条和第291条分别授权和执行的监管行为；三是不具有法律约束力但对受规制实体的权利义务有实际影响的措施。对美国来说也包括3类措施。一是美国政府向国会提交的法案草案；二是具有普遍影响或未来影响的机构声明，该声明一般旨在执行、解释或规定法律、政策，阐释监管机构的组织、程序或实践要求；三是与本协定涵盖的任何事项相关，不具有法律约束力但对受规制实体的权利义务有实际影响的措施。TTIP（欧盟提案文本）“善治的监管”章第2条“定义”采用了与“监管合作”章相同的表述，对监管机构和监管措施的范围进行了界定。

CPTPP 第 25.1 条明确涵盖监管措施由缔约方自行确定。该条规定,涵盖监管措施指的是确定由“监管一致性”章规范的监管措施。而监管措施需满足 3 个条件:第一,由监管机构实施的措施;第二,该措施与 CPTPP 协定涵盖的任何事项相关;第三,该措施应当是普遍适用的强制性措施。CPTPP 要求缔约方应根据第 25.3 条“涵盖监管措施的范围”,在协定生效后一年内,确定并公开涵盖监管措施的范围。尽管是由缔约方自行确定范围,协定仍然要求缔约方应覆盖重要的范围。换言之,监管措施的定义相当宽泛,而涵盖监管措施的确切范围缺乏有约束力的承诺,即各缔约方有权决定其国内监管在多大程度上受到 CPTPP 监管一致性义务的约束。因此,“监管一致性”章的适用范围是不完全确定的,监管一致性义务约束的监管措施范围是灵活的,由 CPTPP 缔约方自行决定。[1]

与 TTIP 不同的是,CPTPP 对监管行为和监管机构的定义含混不清。涵盖措施范围的规定并未明确“监管一致性”章是否仅适用于 CPTPP 缔约方的次位立法(secondary legislation),如规则和规章。或者说,该章是否适用于缔约方的本位立法(primary legislation),如立法部门提出的法律和法案。甚至更进一步,监管一致性义务是否适用于国会和议会。[2] CPTPP 第 1.3 条将“措施”一词定义为“任何法

〔1〕 See Elizabeth Sheargold & Andrew D. Mitchell, *The TPP and Good Regulatory Practices: An Opportunity for Regulatory Coherence to Promote Regulatory Autonomy?*, World Trade Review, Vol. 15:4, p. 587 – 612(2016).

〔2〕 International Telecommunication Union (ITU), *Using Regulatory Impact Analysis to Improve Decision Making in the ICT Sector*, September 2014, p. 17 – 18.

律、法规、程序、要求或做法"[1]。该条款并未区分本位立法和次位立法,似乎可以理解为二者都可以属于第 25.1 条定义的"普遍适用措施"的范围。但对"涵盖监管措施"一词的理解,难点在于"监管"一词。将监管作为措施的限定词,就意味着"监管措施"的适用范围没有"措施"广泛。"监管"的一般含义是"政府机构发布的规则",并被定义为"不是法律,但其由各级政府机构发布以来就具有法律效力"[2]。因此,从文义理解可以认为,"监管一致性"章的适用仅限于 CPTPP 缔约方的次位立法,即法律授权制定并实施的规章。通过上下文解释"涵盖监管措施"时,TPP/CPTPP 谈判者似乎打算施加广泛的义务。CPTPP 第 25.2 条规定,监管一致性是指在"规划、设计、发布、实施和审查"监管措施过程中对"善治的监管"的使用。在这种情况下,善良的监管至少应由起草法律的部门来实施。但是,CPTPP 第 25.5 条"核心良好监管实践的实施"反复强调"有关监管机构"(relevant regulatory agencies)这一善治的监管的实施主体,则与上述理解不一致。因此,上下文解释法也未能解决"涵盖的监管措施"的理解问题。

在对"涵盖监管措施"进行解释时,还需要考虑其解释是否符合

---

〔1〕《维也纳条约法公约》(Vienna Convention on the Law of Treaties, VCLT)第 31 条和第 32 条在事实上已成为 WTO 法律的一个基本组成部分。参见 David Palmeter & Petros C. Mavrvoidis, *Dispute Settlement in the World Trade Organization*, 2nd *ed* Cambridge University Press, 2004, p. 80 – 84。根据《维也纳条约法公约》第 31 条的规定,条约应根据其用语结合上下文,并参照条约之目的及宗旨所具有的通常意义,进行善意解释。而第 32 条则对特定情形下可以适用的条约解释补充资料进行了说明,包括条约筹备工作和缔结条约的情况。

〔2〕关于规制的定义,查法词典网(FindLaw Legal Dictionary)引用美国《行政程序法》的规定,将规制界定为立法机关授权行政机构发布监管法规的权力,且该行政机构的立法行为必须遵守法律规定的程序要求。See FindLaw Legal Dictionary, *Regulation*(June 30, 2023), https://dictionary.findlaw.com/definition/regulation.html.

CPTPP 的目的和宗旨。[1] CPTPP 纳入"监管一致性"章的既定目标是消除不必要的监管壁垒。[2] 那么如果将善治的监管等要求适用于本位立法,则可以直接解决监管壁垒的问题。但实践中,善治的监管的要求主要由制定监管措施的行政机构予以实施,因此只能解决次位立法层面监管壁垒问题。显然,前者对贸易的影响是远远大于后者的。由于监管一致性的概念主要来自 OECD 和 APEC,而关于监管一致性的具体要求则建立在 OECD/APEC 和美国信息与规制事务办公室(Office of Information and Regulatory Affairs,OIRA)的既有经验之上。在这种情况下,"监管"一词在 OECD/APEC 组织文件中被广泛定义为"法律,正式和非正式命令,各级政府及机构发布的附属规则,以及政府授权监管的非政府或自我监管机构发布的规则"[3]。但就监管影响评估的适用惯例来看,尽管美国联邦政府的法规也相对集中,监管影响评估却仅适用于信息与规制事务办公室项下的联邦监管措施。欧盟的惯例则有所不同,欧盟几乎在所有的本位立法中都适用了监管影响评估,[4] 而美国国会立法则都不适用监管影响评估。

---

〔1〕 尽管 CPTPP 的"目标与目的"也很关键,但"监管一致性"章本身的"目标与目的"也同样值得参考。See e. g., WTO Panel Report, European Communities-Conditions for the Granting of Tariff Preferences to Developing Countries (hereinafter *EC-Tariff Preferences*), WT/DS246/R, December 1, 2003, p. 7.40; WTO Appellate Body Report, European Communities-Customs Classification of Frozen Boneless Chicken Cuts (hereinafter *EC-Chicken Cuts*), WT/DS269/AB/R, September 12, 2005, paras. 238 -239.

〔2〕 See Rodrigo Polanco, *The Trans-Pacific Partnership Agreement and Regulatory Coherence*, in Tania Voon ed., Trade Liberalisation and International Cooperation: A Legal Analysis of the Trans-Pacific Partnership, Edward Elgar Publishing, 2013, p. 231.

〔3〕 OECD, *Recommendation of the Council on Regulatory Policy and Governance*, OECD Publishing, 2012, p. 20.

〔4〕 See John D. Graham, *Saving Lives Through Administrative Law and Economics*, University of Pennsylvania Law Review, Vol. 157, p. 395 -538(2008).

《欧日协定》则沿用了 TTIP(欧盟提案文本)的表述,《欧日协定》第 18.2 条“定义”同样对“监管机构”和“监管措施”进行了界定,对欧盟而言,监管机构和监管机构的具体范围与 TTIP(欧盟提案文本)中所设定的一致。对日本而言,监管机构指日本政府,监管措施指的是法律、内阁令以及部长级条例。

《美墨加协定》未采用涵盖监管措施的概念,而是采用“监管”这一术语表达“善治的监管”一章的适用对象,并采用普遍定义加例外的规定方式。具体而言,《美墨加协定》“善治的监管”章项下的监管指监管机构制定、颁布或实施的普遍适用措施,该措施属于强制遵守的措施。《美墨加协定》紧接着对监管机构进行了界定,即制定、提议或通过一项规制的缔约方中央一级政府行政主管部门或机构,不包括立法机关或法院。[1] 《美墨加协定》还进一步对不属于“善治的监管”章项下的监管和监管机构进行了说明。[2] 首先,对所有缔约方而言,不具有法律强制执行力的政策或指南的一般性说明不属于“善治的监管”章所指的监管。对加拿大而言,军事、外交、国家安全职能方面的措施,公共部门管理、人事、养老金、公共财产、贷款、补助金、福利或合同相关的措施,部门组织、程序或做法相关的措施,税务、金融服务或反洗钱措施以及联邦、省、地区关系以及与原住民的协议和关系相关的措施,或不属于《法律文件法》(Statutory Instruments Acts)规定的措施等,均不属于“善治的监管”章项下界定的监管范围。墨西哥排除了税收措施,尤其是与捐款以及附属物有关的税收措施,公务员职责规定,农业和劳动公正相关措施,金融服务和反洗钱措施,检察官办公室行使宪法职能以及海军和国防相关的措施。

---

〔1〕《美墨加协定》第 28.1 条。

〔2〕关于“监管”和“监管机构”界定的补充条款,参见《美墨加协定》附件 28 – A。

美国则排除了军事和外交措施，机构管理、人事、公共财产、贷款、赠款、福利或合同相关措施，机构组织、程序或做法相关措施，以及金融服务或反洗钱措施。关于监管机构的范围，加拿大认为总督（Governor in Council）不属于“善治的监管”一章所指的监管机构，美国则将总统排除在外。

综上，国际贸易协定中横向适用的监管合作规则采用的是界定监管机构和措施类型的方式来确定纳入监管合作规则调整的国内监管措施的范围。除此之外，美国主导谈判的贸易协定还给予缔约方自主确定监管措施范围的空间，如 CPTPP 采用正面清单的方式，由监管措施在协定生效后一定时限内指定措施的范围，《美墨加协定》则采用负面清单的方式，通过附件的方式明确排除不予适用的监管措施以及不予涵盖的监管机构的范围。

二、适用范围

《加欧协定》未直接界定或确定涵盖监管措施的范围，而是通过“监管合作”章的适用范围来确定其涵盖措施的范围。《加欧协定》第 21.1 条规定“监管合作”章适用于缔约方监管措施的制定、审查等，包括《技术性贸易壁垒协定》、《实施卫生与植物卫生措施协定》、《1994 年关税与贸易总协定》、《服务贸易总协定》以及《加欧协定》第四章“技术性贸易壁垒”、第五章“卫生与植物卫生措施”、第九章“跨境服务贸易”、第二十二章“贸易和可持续发展”、第二十三章“贸易和劳工”和第二十四章“贸易和环境”有关的监管措施，即如果某项监管措施可以被上述贸易协定或《加欧协定》的章节所涵盖，则属于“监管合作”章适用的范围。

TTIP（欧盟提案文本）“监管合作”章第 3 条“范围”也对“监管合

作”章的适用范围进行了规定，进一步明确了监管措施的范围。除了满足第 2 条的要求外，“监管合作”章的条款适用于本协定有关货物和服务的特定或部门规定所涵盖的合作，以及协定涵盖的任何其他领域或部门的合作，但这种情况下须满足一项限定条件，即“对缔约方的贸易或投资产生重大影响”。此外，第 3 条还排除了下列监管措施的适用，即第二章第一节“投资自由化”和第三章“跨境服务提供”所适用的监管措施，“金融服务”章与监管合作有关的措施，以及竞争和补贴方面的监管合作相关措施。TTIP（欧盟提案文本）还强调，除了第 7 条以外，“监管合作”章仅为美国和欧盟设定义务，而不为欧盟成员国和美国各州设定义务。TTIP（欧盟提案文本）“善治的监管”章未进一步对适用范围进行限定。

与 TTIP（欧盟提案文本）略有不同的是，《欧日协定》的监管措施并未区分货物和服务部门与其他涵盖部门，而是泛指普遍适用的措施。《欧日协定》第 18.3 条对适用范围进行了进一步阐述，规定第十八章“监管合作”第 A 节“善治监管与监管合作”适用于缔约方监管机构就本协定涵盖的任何事项所颁布的监管措施。而第三分节“监管合作”和第四分节“机构规定”除了适用于缔约方监管机构就本协定涵盖的任何事项所颁布的监管措施之外，还适用于监管机构颁布的与监管合作活动有关的其他普遍适用的措施，如指南、政策文件或建议。《欧日协定》第 18.18 条还规定了第 A 节“善治监管与监管合作”不适用于第 B 节“动物福利”，也不适用于第八章第 E 节第五分节规定的金融监管合作。

CPTPP 与《美墨加协定》则与欧盟参与的协定做法不同，CPTPP 和《美墨加协定》未明确监管合作规则的适用范围是否须局限于协定涵盖范围，而是将监管措施界定为强制普遍适用的措施，那么可以理解为只要满足这一要求的措施，便是被 CPTPP 缔约方列入第 25.3 条确定的“正面清单”之中的措施，或未被《美墨加协定》附件 28 – A 所排除的措施，无论是否由 CPTPP 和《美墨加协定》协定所涵盖，都可以视为监管合作规则的适用对象。因此，CPTPP 尤其是《美墨加协定》中所规定的适用范围应当是目前所有协议中最为宽泛的。

综上所述，国际贸易协定中横向适用的监管合作规则通过不同形式确定规则所涵盖的国内监管措施的类型，并约定该规则横向适用于协定涵盖的事项甚至协定涵盖之外的事项。通过上述方式，监管合作规则确定了其适用的监管措施范围。

第二节 执行机构：监管合作委员会

监管合作机构的设置是国际贸易协定中监管合作规则的重要组成部分，从 WTO《技术性贸易壁垒协定》和《实施卫生与植物卫生措施协定》开始，TBT 委员会和 SPS 委员会就在推动各自领域的监管合作问题上取得了较大成就，这种看似软性的合作机制，实际上成为约束性规则达成前的必要因素，也将成为约束性规则的重要辅助要素。因此，在纳入横向适用的监管合作规则时，国际贸易协定就延续了这一做法，为监管合作专章设置了监管合作执行机构，这些执行机构的名称可能不一致，但其目的都是协助缔约方具体执行监管合作规则并取得监管合作实效。

一、国际贸易协定对监管合作机构的规定

《加欧协定》第 21.6 条提出根据协定第 26.2 条第 1 款第 h 项“专

门委员会”的要求，建立一个监管合作论坛（Regulatory Cooperation Forum，RCF），以促进和推动双方的监管合作。监管合作论坛由加拿大政府和欧盟委员会的高级官员共同主持，其中，加拿大政府需要派出一位具有副部长级别的高级代表，欧盟委员会则需要派出一名总司长（Director General）级别的官员。监管合作论坛应当由各缔约方的有关官员组成。缔约双方还可以在共同同意的情况下邀请其他利益相关方参与监管合作论坛的会议。《加欧协定》要求监管合作论坛至少具备以下功能。第一，为双方提供一个场所以讨论双方具有共同利益的监管问题；第二，协助各自监管机构识别监管合作活动的潜在合作伙伴，并为其提供适当的工具，如保密协议的范本；第三，对缔约方认为可能具有潜在合作性的监管举措进行审查，该监管举措可能是正在进行中的也可能是预期中的，该审查应当与监管部门和监管机构协商进行，且应当支持“监管合作”章的执行；第四，鼓励根据第 21.4 条开展双边合作活动，并根据从监管部门和机构获得的信息，审查特定部门监管合作举措的进展、成绩和最佳做法（best practices）。此外，《加欧协定》还要求监管合作论坛在协定生效后的第一次会议上通过其职责范围、程序和工作计划。在没有其他例外情形时，至少（at least）每年一次酌情向《加欧协定》联合委员会报告“监管合作”章的执行情况。

CPTPP 第 25.6 条“监管一致性委员会”也对缔约方提出了成立委员会的要求，该委员会由各缔约方的政府代表组成，但未就代表的级别作特别要求。该委员会的主要任务是审议关于“监管一致性”章执行和运作的问题，也需要审议确定未来的“监管合作”章所涉问题以及其他章节所涉的监管一致性问题中的优先事项，包括潜在的部门倡议以及合作活动。在确定未来的优先事项时，CPTPP 特别强调需要考虑协定项下设立的其他委员会、工作组或任何附属机构的工作,并与之协调避免活动重复。除此之外,委员会的工作还需要考虑避免破坏或重复其他相关论坛的工作。关于委员会会议召开的实践,CPTPP 要求在协定生效后 1 年内召开会议,此后在必要时举行会议。委员会还需要考虑在协定生效后每 5 年审议一次货物监管领域实践、善治的监管领域以及程序性规则的最新发展,并审议各缔约方履行“监管一致性”章的经验,以期考虑是否可以提出建议完善“监管一致性”章的规定,以便进一步促进 CPTPP 协定的利益。

TTIP(欧盟提案文本)的“监管合作”章未涵盖设立监管合作委员会的条款,但在附件中为建立监管合作机构的条款预留了位置。欧盟打算在此预留位置提交设置 TTIP 监管合作机构的条款,以监督和促进“监管合作”章的适用,确保适当优先执行 TTIP 特定或部门的规定,以便执行 TTIP 缔结时商定的合作倡议,以及支持和促进双方确定共同利益领域。

《欧日协定》第 18.14 条也要求设置“监管合作委员会”,该委员会根据该协定第 22.3 条设置,旨在根据第十八章第 A 节“善治的监管与监管合作”的规定加强和促进缔约方之间善治的监管与监管合作。关于该委员会的人员构成及组织架构,协定未予明确。但协定要求监管合作委员会在协定生效后召开的第一次会议上通过其议事规则,并在协定生效之日起 1 年内举行会议,此后除非缔约方代表另有决定,则至少每年举行一次会议。因此,从举行会议的频率要求上看,《欧日协定》比《加欧协定》和 CPTPP 的要求都更高。监管合作委员会还可以邀请利益相关人参与会议。关于监管合作委员会的功能,协定要求监管合作委员会讨论监管合作活动的提案,并交流有关善治的监管的信息并推广善治的监管的做法,就双方具有共同利益的事项,建议开展监管合作活动,包括监管前的研究;促进双边监管合作活动的开展,以便各缔约方促进监管做法的协调,特别在尚未有监管措施的领域,或者处于监管措施发展初级阶段的领域;支持制定切实可行的机制,实施工具和最佳做法,以促进善治的监管和监管合作;鼓励在国际性论坛开展监管合作与协调,包括定期就正在进行或拟议监管合作活动交流双边信息;定期确定监管合作的优先领域;必要时提供指南帮助精简第 22.3 条项下其他专门委员会和其他双边监管合作论坛的监管合作做法;审议关于第 18.16 条第 8 款提及的磋商结果的报告,并酌情审查第 18.16 条第 6 款"令人满意的解决方案"的实施进展。《欧日协定》还允许监管合作委员会在必要(as necessary)时,设立特别工作组开展具体的监管合作活动,并向监管合作委员会报告。

《美墨加协定》第 28.18 条要求缔约方特别设立一个善治的监管委员会,并通过善治的监管委员会就"善治的监管"章相关的事项加强沟通和协作,包括鼓励监管兼容性和监管合作,以促进缔约方之间的贸易往来。该委员会由各缔约方的政府代表组成,包括中央监管协调机构以及相关监管机构的代表。《美墨加协定》为善治的监管委员会设计了职能,包括通过更新各缔约方的监管做法和程序等方式监督"善治的监管"章的实施和运作;开展信息交流,缔约方应交流执行"善治的监管"章的有效方法等信息,包括监管合作方法和国际论坛有关工作的信息;就"善治的监管"章工作相关的国际论坛会议的事项和立场进行磋商,包括举办工作坊、研讨会和其他相关活动的机会,支持加强善治的监管和改进监管合作方法;考虑利益相关方提出的关于加强适用善治的监管机会的建议;审议善治的监管和监管合作方法的发展情况,以确定善治的监管委员会今后的工作,并酌情向

《美墨加协定》委员会提出建议,以改进"善治的监管"章的运作和实施;采取缔约方认为有助于执行"善治的监管"章的任何其他做法。除此之外,《美墨加协定》还规定每一缔约方应当为其人员提供机会,就"善治的监管"章的执行提出意见。善治的监管委员会在开展工作时应当考虑《美墨加协定》设立的其他委员会、工作组和其他附属机构的活动,以免与之重复。善治的监管委员会还应当向《美墨加协定》委员会提交关于其开展活动的年度报告。而针对会议召开的频率,《美墨加协定》规定除非缔约方另有决定,善治的监管委员会应当至少每年召开一次会议。缔约方应当努力安排会议,以便允许参与本协定其他相关章节工作的政府代表参与会议。善治的监管委员会还应当邀请利益相关方参与其工作。

综上,尽管各协定对监管合作机构的名称设置不同,但都设置了相同性质的机构来推动监管合作规则的执行,监管合作委员会虽然没有强制性的权力,其职能更符合软法性质下的合作协调与磋商功能,但这一特点与监管合作规则覆盖范围广、合作性质强的特点相结合,从某种意义上讲比强制性的争端解决机制更有助于监管合作规则的执行。

二、监管合作机构的既往实践

监管合作机构条款的设置也许是因为缔约方认识到监管合作可能是理想的目标,但贸易协定是否为解决该问题的最佳途径则存疑。显然,这些问题会影响贸易,从而在概念上可以纳入贸易协定的范围,但国际贸易协定是否能取得预期成效,目前还难以判断。在纳入国际贸易协定之前,各国和地区早已开始尝试从传统的贸易谈判模式之外寻找答案。

(一)美国与欧盟的主要实践

跨大西洋监管合作的理念实际上已经存在多年。总体来说,此前的尝试都是相对临时性且零散的,更多地专注在对话上,而不是实际解决监管差异。1995 年开始的跨大西洋商业对话(Trans-Atlantic Business Dialogue)集合了大西洋两岸的商业利益团体,该对话希望发展出牢固的公私伙伴关系,使一地的产品认证可以得到另一地的承认。它的设立主要是为了应对成员发现的主要问题,即"双方竞争力都因为过度监管和欧美监管系统差异而受到阻碍"[1]。该组织后更名为跨大西洋商业委员会(Trans-Atlantic Business Council),并在电信设备、医疗设备和其他产品领域达成相互承认协议。[2] 然而,这些努力近年来似乎已失去了动力。随后,美国—欧盟高级别监管合作论坛(United States-European Union High-Level Regulatory Cooperation Forum)也实现了有限的实质性成果,尽管它鼓励就这些问题进行持续对话。

1. 跨大西洋经济委员会

2006 年,美国—欧盟维也纳峰会再次提出将合作拓宽到更广泛领域。2007 年,德国任欧盟轮值主席国后,把跨大西洋经济一体化确定为欧盟的首要任务。德国总理默克尔于 2007 年 1 月访问美国期间,代表欧盟提出了跨大西洋经济一体化计划。[3] 2007 年,美国和欧盟共同组建跨大西洋经济委员会(Transatlantic Economic

---

〔1〕 Michelle Egan, *Constructing a European Market*, Oxford University Press, 2003, p. 256.

〔2〕 See Council of the European Union, Council Decision of 22 June 1998 on the Conclusion of an Agreement on Mutual Recognition between the European Community and the USA, 1999/78/EC, June 22, 1998.

〔3〕 参见王婧:《美国与欧盟间跨大西洋伙伴关系中的制度建设》,载《国际关系学院学报》2011 年第 2 期。

Council,TEC)的过程中,双方创建了一个政治空间,以"监督和加快政府间合作,进一步促进经济一体化"为目标。双方首次将"监管一致性"作为一种工具,其主要目标是"消除二者规制和经济一体化目标之间不必要的分歧"。[1] 这一承诺体现在2007年4月30日生效的《欧盟和美国促进跨大西洋经济一体化框架》(Framework for Advancing Transatlantic Economic Integration Between the European Union and the United States of America)中,其第二节内容"促进合作和减少监管负担",双方共同承诺,通过消除跨大西洋贸易的壁垒,合理化改革并酌情减少规章制度,增强私营部门的权能,以实现更加有效、系统和透明的监管合作,以减少消费者和生产者的相关制度成本。消除双方规章制度间不必要的差异,以促进经济一体化。加强现有的跨大西洋规章制度合作架构,包括加强逐个部门间的欧盟—美国监管合作,以及欧盟委员会各部门与美国行政管理与预算办公室之间就方法问题的对话。双方决心及时实现附件1设定的目标。

因此,跨大西洋经济委员会建立了各国监管机构之间的合作议程,提出在6个特定领域推进特定监管整合的目标,包括化妆品、医疗设备、制药、汽车、电气设备和纳米材料。跨大西洋经济委员会还鼓励发展特定部门的方法框架,"以帮助确保监管影响评估的相似性,尤其是风险评估和成本效益分析"。跨大西洋经济委员会的目标是避免各国重复监管造成国际贸易成本的增加。为了实现这些目标,跨大西洋经济委员会提出了两种合作路径。第一,推动特定部门的监管整合;第二,促进监管机构之间的经验和信息交流。为了实现信息交流,跨大西洋经济委员会努力建立一个框架,以便能够比较与

[1] See Theodore Posner & David Wolff, *Making "Regulatory Coherence" Coherent*, Law 360, 25 April 2011, p. 3.

监管有关的影响、风险评估和成本效益分析。两种路径性质和目标都不相同。尽管前者更接近于规则标准化的进程,且在国际贸易中并非不为人知,但后者旨在开展合作,不寻求使监管机构制定的规则从实体上一致,而是寻求改变监管机构制定规则的程序。[1]

因此,跨大西洋经济委员会并未界定监管一致性,但上述第二种合作形式可以视为实现监管一致性的方法之一。它将监管一致性与监管改革过程联系起来,并将监管影响分析确定为监管一致性的基本要素。

2. 美国—加拿大监管合作委员会

多年来,加拿大和美国之间开展监管合作的尝试很多。两国经过反复试错,形成一定的合作模式。加拿大智慧监管外部咨询委员会(External Advisory Committee on Smart Regulation, EACSR)在2004年的报告中指出,更协调的监管合作方法是必要的。为特定部门评估监管挑战将有助于解决问题,包括让有关公私部门参与到这一进程中来。[2] 例如,有关农药的联合审查程序,由加拿大卫生部试点的监管做法被美国食品药品管理局(Food and Drug Administration, FDA)批准,并最终引入加拿大和美国现行的监管合作框架,即美国—加拿大监管合作委员会(Regulatory Cooperation Council, RCC)[3]。美国—加拿大监管合作委员会是加拿大和美国在贸易协定的形式外建立的一种持续性的监管合作架构。虽然对旧有模式的复制可能不充分或无法满足需求,在美国和加拿大贸易谈判的背景下,美国与加

---

〔1〕《欧盟和美国促进跨大西洋经济一体化框架》附件1。

〔2〕External Advisory Committee on Smart Regulation, *Smart Regulation: A Regulatory Strategy for Canada*, Library and Archives Canada Cataloguing in Publication, 2004, p. 21.

〔3〕Government of Canada, *Summary Report on Consultations with Canadians on Regulatory Cooperation between Canada and the United States*, 2011.

拿大、墨西哥[1]分别建立了监管合作委员会。下文将简要介绍美国—加拿大监管合作委员会的详细信息。

美国—加拿大监管合作委员会成立于2011年,在两国政府就经济、边境和安全合作等问题进行讨论后,成立了该委员会,其宗旨是"促进经济增长和创造就业机会,并通过提高监管透明度和协调性为我们的消费者和企业带来利益",同时美国—加拿大监管合作委员会强调尊重双方各自的监管主权。[2] 美国—加拿大监管合作委员会由美国信息与规制事务办公室和加拿大财政部秘书处监管事务部共同主持,这两个机构都是监督行政监管机构行使职责的机构。美国—加拿大监管合作委员会起草了一项联合行动计划,确定了29个监管合作关键目标。[3] 联合行动计划得到了众多私人利益团体、商业实体和行业代表的支持,而这些利益团体通常比政府更容易意识到市场准入障碍的存在。此外,美国—加拿大监管合作委员会定期为私人利益团体提供讨论场所,其他行业团体也通过临时召开类似于美国—加拿大监管合作委员会边会的半年会议为私人利益方提供讨论场所。

美国—加拿大监管合作委员会以一种非法律的,更技术和务实的方式解决监管问题,旨在为特定的监管分歧问题寻求适度的解决方案。它的作用是"促进广泛参与",这意味着美国—加拿大监管合作委员会并不制定规则,而是提供一种机制,使每个国家的主管机构

---

〔1〕 Department of Commerce, *U. S. -Mexico High Level Regulatory Cooperation Council*, International Trade Administation Website, https://legacy. trade. gov/hlrcc/, visited on 26 April 2020.

〔2〕 See Canada-United States Regulatory Cooperation Council, *Regulatory Cooperation Council Joint Action Plan: Progress Report to Leaders* (July 13, 2023), http://publications. gc. ca/collections/collection2012/sct-tbs/BTI – 29 – 2012 – eng. pdf.

〔3〕 United States-Canada Regulatory Cooperation Council Joint Action Plan, December 2011.

开展“双边和横向的协调”。[1] 因此,美国—加拿大监管合作委员会的工作重点是解决现有监管法规的效率低下或无效等问题,而不是创造新的法规。此外,联合行动计划既不是为两国建立单一的监管制度,也不是让一个国家代表另一个国家做监管决定。相反,它的目标是解决现有或新出现的监管不协调,并致力于创造系统性机制来确保未来的监管协调。[2] 美国—加拿大监管合作委员会将监管协调的重点尤其放在那些阻碍贸易,导致效率低下,影响消费者福利的监管制度。2013 年,加拿大和美国承认彼此与高度传染性的外来动物疾病暴发相关的分区措施。这项措施将有助于防止对活体动物和动物产品贸易的实质性破坏,如 2003 年牛海绵状脑病(Bovine Spongiform Encephalopathy,BSE,俗称“疯牛病”)暴发期间那样。这项分区计划始于 2007 年,早于美国—加拿大监管合作委员会成立的时间。该计划源自加拿大食品检验局(Canadian Food Inspection Agency,CFIA)制订的一项行业支持计划,然后与美国动植物卫生检验局(Animal and Plant Health Inspection Service,APHIS)共享。两家机构都要求由美国—加拿大监管合作委员会在加拿大动物卫生联盟(Canadian Animal Health Coalition)、各州、省、行业和其他利益相关方的支持下解决这一问题。[3]

需要特别注意的是,该计划的制订也得到了公私部门的广泛参与,这实际上可能是其成功的主要原因。该计划使美国—加拿大监

---

〔1〕 See Department of Commerce, *U. S. -Mexico High Level Regulatory Cooperation Council*, https://legacy. trade. gov/hlrcc/, visited on 26 April 2020.

〔2〕 See Department of Commerce, *U. S. -Mexico High Level Regulatory Cooperation Council*, https://legacy. trade. gov/hlrcc/, visited on 26 April 2020.

〔3〕 See Simon Lester & Inu Barbee, *The Challenge of Cooperation: Regulatory Trade Barriers in the Transatlantic Trade and Investment Partnership*, Journal of International Economic Law, Vol. 16:4, p. 847-867(2013).

管合作委员会从其他监管合作计划中脱颖而出,因为它从监管措施制定的早期阶段就允许私人利益的参与,这不仅对于项目的合法性至关重要,而且可以通过开放这些问题吸引尽可能多的参与者加入评论,从而阻止行业和特殊利益团体捕获成果。此外,它还可以限制"自上而下"程序的发展,因为这种程序通常会导致监管过度或官僚惰性。

又一个推进监管协调的领域是危化物品安全运输,涉及标准、特殊许可和批准。加拿大运输部门一直在努力使其批准与美国运输部的《危险品指导文件》(Hazardous Materials Guidance Document)相协调,该文件将有助于两国之间的铁路危险品运输。2012 年提交双方领导人的进展报告指出,双方制定了允许相互承认对方规制气瓶和油罐车的监管制度的框架,包括承认另一方监管系统达到的安全水平是等效的。[1] 这一做法为该领域的相互承认协议做了铺垫,并认识到双方都审查并建立了对另一方的高水平监管的信任,将另一方的危化品监管路径基本视为等效。因此,双方都不需要改变其国内监管做法。

此外,由于机动车生产是北美的主要供应链,两国之间的机动车标准也得到解决,尽管协调这些标准的工作非常艰难。2012 年 11 月,某些加拿大认证的汽车因其符合的安全标准与美国的标准相当协调或等效而被允许进口到美国。虽然这一做法只覆盖了这一时期生产的汽车,但仍为未来深入一体化和更有效的供应链奠定了基础,并为企业减轻了需要满足不同的生产和安全要求的负担,还通过允

[1] Department of Commerce, *U. S. -Mexico High Level Regulatory Cooperation Council* Work Plan (July 13, 2023), https://obamawhitehouse. archives. gov/sites/default/files/omb/oira/irc/united-states-mexico-high-level-regulatory-cooperation-council-work-plan. pdf.

许新车进入市场而为消费者提供了更多选择。显而易见,消费者会毫不犹豫地对产品安全作出自己的选择,而监管机构似乎已经错过了认识全球化市场现实的机会。2013 年在华盛顿举行的加拿大—美国监管合作委员会会议就谈及这一点。该会议认为,虽然加拿大和美国的消费者并未对其各自的产品有任何疑问,但政府开展监管合作并不在于监管结果的不同,而是监管程序的不同。例如,两国在健康和安全方面都有共同的目标,但采用不同的方式达到同一终点,故对监管程序的协调将有助于为两国消费者提供更具竞争力的产品。[1]

3.《美国—澳大利亚自由贸易协定》

《美国—澳大利亚自由贸易协定》(US-Australia Free Trade Agreement,以下简称《美澳协定》)接受并超越了 WTO《技术性贸易壁垒协定》和《实施卫生与植物卫生措施协定》的义务。《美澳协定》的技术性贸易壁垒问题超越了 WTO 的规定,要求一方应积极考虑接受另一方的技术性协定,即使双方的这些规定不相同。双方将通过各方为“技术性贸易壁垒”章指定的章节协调员(Chapter Coordinators)就技术法规、标准和合格评定程序的相关事宜进行合作。如果某一事项无法通过上述方式加以解决,则缔约方可以制定一个特别技术工作组,以确定可行且实际的解决方案来促进贸易。[2]

“卫生与植物卫生措施”章则建立了一个 SPS 委员会,其职责为“增进对双方 SPS 和监管程序的了解;审查双方机构间可能产生的 SPS 事项的进展,并通过双方合意的方式予以解决;如果一项 SPS 可

---

〔1〕 National Highway Traffic Safety Administration, *Final Decision that Certain canadian-Certified Vehicles are Eligible for Importation*, Federal Register, 77 FR 70538, November 26, 2012, p. 70538 – 70541.

〔2〕 《美澳协定》第 8.9 条第 3 款。

能影响贸易,或影响 WTO SPS 委员会、国际食品法典委员会以及其他与食品安全和人类、动植物健康相关的国际和区域论坛所讨论议题、立场和议程,则缔约方可以就该措施的制定和适用相关问题进行协商。[1]

4. 欧盟优惠贸易协定

在欧盟与第三国开展的综合性优惠贸易协定谈判中,监管合作条款是重要组成部分。欧盟不推崇采用"一刀切"的方法与第三方国家进行监管合作谈判,而是提倡"将共同原则协议、监管对话和灵活机制结合起来,以促进解决特定的非关税壁垒,以及至少在优先事项领域实现欧盟与国际标准的监管透明度和趋同"[2]。削弱与第三国贸易中的非关税壁垒的努力主要基于两项总体目标。第一,获取出口产品的市场准入;第二,促进欧盟政策、标准和监管方法。[3] 与美国和加拿大相反,欧盟没有采用优惠贸易协定范本,其签订的所有生效协定都是针对特定国家的。因此,欧盟会与贸易伙伴确定双方间特有的非关税壁垒,并据此来选择监管合作模式和策略,合作机构的设计也相应有所不同。

欧盟的优惠贸易协定大致可分为三类:第一类是与欧盟成员候选人达成的协议,其中含有与自由贸易有关的内容,即所谓的稳定与结盟协议(stabilization and association agreements, SAAs);第二类是

---

〔1〕《美澳协定》第 7.4 条第 5 款。

〔2〕 European Commission, *Communication from the Commission to the European Parliament, the Council, the European Economic and Social Committee, and the Committee of the Regions, A Single Market for 21st Century Europe*, COM (2007) 724 Final, Brussels, November 20, 2007, p. 10.

〔3〕 WTO, *Committee on Technical Barriers to Trade, Communication from the European Commission, A Policy Framework for the Facilitation of Trade in the Fields of Standards and Conformity Assessment: A Tool Box of Instruments*, G/TBT/W/173/Add. 1, April 19, 2002, p. 4.

经济伙伴关系协定，即与非候选成员国签订的寻求建立更紧密的政治和经济伙伴关系的协定，如《欧盟—智利联合协定》(EU-Chile Association Agreement，以下简称《欧智联合协定》)；第三类是标准的优惠贸易协定，如《欧盟—韩国自由贸易协定》(EU-South Korea Free Trade Agreement，以下简称《欧韩协定》)。[1] 另外，欧盟与美国间监管合作"软"模式下的机构安排为《加欧协定》谈判中非约束力和基于条约合作机制的联系提供了宝贵经验。[2] 此外，欧盟与经济发达的贸易伙伴，如美国和加拿大，在相互承认协议或等效协议下建立机构的经验也同样重要。[3]

欧盟监管合作的方法总体上比美国的方法约束力和机构性更弱。例如欧盟在与欧盟成员候选人签署的稳定与结盟协议中，采用的方法并非设立机构或联合委员会，而是通过推动双方高层代表之间的协商和谈判来促进监管合作。这主要源自对成员候选国加入欧盟后将协调或以其他方式与欧盟统一其标准和监管方法的期望。而欧盟与智利、韩国等国签订的协定中，则可能建立联合机构，该机构的职责范围从识别最好的监管合作方法到消除非关税壁垒，再到就争端解决机制进行协商和促进。[4]《欧智联合协定》要求双方监管

---

〔1〕 European Commission, Communication from the Commission to the European Parliament, the Council, the European Economic and Social Committee and the Committee of the Regions, *On the External Dimension of the Lisbon Strategy for Growth and Jobs: Reporting on Market Access and Setting the Framework for More Effective International Regulatory Cooperation*, COM (2008) 874 Final, Brussels, December 16, 2008, p. 9 – 10.

〔2〕 See A. Sapir, *The Political Economy of Transatlantic Regulatory Cooperation and Competition: A Unofficial View from Europe*, in S. J. Evenett & R. M. Stern eds., Systemic Implications of Transatlantic Regulatory Cooperation and Competition, World Scientific, 2011, p. 47 – 60.

〔3〕 欧盟有 7 项相互承认协议和 13 份 SPS 协定，缔约的另一方大多是与欧盟经济发展水平相似的国家，具有同欧盟高度相似的监管架构。参见欧盟委员会官网。

〔4〕《欧智联合协定》附件Ⅳ第 16 条。

机构在 TBT 和 SPS 方面开展合作,[1]《欧韩协定》要求设立专家工作组共同识别和解决非关税壁垒问题。[2]

监管合作的新提议,以及欧盟优惠贸易协定的实施、评估和审查等事项,主要由双方高级别官员组成的联合委员会实施。[3] 欧盟与韩国签订的协定与《美澳协定》类似,为 TBT 措施设置了专章协调员,其职责包括设置专家工作组、共同制定基于共识的产品标准,并解决关于产品标准及实施的技术分歧和促进监管合作。[4]

(二)其他国家实践

除美国和欧盟外,其他国家或地区也有各自的尝试,如澳大利亚和新西兰签订的经济伙伴关系协定,东盟成员之间签订的互认协定等。由此可见,当国家之间经济和政治发展水平较为接近时,共同开展监管合作安排的可能性较大。

1.《澳大利亚—新西兰紧密经济关系协定》

《澳大利亚—新西兰紧密经济关系协定》(Australia-New Zealand Closer Economic Relations Trade Agreement,以下简称《澳新协定》)[5]于 1983 年生效,协定双方通过 20 世纪 90 年代谈判和商定的后续议定书和谅解备忘录制定了经济一体化框架,使"单一市场"概念在 2004 年成为双方正式政策目标。[6]

---

[1] 《欧智联合协定》第 89 条。

[2] 《欧韩协定》附件 2 - D 第 5.4 条。

[3] 《欧智联合协定》第 3 ~ 5 条,《欧韩协定》第 15.1 条和第 7.21 条。

[4] 《欧韩协定》第 4.10 条。

[5] See Debra P. Steger, *Institutions for Regulatory Cooperation in "New Generation" Economic and Trade Agreements*, Legal Issues of Economic Integration, Vol. 39: 1, p. 109 - 126 (2011).

[6] See R. Scollay, C. Findlay & U. Kaufmann, *Australia New Zealand Closer Economic Relations Trade Agreement (ANZCERTA) and Regional Integration*, Institute of Southeast Asian Studies, 2011, p. 7.

关于基于标准的监管措施,《澳新协定》采取了与《北美自由贸易协定》完全不同的方法,主张通过联合认证和协调制度,建立联合监管机构,并开展涵盖职业资格和产品标准的互认安排来实现更深层次的整合。根据1995年澳大利亚和新西兰签署的《建立制定联合食品标准码系统的协定》(Agreement on Establishing a System for Development of Joint Food Standards),双方在食品标准领域设立了联合监管机构,即澳大利亚—新西兰食品管理局(Australia-New Zealand Food Authority, ANZFA)[1],并于2000年发布了《澳大利亚—新西兰食品标准法典》(Australia-New Zealand Food Standards Code)[2]。澳大利亚和新西兰的联合认证系统制定了一种基于国际标准审核和认证质量管理体系的协调路径。1996年缔结的《跨塔斯曼相互承认安排》规定了对产品标准和职业资格的相互承认。[3] 出乎意料的是,除两国政府官员之间的磋商外,《澳新协定》没有设置正式的争议解决机制。如果发生争端,唯一的选择可能是将争端提交另一个双方都是签署国的国际协定处理,如WTO。[4]

因此,《澳新协定》的经验是建立联合监管机构来制定联合食品标准,协调质量管理体系认证方法,以及相互承认对方的产品标准和

---

〔1〕 2002年7月,该机构变更为澳大利亚—新西兰食品标准局(Food Standards Australia – New Zealand,FSANZ)。

〔2〕 澳大利亚与新西兰不仅达成了《澳大利亚—新西兰食品标准法典》(Australia-New Zealand Food Standards Code),还同意对两国之间的食品类商品实施联检安排(joint arrangement on food inspection measures),即除了被识别为"风险级"的食品,一方将接受原产国的国内检验结果,不再对该产品进行任何其他检验。

〔3〕 See R. Scollay, C. Findlay & U. Kaufmann, *Australia New Zealand Closer Economic Relations Trade Agreement (ANZCERTA) and Regional Integration*, Institute of Southeast Asian Studies, 2011, p. 9, 41.

〔4〕 See Debra P. Steger, *Institutions for Regulatory Cooperation in "New Generation" Economic and Trade Agreements*, Legal Issues of Economic Integration, Vol. 39: 1, p. 109 – 126 (2011).

职业资格。这些举措从逻辑上源自 1990 年议定书中对深入一体化目标的承诺[1]，以便通过联合机构和加强监管合作实现协调和相互承认的目标。

2. 东盟

东盟内部设有标准和质量协商委员会（Consultative Committee on Standards and Quality, ACCSQ），其目标是使东盟标准与国际标准协调，并就合格评估制定相互认可安排。标准和质量协商委员会在协调产品标准、技术法规和合格评定程序方面制定了雄心勃勃的计划，并对《1998 年东盟相互承认安排框架协议》（1998 ASEAN Framework Agreement on Mutual Recognition Arrangements）的缔结起到了助推作用，该协议确定了相互承认协议谈判的基本原则，在此基础上部分特定部门已缔结了相互承认协议。标准和质量协商委员会帮助东盟地区的实验室、产品和质量体系认证机构满足国际和地区认证机构的要求。总体而言，标准和质量协商委员会在标准、技术法规和合格评定的区域合作上取得了显著成绩。[2]

3. 南方共同市场

南方共同市场（Southern American Common Market，MERCOSUR）的主要目标包括通过区域合作协调技术法规、相互承认合格评定程序、就自愿标准的协调开展合作等。在此基础上成立了南方共同市场标准化委员会，以制定自愿性标准，推动合作以促进标准的协调，推动标准化和质量控制方面的培训，鼓励发展认证体系和相互认可。

---

[1] 《澳大利亚—新西兰加快货物自由贸易议定书》（Protocol on Acceleration of Free Trade in Goods）于 1990 年 7 月 1 日起正式生效。

[2] See C. Lesser, *Do Bilateral and Regional Approaches for Reducing Technical Barriers to Trade Converge towards the Multilateral Trading System*, OECD Trade Policy Working Paper, No. 58, OECD Publishing, 2007, p. 22 – 23.

该委员会还成立了一个特别小组，专门协调技术法规并对合格评定程序开展相互认可。[1]

此外，监管合作机构为了保持成功必须避免陷入官僚主义。因此，它可能会得益于更高水平的透明度，也许可以通过提供提案的数据基础以及私人企业和公众提出的建议和评论，促进对监管议题更开放地讨论。另外，更频繁地更新提案的状态，以及设置更多的公共论坛机构为消费者团体、中小企业和行业提供更多机会，向相关监管机构提出自己的想法，也将提供一个定期输入和讨论的机制。监管合作机构的程序中最重要的特征即以务实的方法解决监管分歧，再加上私人利益定期的参与。为使监管合作有效，必须扩大参与范围，以提高合法性并促进政策的协调，这些做法实际上反映了受监管影响者的合法关切。这种想法也不代表要弥合所有监管差异，而是找到解决那些对贸易关系至关重要的部门中可解决问题的实用方案。一个透明、包容和开放的过程，涉及从企业到消费者的所有利益相关方，因此是实现未来监管合作的良好模式。

综上，监管合作机构的早期成功表明促进监管合作并不需要广泛的法律框架或者争端解决程序。它仅仅在最基本的层面为缔约方提供一个机制，通过商业和消费者团体的投入以及政府机构之间的合作来解决技术细节方面的监管分歧。而国际贸易协定在监管合作机构取得成功的基础上，跨越了贸易协定工作组或委员会局限于信息交流的初级阶段，而是试图设置能够为监管合作更加深入的活动提供实质性建议的执行机构，虽然其实效性还有待检验。

---

〔1〕 See C. Lesser, *Do Bilateral and Regional Approaches for Reducing Technical Barriers to Trade Converge towards the Multilateral Trading System*, OECD Trade Policy Working Paper, No. 58, OECD Publishing, 2007, p. 28.

第三节 执行保障:争端解决机制

除了《美墨加协定》和《加欧协定》,其他国际贸易协定都一致规定协定项下的争端解决机制不适用于“监管合作章”或“监管一致性章”,这也表明如果缔约方未遵守监管合作的要求或义务,并不必然会带来负面的后果。但是,这并不意味着国际贸易协定并不尝试解决由监管合作造成的分歧甚至争端,从 WTO 实践来看,《技术性贸易壁垒协定》和《实施卫生与植物卫生措施协定》项下的争端大多数由 TBT 委员会和 SPS 委员会项下的特别贸易关注程序所消化,并未诉诸争端解决机制。在前述分析中,我们讨论了设立监管合作机构的相关条款和作用。因此,国际贸易协定同样可能借鉴 WTO/TBT 委员会和 SPS 委员会,在监管合作机构中解决监管合作引起的大部分争端。这一软法机制将成为争端解决的重要补充机制。在当前 WTO 争端解决机制陷入困境的语境下,关于这些争端解决的补充机制也显得更具有现实意义。因此,本节将着重介绍 TBT 委员会中的特别贸易关注程序和优惠贸易协定解决争端的软法机制,以探索可以保障国际贸易协定中监管合作规则执行的有效路径。

一、争端解决机制的适用

虽然 WTO 争端解决机制适用于《技术性贸易壁垒协定》和《实施卫生与植物卫生措施协定》,以及国际贸易协定中的争端解决机制也几乎都适用于 TBT 章和 SPS 章的规则,但相关贸易协定中的争端解决机制却几乎都不适用于“监管合作章”。CPTPP 明确规定,争端解决机制不适用于“监管一致性”一章所产生的任何事项。[1] 因此,与善治的监管和监管影响评估有关的要求等均不适用于 CPTPP 项下的争端解决。TTIP(欧盟提案文本)同样规定了基于“监管合作”章和“善治的监管实践”章所引发的争端将不适用于该协定的争端解决机制。[2]《欧日协定》也如此,明确排除第二十一章争端解决机制对监管合作章的适用。[3]

与上述协定相比,《加欧协定》则未在其章节明确是否排除争端解决机制的适用。根据《加欧协定》第 29.2 条,即除非协定另有规定,“争端解决”章适用于《加欧协定》条款的解释或适用引发的任何争端,《加欧协定》未排除争端解决机制的做法表明其“监管合作”章应当适用争端解决机制。《美墨加协定》的规定相较于《加欧协定》则更加明确且具体。《美墨加协定》认为缔约方之间拥有一项共识,即在诉诸争端解决机制之外可以找到彼此都可以接受的解决方法,因此缔约方应当判断诉诸第三十一章项下的争端解决机制是否会有效。如果缔约方认为诉诸争端解决机制是有效的,则可以在协定对其生效的 1 年后申请适用争端解决机制解决其作为被诉方的争端。但任何一方都不得将“善治的监管”章项下产生的事项诉诸争端解决机制,除非该事项属于与“善治的监管”章不一致的持续或反复发生的作为或不作为。[4]

国际贸易协定将“监管合作章”排除在争端解决机制之外的做法虽然具有争议,但由于这类章节通常属于横向适用章,涵盖了广泛的

---

〔1〕 CPTPP 第 25.11 条。

〔2〕 TTIP(欧盟提案文本)“监管合作”章第 9 条,TTIP(欧盟提案文本)“善治的监管”章第 11 条。

〔3〕《欧日协定》第 18.19 条。

〔4〕《美墨加协定》第 28.20 条。

国内监管措施，因此，将该章项下的义务排除在争端解决机制之外，或许有助于各缔约方更好地参与及签署这类国际贸易协定，[1]但这并不意味着国际贸易协定无法解决“监管合作章”产生的争端。

二、争端解决的软性机制

实际上，通过软性机制如 WTO 特别贸易关注程序，以及优惠贸易协定中的专门委员会的协商来解决争端，也是争端解决的一项重要补充机制。

（一）WTO 中的特别贸易关注机制

对 WTO 来说，以诉讼为代表的司法途径并非解决贸易争端的唯一手段。大部分贸易治理实际上是通过外交手段和透明机制得以解决的，例如成员在各委员会和其他 WTO 机构所开展的监测、监督和讨论等。[2] 贸易委员会的工作有助于缓和成员间的贸易紧张关系，防止其升级为贸易争端，或者当紧张关系已经升级为争端时，帮助成员达成双方都同意的解决方案，因此各成员在委员会会议上的讨论可能为解决贸易冲突提供成本较低的方案。本书主要探讨 WTO/TBT 委员会项下的特别贸易关注机制，分析 TBT 委员会在特别贸易关注机制上的实践，以研究其如何作为解决贸易冲突的替代机制，又能作为正式争端解决程序的预防机制。

在 WTO 举行各种形式的会议对于执行 WTO 协定来说是必不

---

〔1〕 See Rodrigo Polanco, *The Trans-Pacific Partnership Agreement and Regulatory Coherence*, in Tania Voon ed., Trade Liberalisation and International Cooperation: A Legal Analysis of the Trans-Pacific Partnership, Edward Elgar Publishing, 2013, p. 231 – 261.

〔2〕 WTO 中非司法治理（non-judicial governance）的其他形式还包括贸易谈判工作组的努力，贸易政策审议机制（trade policy review mechanism）等各类审查机制。关于 WTO 非司法治理相关信息，参见 Andrew Lang & Joanne Scott, *The Hidden World of WTO Governance*, The European Journal of International Law, Vol. 20:3, p. 575 – 614(2009)。

可少的。在委员会会议上,各代表通常讨论与某一特定协定的实施有关的问题。在某些情形下,各代表还有机会解决因使用了阻碍贸易的措施而产生的问题。委员会的工作有助于通过外交手段来解决贸易紧张局势,与通过诉讼解决争端相比成本较低却能取得相同的成效。

虽然《技术性贸易壁垒协定》没有直接规定特别贸易关注机制,但根据《技术性贸易壁垒协定》第 13 条第 1 款,成员可以提议进行特别贸易关注机制讨论。因为第 13 条第 1 款设立了一个委员会,定期召开会议,使成员有机会就本协定实施或促进目标的实现有关的任何事项进行磋商,并履行《技术性贸易壁垒协定》或其他成员分配的职责。特别贸易关注机制的历史可以追溯到关税与贸易总协定时期。《1947 年关税与贸易总协定》第 3 条、第 11 条和第 20 条中只对技术法规和标准作出一般性阐述。在关税与贸易总协定期间,成立了一个专门的工作组负责针对非关税壁垒对国际贸易造成的影响进行评估,该工作组得出的结论是:TBT 是出口商所面临的最大的非关税壁垒。经过几年的磋商,在“东京回合”谈判结束之际,32 个关税与贸易总协定缔约方签署了诸边性质的《技术性贸易壁垒协定(1979)》,协定中所提及的《东京回合标准守则》对制定、采纳和实施技术法规、标准以及合格评定程序的原则作出了规定。《技术性贸易壁垒协定(1979)》的缔约方就其他缔约方实施的具体 TBT 措施提出各种问题。这些讨论在关税与贸易总协定的 TBT 委员会的会议上进行。最早可追溯到 1980 年 6 月 19 日,美国对英国新颁布的家禽健康和兽医要求提出了关切。美国认为这些要求是对美国产家禽的歧视性待遇,因为英国家禽工厂享有 2 年的过渡期,而美国的家禽工厂没有。美国请 TBT 委员会调查此事,以便从英国获得一项协议,以不歧视的方式适用其家禽条例,并呼吁其他各方就此问题采取立场。[1] WTO 成立后,成员继续在 WTO/TBT 委员会上提出对其他成员实施的具体 TBT 措施表示关切。但特别贸易关注这一术语是在 2004 年才第一次被正式使用。[2]

经过多年的发展,提出问题并答复的过程已经演变为一种正式程序。根据《技术性贸易壁垒协定》第 15 条第 4 款,TBT 委员会在第五次三年期审查的一项决定中正式确立了这一程序。[3] 该程序的设立是为了简化 TBT 委员会的讨论安排,以便对关切问题的讨论提供充足准备,并对这些讨论的后续行动进行改进,包括通过国内(地区内)磋商进程和机制以及成员间的磋商。该程序无论是在支持其他成员对相同关切的论点,还是重申以前 TBT 委员会会议纪要中提出并记录的关切时,都更有效率。

根据这一程序,意图提出特别贸易关注的关切成员(concerned member)必须在不晚于 TBT 委员会下次会议召开前 2 周的时间,直接通知委员会秘书处和被关切方(subject member),并表明提出关切的意图。即将举行的会议议程草案将该特别贸易关注列入议程,并将新提出的特别贸易关注与之前提出的特别贸易关注相区分。秘书

[1] See Minutes of the TBT Committee meeting held on 19 June 1980, TBT/M/3, Agenda Item I. For other examples of early discussions, see TBT/M/17, 19 December 1984, Agenda Item I, TBT/M/19, 1 August 1985, Agenda Item K, and TBT/M/24, 10 March 1987, Agenda Items J and K.

[2] 参见 Minutes of the TBT Committee meeting of 23 March 2004, G/TBT/M/32, 该会议纪要将特别贸易关注作为一项独立的子项(sub-item),放在议程事项(agenda item)“协定的实施和管理”下。

[3] WTO Committee on Technical Barriers to Trade, Fifth Triennial Review of the Operation and Implementation of the Agreement on Technical Barriers to Trade under Article 15.4, G/TBT/26, November 19, 2009.

处应当至少在会议开始前 10 天将议程草案发送给各位成员。[1] 在此期间，关切成员可以与被关切方进行非正式的双边讨论。这种非正式双边讨论通常发生在 TBT 委员会会议召开前夕，可以通过非正式双边讨论直接解决问题而不是将问题转化为 TBT 委员会会议上正式提出的特别贸易关注，以缓解紧张局势。如果问题通过非正式讨论得以解决，则在会议开始之前，关切成员应立即要求委员会秘书处从特别贸易关注列表中撤回该问题。

TBT 委员会会议则非常正式。该程序首先由关切成员代表宣读事先准备的涵盖特别贸易关注主张的声明，再由被关切方代表宣读其提前准备的文本以回应对方的特别贸易关注主张。关切成员提出的特别贸易关注可能得到其他成员的支持，因为其他成员也可能遇到了与关切成员类似的由该技术措施导致的市场准入问题。如果特别贸易关注由多个成员提出，则被关切方的压力会增加，这也增加了特别贸易关注解决的机会。

特别贸易关注的主张各有不同，在一些情形下，关切成员仅仅要求进一步了解或澄清措施草案或者要求进行通报。在另一些情形下，该主张则可能与违反《技术性贸易壁垒协定》的规则有关，包括措施与现有国际标准不符，缺乏科学依据，具有歧视性，或对贸易的限制超出了必要程度。成员提起特别贸易关注的能力在很大程度上取决于所有成员是否遵守《技术性贸易壁垒协定》要求，履行对 TBT 委员会的透明度承诺。在特定条件下，成员必须通报其国内 TBT 措施

〔1〕 需要说明的是，即使超过 2 周的截止时间，该程序仍允许成员在 TBT 委员会的会议进程中提出特别贸易关注，前提是将关切意图告知被关切方。TBT 委员会将在会议结束时讨论这种紧急通知形式（short notice）的特别贸易关注。

如技术法规和合格评定程序的制定和修改。[1] 该通报义务使其他成员可以对 TBT 措施草案发表评论,并寻求澄清和/或修改。由此成员可以通过在委员会会议中提出特别贸易关注来讨论其他成员的措施。

在提出特别贸易关注之前,关切成员经常会将通报的评论转发给被关切方负责制定该措施的 TBT 联络点。[2] 关切成员也可以要求澄清拟议的规则。因此,成员可能在规则制定的准备阶段提出与措施草案相关的主张,而特别贸易关注在这种情况下,可以被视为一种反向(reverse)通报。关切成员可以尝试推迟措施的生效,要求贸易伙伴为其生产者提供更多的时间以适应出口市场的预期要求。此外,关切成员也可能影响贸易伙伴 TBT 措施的最终设计或执行细节。[3]

关切成员还可以就未通报措施提起特别贸易关注,如果某项措施基于国际标准制定而不需要通知,或者成员未遵守通报义务而未予通报。[4] 如果是后一种情况,特别贸易关注则通常针对成员怠于

[1] 这项义务涵盖拟议的技术法规和合格评定程序,当 WTO 成员拟议的法规和合格评定程序不符合国际标准,可能对贸易产生重大影响时,应当履行通报义务,参见《技术性贸易壁垒协定》第 2 条第 9 款和第 5 条第 6 款。而对于紧急措施,WTO 成员在起草阶段可以不履行通知义务,但必须在措施通过时履行该义务,参见《技术性贸易壁垒协定》第 2 条第 10 款和第 5 条第 7 款,《实施卫生与植物卫生措施协定》第 7 条和附件 B 也作了类似的要求。

[2] 根据《技术性贸易壁垒协定》第 10 条第 1 款,WTO 成员应当就与国内(地区内)技术法规、标准和合格评定程序有关的问题设立联络点,该联络点同时承担对特别贸易关注相关的利益相关方的咨询予以回应的义务。

[3] 2016 年 11 月,WTO 与联合国经济和社会事务部(United Nations Department of Economic and Social Affairs, DESA)、国际贸易中心(International Trade Centre, ITC)共同推出在线信息系统 ePing,该系统为出口商、政府机构、行业协会和其他利益相关方提供渠道,使其可以在每天或每周收到来自 TBT 和 SPS 通报的预警。上述利益相关方在收到影响其产品的 TBT 和 SPS 要求相关的预警后,可以联系联络点了解更详细信息,对措施发表评论并通过 ePing 系统进行讨论。参见 ePing 系统,http://www.epingalert.org/en。

[4] 2017 年,WTO 成员提出的特别贸易关注中有 56% 是首次就未通报措施提出的。参见 Note by the Secretariat, Twenty-Third Annual Review of the Implementation and Operation of the Agreement, G/TBT/40, p. 24。

通报的问题。[1] 特别贸易关注还可以针对已生效的 TBT 措施提出，主要分为两种情形，即当被关切方没有遵守其通知义务，且关切成员事后主张其违反了《技术性贸易壁垒协定》的规则，或者该生效措施因符合相关国际标准而不要求通报。还有可能是这种情形，特别贸易关注可能在技术规则制定时提出过，然后在该规则生效后继续提出。此外，如果某一成员在紧急状态下立即颁布技术法规或合格评定程序，也可以提出特别贸易关注。[2]

2008 年至 2017 年，WTO 成员每年都在 TBT 委员会会议上提出 30～40 个特别贸易关注。这一数据表明 WTO 成员认为特别贸易关注的做法是有意义的。从 1995 年 1 月到 2017 年 12 月，WTO 成员共提出 548 件特别贸易关注。[3] 其中有 15 件最终无法解决而提交争端解决程序。此外，还有 35 起与 TBT 有关的贸易冲突未经过 TBT 委员会的特别贸易关注程序而直接提交争端解决程序解决。因此，除了这 50 件由争端解决机制解决的 TBT 相关的贸易摩擦，大量的贸易冲突通过特别贸易关注予以解决。因此，在 WTO 的《技术性贸易壁垒协定》和《实施卫生与植物卫生措施协定》领域下，特别贸易关注可以视为监管合作争端解决机制的有效替代手段。

(二)优惠贸易协定中的软性机制

与 WTO 相比，优惠贸易协定中的争端解决机制几乎处于休眠状态，也没有确定的特别贸易关注程序，但优惠贸易协定中设置的磋商

---

〔1〕 虽然每年通报的技术法规和合格评定程序的数量稳步上升，并在 2017 年达到 2584 份，但截至 2017 年年底，仍有 28 个 WTO 成员未通报过任何监管提案。参见 Note by the Secretariat, Twenty-Third Annual Review of the Implementation and Operation of the TBT Agreement, G/TBT/40, March 12, 2018, p. 5。

〔2〕 《技术性贸易壁垒协定》第 2 条第 10 款和第 5 条第 7 款。

〔3〕 See Note by the Secretariat, Twenty-Third Annual Review of the Implementation and Operation of the TBT Agreement, G/TBT/40, March 12, 2018, p. 16.

程序和监管合作委员会可以发挥与特别贸易关注和 TBT 委员会或 SPS 委员会相似的作用。因此,通过磋商或监管合作委员会解决争端的方式也可能成为监管合作规则争端解决的一种可选路径。

1. 关于拟议或现行监管措施的磋商

《加欧协定》要求双方进一步交流拟议或正在实施的监管措施信息,以便监测即将出台的监管措施并确定监管合作的机会。[1] CPTPP 为了便利"监管合作"章的履行并实现利益最大化,要求缔约方之间开展信息交流、对话和会议。[2] 但《欧日协定》则在此基础上更进一步,为缔约方设置了与特别贸易关注类似的磋商机制。

《欧日协定》第 18.16 条要求缔约方就拟议或现行的监管措施开展信息交流,但不得要求缔约方披露机密或敏感信息或数据。[3]《欧日协定》规定缔约方可以对另一缔约方提出两类请求。第一类是要求另一缔约方提供拟议或现行监管措施的信息并予以阐释。第二类指缔约方可以对另一缔约方拟议或现行监管措施提出关切。针对第一类请求,《欧日协定》要求被请求的缔约方应尽力(shall endeavour)且迅速(promptly)地做出答复。而针对第二类请求,《欧日协定》设置了与 WTO 技术贸易协定委员会类似的磋商程序。

第一,答复程序。在该类请求中,提出请求的一方需要指出争议管制措施,阐述其关切的问题,并酌情提出问题。而被请求方除非有正当理由,否则应当尽可能在收到请求后不超过 60 天的时间内就该关切作出书面答复意见。该答复应当尽可能包括监管措施的政策目

〔1〕《加欧协定》第 21.7 条。

〔2〕CPTPP 第 25.7 条。

〔3〕《欧日协定》第 18.16 条第 7 款。

标和理由,并适当说明不存在对贸易或投资限制措施限制较少且可以实现同等政策目标和效率的替代措施。答复方应当回复请求方提出的任何有关阐释监管措施的要求。

第二,磋商程序。一种情形是请求方在通过答复程序收到答复方回复的书面意见后,还可请求与答复方进行磋商。另一种情形则是在答复期限届满后,答复方没有提供书面意见的情形下,请求方可以请求与答复方进行磋商。该磋商可以通过面对面的会议的方式,也可以通过电子方式进行。每一方应当指派一名负责主持会议的官员。《欧日协定》还要求在磋商期间,各缔约方应诚信探讨可能令人满意的解决方案以解决请求方的关切,包括调整争议监管措施或酌情采用对贸易或投资限制较少的监管提议。

第三,磋商报告。请求方应与答复方协商,编写一份关于磋商结果的报告,并通过请求方的联络点将报告送交监管合作委员会审议。

因此,《欧日协定》的监管合作委员会有一项职能是审议关于第18.16条第8款提及的磋商结果的报告,并酌情审查实施第18.16条第6款提及的令人满意的解决方案的进展。

此外,TTIP(欧盟提案文本)的"监管合作"章第8条也有保障缔约方对立法提案提意见的规定,该条款仅针对欧盟委员会通过的拟议条例或行政令,以及美国国会议员向国会提交的法案,并规定在该法案范围中,任何涉及"监管合作"章涵盖范围并具有或可能具有影响的立法提案,缔约方均应当及时通报,并在各自的监管或行政程序范围内为另一缔约方提供机会,使其可以就立法提案提出意见。但TTIP未对具体的通报流程、提出意见的时限和形式以及被提意见一方的回应义务等问题予以明确。

2. 监管合作机构的争端解决作用

由于监管合作章横向涵盖了多个领域的现存或未来监管措施，优惠贸易协定的缔约方不太可能在现阶段适用正式的争端解决程序来解决由监管合作章义务引起的争端，但这不代表其不愿意讨论其执行问题。与WTO一样，优惠贸易协定通常设立一个或多个委员会。经过前文分析可知，涵盖监管合作专章的优惠贸易协定都设置了监管合作委员会等机构，但其主要任务是监督协议的执行情况。但由于监管合作机构在优惠贸易协定中的架构设计和功能安排，使其可能成为解决争端或预防争端的有效场所。监管合作机构会议不断监督监管合作章的实施，并促进对话、理解和相互信任。监管机构的程序、议事规则和定期会议，都可能在内部解决争端。

综上，虽然国际贸易协定中的争端解决机制大多不适用于监管合作规则的解释和适用问题，但WTO的特别贸易关注程序和优惠贸易协定中的磋商程序，以及监管合作机构等软性机制都可能起到解决争端的补充作用。

第四节　其他执行规则

除了上述执行规则，国际贸易协定中还有其他执行规则促进监管合作的实施，包括加强监管合作与信息交流，以及有关监管合作规则的实施通知等要求。

一、合作与交流

《加欧协定》要求缔约方进一步开展合作，包括根据具体安排交换官员来促进监管合作，以及进行信息交换等要求。[1] 例如，双方应就拟议或正在进行的监管项目相关的信息进行交换，该信息应酌情包括可能提议或实施的新技术法规或对现有技术法规的修订。双方也应努力合作并自愿共享非食品安全领域的信息，还可以就消费者产品安全或预防、限制和纠正措施建立信息交流机制。但在首次交流此类信息前，双方应确保货物贸易委员会认可交流等措施，并说明拟交换的信息类型、交换方式以及机密数据和个人数据保护规则的适用。

CPTPP 也要求为便利"监管一致性"章的履行并实现利益最大化，缔约方应当开展合作。[2] 该合作可以包括缔约方之间的信息交流、对话和会议；缔约方与其他缔约方利害关系人的信息交流、对话和会议；培训计划、研讨会和其他相关协助；增强监管合作机构间合作和其他相关活动以及缔约方统一的其他活动。此外，缔约方还进一步认识到，通过确保集中提供各缔约方的监管措施，能够增强缔约方之间在监管事项上的合作。

TTIP（欧盟提案文本）的"监管合作"章第 4 条对监管合作作出一般性规定。缔约方应当定期审查正在进行的监管合作，并定期向彼此通报与其即将实施的监管措施相关的任何发展。双方还同意在双边和国际层面开展合作，以确定合作机会并酌情争取实现共通和兼容的监管措施。为此，任何一方的监管机构都应当有机会向另一方的监管机构提出具体步骤，并及时收到对该提议的反馈，从而深化现有合作或开始新的合作。如果新制定的监管措施或对现有监管措施的修订会对合作产生或可能产生影响，则缔约方应当尽早为彼此

---

[1] 《加欧协定》第 21.7 条。

[2] CPTPP 第 25.7 条。

提供交流信息并合作的机会,以便使双方的主管监管机构可以讨论监管目标、备选方案以及任何其他相关问题。如果在相同或相关事项上,另一缔约方已经实施或计划实施监管措施,则缔约方应当在不影响其国际法律承诺的前提下,考虑另一缔约方的做法。此外,TTIP(欧盟提案文本)的"监管合作"章第 7 条还规定了非中央一级的监管合作。具体而言,非中央一级的监管措施指的是美国州一级和欧盟各成员国中央机构实施的普遍适用措施,但成员国为执行欧盟机构的法案而落实到法律中的措施除外。在缔约双方相关监管机构确定的具有共同利益的领域和部门,缔约方鼓励和促进根据协定的要求对非中央一级的监管措施开展的监管合作,并由有关监管机构确定合作的模式。

《欧日协定》第 18.12 条对监管合作活动作出规定。首先,缔约方均可以向另一缔约方提出监管合作活动的提议,该提议应当通过各自指定的联络点提出。另一缔约方应当在适当的时候审查该提案,并应当告知提议一方其是否认为拟议的活动适用于监管合作。其次,应缔约方的要求,监管合作委员会应当就监管合作活动的提议进行讨论。为了确定适当的监管合作活动,缔约方应当考虑拟议监管措施的清单,缔约方相关人士提交的监管合作活动建议和附属信息。最后,如果缔约方决定从事监管合作活动,则缔约方的监管机构应当向另一缔约方的监管机构通报与监管合作活动有关的新监管措施的制定和现有监管措施的修订,根据要求提供信息并讨论与监管合作活动相关的措施,在制定新监管措施或修订现有监管措施时,缔约方应当在可行范围内考虑另一方就相同或相关事项实施的任何监管措施。而关于监管合作活动的参与方,缔约方可以自愿参与,也可以拒绝参与或退出正在参与的监管合作活动,但拒绝参与或退出监管合作活动的一方应当向另一方解释其理由。在适当的情形下,缔约方还可以在相互同意的情况下,委托有关监管机构开展监管合作活动。

《美墨加协定》则认识到监管机构之间的对话对促进监管兼容性和适当的监管合作、促进贸易和投资并实现监管目标的重要性,鼓励缔约方积极开展互利的监管合作活动,[1]并要求缔约方交流其最大限度利用共同方法制定各自监管规则的技术性和实践性内容。

二、监管合作的实施通知

有关实施通知的要求主要体现在 CPTPP 文本中。CPTPP 第 25.9 条要求,为保证透明并作为"监管一致性"章下合作与能力建设活动的基础,各缔约方须通过各自指定的联络点,向监管一致性委员会提交履行"监管一致性"章的通知。首次通知需要在协定生效后 2 年内提交,此后则至少每 4 年提交一次后续通知。

在首次通知中,各缔约方须描述自协定对其生效后采取的实施"监管一致性"章的措施,以及计划采取的措施。该通知至少应当包括以下内容:第一,根据 CPTPP 第 25.4 条"协调与审查程序或机制"建立的程序或机制,便利对拟议涵盖监管措施的有效的跨部门协调和审查。第二,根据第 25.5 条第 1 款和第 25.5 条第 2 款,鼓励相关监管机构进行监管影响评估的情况。第三,根据第 25.5 条第 4 款和第 25.5 条第 5 款,确保涵盖监管措施的起草与公开的情况。第四,根据第 25.6 条,审查涵盖监管措施的情况;根据第 25.7 条,在年度通知中心向公众提供预期涵盖监管措施的信息等情况。

---

[1] 《美墨加协定》第 28.17 条。

而在后续通知中,各缔约方须描述自上次通知后所采取的履行措施,包括 CPTPP 第 25.9 条第 2 款中所列明的措施,以及计划采取的履行措施,提高前后通知内容的连贯性。

除要求监管一致性委员会在审议"监管一致性"章的履行和运作问题时,应当审查各缔约方发出的通知外,CPTPP 还为缔约方设置了商讨的环节,即在监管一致性委员会审查期间,针对该缔约方通知的具体情况,其他缔约方可以提出问题或进行商讨。而监管一致性委员会则应当结合对通知的审查和商讨的情况,确定协助和合作机会的基础,以提供协助。

本章小结

本章通过现有贸易协定中的条款,厘清哪些要素在确保国际贸易协定中监管合作规则的执行。需要澄清的是,虽然本章讨论的是国际贸易协定中监管合作的执行规则,但这些规则实际上也适用于其他贸易规则的执行问题,而非国际监管合作规则所独有。首先,确定规则的适用范围是适用规则的先决条件,国际贸易协定中的监管合作章主要通过界定涵盖的监管措施范围、规则适用的领域来划定规则的适用范围。其次,监管合作机构作为确保规则执行的机制要素,在以往的国际贸易协定中其实较为常见,主要有贸易协定委员会或专门委员会等形式。监管合作委员会相对于国际贸易协定而言实际上属于专门委员会的范畴,但监管合作机构在国际贸易协定之外的协调历史却较为丰富,美国和欧盟、澳大利亚和新西兰、东盟和南方共同市场都有通过设置监管合作机构促进监管合作的实证。需要注意的是，国际贸易协定中监管合作程序规则相关争议通常不适用于争端解决机制，仅有 SPS 和 TBT 领域的实体规则适用于争端解决机制。但这并不代表监管合作规则适用相关的争端无法得到预防和解决，国际贸易协定中纳入磋商、特别贸易关注等软性机制，可有效预防和解决争端。最后，部分贸易协定还涵盖了合作与交流、监管合作规则的实时通知等其他执行机制，确保国际贸易协定中的监管合作规则有效执行。

第五章　国际贸易协定中监管合作规则的前瞻

监管问题的全球化改变了国内规则的制定范式,使国内监管机构不再孤立行事,而需考虑国内监管政策或措施对国际经济社会造成的影响。随着关税水平的降低,非关税壁垒对国际贸易的影响越来越明显。国际贸易协定通过识别构成非关税壁垒的监管措施并对其进行规制,从而实现促进国际贸易或投资的目标。当然非关税壁垒也包括在法律上或事实上歧视国外贸易者或不符合比例原则的监管措施,但这类措施已由现有的 WTO 规则有效规制。目前,欧美等 WTO 成员在贸易协定中纳入的监管合作规则,更多针对的是难以被识别为歧视性的措施或不必要的措施,这类措施往往基于合法的公共政策目标,无法像关税一样被削减。各国家和地区之所以对监管合作感兴趣,很大程度上是因为几乎没有可行的替代方法来减少非歧视性监管可能对国际贸易造成的限制,以及在监管问题上通过单方行动实现自由化的路径有限。监管合作规则不仅可提供解决非关税壁垒的有效路径或通用工具,还能保障公共政策目标的实现。尽管 OECD 和 APEC 等国际组织提供了支持国际监管合作的平台,部分国家和地区也在国际贸易协定中形成监管合作早期的规则范式,但以解决监管分歧为重点的贸易协定尚处于萌芽状态,在国际贸易协定语境下谈判并推广监管合作规则的前路亦非平坦。本章主要研究以下问题。第一,国际贸易协定中监管合作规则对国际经贸体制的积极作用;第二,国际贸易协定中监管合作规则将面临的问题及解决思路;第三,国际贸易协定谈判监管合作规则的路径选择,包括将监管合作视为特定议题还是横向议题,规则设置采用软法还是硬法模式,通过优惠贸易协定还是多边贸易体制来推动等。

第一节　国际贸易协定中监管合作规则的未来需求

在考察监管合作规则的缘起和本质时,不难理解监管协调与合作的重要性。监管合作对全球价值链的贡献,对货物和服务贸易自由化的促进作用,在前面几章中已详细阐述。接下来,本书将结合国际经贸关系的现状,多边治理体制式微等背景,讨论国际贸易协定中监管合作规则对重振多边治理体制以及开启新贸易议题谈判的积极作用,这些问题也可能成为未来监管合作规则得以推广的因素之一。

一、重振多边治理体制之需

WTO 在全球贸易治理中发挥着核心作用,但其并未适应新的发展状况,如成员间经济发展导致的权力重塑以及技术进步带来的监管、数字贸易等新议题。WTO 仍努力履行其核心职能,例如解决成员间的争端以及提供有关最新、完整和准确的国际贸易政策信息,但其作为贸易谈判场所的能力仍然被质疑。WTO 成员未能完成 WTO 第一轮多边贸易谈判即“多哈发展议程”(Doha Round),导致 WTO 作为贸易谈判召集人的前景受到威胁。“多哈回合”谈判的僵局又阻碍成员对新工作计划的讨论,包括对政治和国际贸易日益重要的监管问题。因此,WTO 正处于十字路口,成员对多边贸易机制的优先事项上存在分歧,导致升级现有治理框架的努力受阻。WTO 新议题谈判的困境激励成员转向优惠贸易协定谈判。21 世纪以来,优惠贸易协定的数量一致稳步增长,迄今已有 400 多个优惠贸易协定生效,其中部分协定涉及多个国家或地区。WTO 成员转向优惠贸易协定的其中一项动因,是贸易谈判参与者愿意参与更深层次的一体化,但其认为多边框架的广泛性导致这种一体化是不可取或不可行的,如美国主导谈判的 TTIP 被视为"应对 21 世纪挑战"的自贸协定,其谈判范围比 WTO 更广、更深。

WTO 成员之间的权力转变也是其陷入僵局的原因之一。新兴且不稳定的权力分配或权力失衡将继续存在,由此对全球贸易体制下国际合作的形式进行了实质性的限制。众所周知,WTO 成员内部权力面临重新分配,从创始成员中的发达成员到新兴经济体成员,都在争夺其在 WTO 中的影响力。当前,发展中经济体和新兴经济体已占全球商品贸易和全球国内生产总值(gross domestic product,GDP)近乎一半的比例,WTO 中的发展中成员不再受制于美国等创始成员的霸权,发达成员也不急于在多边治理体系中重塑权威。[1] 国际贸易增长、跨境投资和知识的流动大幅降低了全球贫困率,并增加了低收入国家亿万人民的实际收入,部分发展中成员经济持续高速增长导致全球产出和贸易份额发生重大变化。随着这些国家人均收入的增加,全球收入分配的不平等程度有所降低。贸易成为技术发展、经济水平和政治变革的有力推动力,但这种变化似乎并不可控,因此发

---

〔1〕 See Bernard Hoekman & Charles Sabel, *Open Plurilateral Agreements*, *International Regulatory Cooperation and the WTO*, Global Policy, Vol. 10:3, p. 296 – 312(2019).

达国家的政党和民间社会团体开始旗帜鲜明地反对 WTO 和自由贸易协定,认为二者是全球化的象征。欧洲人民反对欧盟与加拿大和美国的贸易谈判,美国两个主要政党领导人也反对 TPP 和《北美自由贸易协定》,这都表明以规则为基础的贸易理念和价值观被质疑。[1] 当前的国际贸易社会面临一个基本问题,即如何恢复和加强以规则为基础的全球贸易体制的信任度。维护有效的多边贸易机制至关重要,而贸易自由化的逆转以及对 WTO 或区域贸易协定中贸易承诺的否决并非解决方案。后者只会增加贸易成本,提高消费者的产品价格,不但不会增加国内投资、就业或提高工资水平,还有可能会产生相反效果。

因此,解决 WTO 困境并重振多边治理体制的关键在于对贸易、监管和主权三者关系的重构。当前 WTO 尤其是其争端解决机制倾向于维护贸易自由化,而非对国内监管措施实现合法公共政策目标的有效性进行审查。各成员质疑其他成员的国内监管法规,认为这些法规存在歧视、构成数量限制或者对贸易造成了不必要的限制等。对于 WTO 争端解决机制通过必要性测试审查争议的监管措施,是否存在一种对贸易限制更少且符合监管目标的替代方法,这一原则最早出现在《关税与贸易总协定》中,目的是限制监管。而监管合作规则作为一种新的贸易合作模式,将争端解决机制中作为个案审议的问题,转变为成员间的积极义务加以规定,从而对贸易、监管和主权关系进行了重构。加上监管合作规则与 WTO 有着相同的目标,如减少贸易政策的不确定性、增加透明度、降低贸易成本等,而监管合作

[1] See Bernard Hoekman, *Revitalizing Multilateral Governance at the World Trade Organization*, Report of the High-Level Board of Experts on the Future of Global Trade Governance, Global Economic Dynamics, 2019, p. 21.

的软法特征也可协助WTO克服争端解决机制的困境，成员在某种程度上可能更愿意接受和运用监管合作规则解决特定的谈判议题。综上，在当前WTO困境的背景下，谈判和推广监管合作规则可能成为重振多边贸易体制的选择之一。

二、新议题谈判路径之选

2017年12月，WTO在布宜诺斯艾利斯举行的第十一届部长级会议上，部分成员决定就电子商务、中小微企业以及投资便利化等领域开展讨论或谈判，这些决定增加了多边贸易协定对监管事项的关注。而国际贸易协定中纳入监管合作规则，可以为新议题谈判提供解决路径。

以电子商务议题中的数据跨境流动问题为例，未来WTO谈判需面对各成员在数据跨境流动问题上的国内政策分歧。目前，不少WTO成员正致力于规范数据跨境流动，并解决跨境流动所带来的公共政策问题。但由于各成员情况、文化和政治环境不同，各成员的监管政策并非一致。例如，美国已成为促进数据跨境自由流动的重要力量，其主导的贸易协定将重点放在促进数据跨境流动和禁止数据存储于本地设备，这与美国的国内监管政策息息相关。早在克林顿政府时期，美国就提出治理跨境流动的第一套全球性原则——全球电子商务框架。[1] 该框架指出，美国支持尽可能广泛的跨国信息自由流动，政府将与主要贸易伙伴开展非正式谈话，确保不同的国内监管政策不会演变为变相的贸易壁垒。该框架虽然强调了强有力的数据保护对于建立信任至关重要，但美国在其推行的贸易协定中并未

---

〔1〕 Memorandum for the Heads of Executive Departments and Agencies: Electronic Commerce, July 1, 1997.

大力倡导数据保护,仅要求各缔约方提供对个人信息的基本保护。以 TPP 第 14.8 条个人信息保护为例,该条仅要求各方实施或维持保护电子商务用户个人信息的法律制度,但对于其贸易伙伴具体应当如何保护个人信息却只字未提。在美国国内法律体系中,也不存在与数据保护相关的专门立法,因为美国将隐私权视为消费者权利,由消费者权利保护相关立法、政府监管和商业自律共同保护,2012 年奥巴马政府公布的《消费者隐私权法案》也仅仅是对数据隐私保护的指南。[1]

相比而言,欧盟则坚定地致力于维护互联网信任。欧盟委员会在《欧洲人权公约》和其他有关个人保护文件的基础上推动共同的保护原则,所有欧盟成员国都被要求根据人权法保护个人数据。欧盟委员会仅在数据接收国的保护制度是"充分的"情况下,才同意将欧盟的个人数据转移至欧盟境外。为了应对数据跨境流动的急剧增长,2018 年 5 月 25 日,欧盟正式施行《通用数据保护条例》,该条例构建了个人数据保护的规则体系。尽管《通用数据保护条例》是一个区域性法律规范,但它对全球数字经济布局具有重要影响。即便如此,欧盟的行动也许并不能促成 WTO 其他成员采取类似的隐私保护措施并导致全球的监管趋同。因为欧盟将在线隐私权既视作一项人权又视作一项消费者权利,这一理念植根于欧盟自身的历史和文化轨迹,并不一定能为 WTO 所有成员接受。因此,从上述美、欧对个人数据保护的不同政策导向中可以看出,这种由政策分歧所导致的规制冲突不仅为跨国企业带来适应不同监管制度的成本,也将成为 WTO 开展数据跨境流动规制需要解决的难题。

---

〔1〕 The White House, *Consumer Data Privacy in a Networked World: A Framework for Protecting Privacy and Promoting Innovation in the Global Digital Economy*, February 2012.

由此可见，在显著解决关税和配额等贸易壁垒问题后，WTO 面临更加隐形的监管壁垒问题。WTO 前任总干事罗伯托·阿泽维多（Roberto Azevédo）认为，“满足不同的贸易标准和监管是企业试图进入新市场的主要限制之一……包括监管合作在内的跨领域合作有助于建立更具有包容性的贸易系统”。国际监管合作中的相互承认、等效规则等，可以在平衡各方的监管目标、监管自主权的基础上，解决监管分歧的问题，而监管合作的程序性规则则不预设监管结果，不要求改变原有立法的做法，更具有自愿性、软法性、灵活性和包容性的特质，也可能有助于这类分歧较大的新议题谈判。

第二节　国际贸易协定中监管合作规则的发展趋向

监管合作规则不仅涉及信息和经验的共享以及规则制定的协调，还涉及通过国际监管网络协调监管权，因此与其他形式的国际合作一样，国际监管合作同时涉及对一国政府监管权的授权和限制。这种监管权的分配或让渡，让政府本身更加矛盾和警惕。而国际贸易协定中的监管合作规则为使监管治理跨越国界，在合作理念、模式上均有新的转变。

一、从“负面一体化”到“正面一体化”

国际贸易规则的规制模式通常有两种，即“正面一体化”（positive integration）、“负面一体化”（negative integration）。1954 年，诺贝尔经济科学奖得主、荷兰经济学家简·丁伯根（Jan Tinbergen）在欧洲经济一体化的背景下首次提出“负面一体化”和

“正面一体化”的二分法。[1] 丁伯根认为区分“负面一体化”和“正面一体化”是有益的。“负面一体化”指的是消除妨碍一体化领域运作的若干障碍的措施。“正面一体化”则指创建新的机构和工具,或修改现有工具的做法。[2]

从国际贸易协定中监管合作规则的演变路径,可以看出国际贸易协定在监管合作规则模式上的转变。从功能上看,《技术性贸易壁垒协定》《实施卫生与植物卫生措施协定》与 WTO 其他协议一样更多是为了保护关税减让的成果,[3]但将其覆盖范围从传统反歧视扩展到更加广泛的“负面一体化”模式。《技术性贸易壁垒协定》《实施卫生与植物卫生措施协定》要求贸易限制的必要性或最低限度以及合理的规制基础。具体表现为,两个协定均要求对单方监管措施或过度监管措施可能造成的负面影响进行审议,以避免其超过必要的限度而损害国际贸易。因此,从两个协定的规则模式来看,WTO 在解决监管分化的问题上仍然主要采用的是“负面一体化”的模式,旨在防止国内政策被用来削弱关税减让的成果。详言之,第一,这种模式通过限制成员的部分监管权限,采用国际统一的标准来避免国内标准或监管的分化。例如,《技术性贸易壁垒协定》要求各 WTO 成员在制定技术法规时,如果有关国际标准已经存在或即将拟就,应当采用这些标准或相关内容作为技术法规的基础,除非这些国际标准

---

[1] See Jacques Pelkmans, *The Institutional Economics of European Integration*, in Mauro Cappelletti, Monica Sec-combe & Joseph Weiler eds., Integration Through Law: Europe and the American Federal Experience (Volume 1: three books), Walter de Gruyter and Co., 1986, p. 321, n. 2. See also, Federico Ortino, *Basic Legal Instruments for the Liberalisation of Trade: A Comparative Analysis of EC and WTO Law*, Hart Publishing, 2004, p. 17 – 18.

[2] See Jan Tinbergen, *International Economic Integration*, Elsevier, 1954, p. 76.

[3] See Petros C. Mavroidis, *The Regulation of International Trade: GATT (Vol. 1)*, MIT Press, 2016, p. 137.

对达到成员追求的合法目的来说,是无效或不适当的。[1] 因此,《技术性贸易壁垒协定》认为国际标准是必需的。第二,"负面一体化"模式更注重监管措施的效果而非制定过程。如《技术性贸易壁垒协定》强制性地要求技术法规的制定、采用和实施在目的和效果上不得对贸易造成不必要的障碍,并必须在非歧视的基础上予以适用。[2] 当衡量某一技术监管措施对贸易造成的障碍是否超过必要的限度时,应当考虑以下几个因素:该措施对实现合法目标的贡献程度,该措施对贸易造成的障碍,以及合法目标未能实现可能造成的风险。[3] "必要性"标准意味着 WTO 成员在相同效果的监管替代措施中,选择对国际贸易影响较小的措施。[4] 因此,《技术性贸易壁垒协定》更侧重于衡量监管措施的实施效果。第三,"负面一体化"模式主要目的是消除成员的贸易保护行为。《技术性贸易壁垒协定》包括一系列具有约束力的义务,如国内政策的通知和解释义务,以及部分"尽最大努力"的要求,如与其他 WTO 成员之间发起相互承认等效法规和协调技术法规等。[5] 《实施卫生与植物卫生措施协定》则更进一步,除了与《技术性贸易壁垒协定》相同的要求外,还要求 WTO 成员遵守科学原理,不得在成员间构成任意或不合理的歧视。[6] 《技术性贸易壁垒协定》《实施卫生与植物卫生措施协定》中的必要性、科学性、非歧视性要求和国际标准的设定,都是为了消除成员的

---

〔1〕《技术性贸易壁垒协定》第 2 条第 4 款。

〔2〕《技术性贸易壁垒协定》第 2 条第 1 款和第 2 款。

〔3〕*US-Tuna* Ⅱ (Mexico), Appellate Body Report, WT/DS381/AB/R, May 16, 2012, para. 322.

〔4〕See Petros C. Mavroidis, *The Regulation of International Trade*: *GATT* (*Vol.* 1), MIT Press, 2016, p. 493 -494.

〔5〕《技术性贸易壁垒协定》第 2 条第 6 款和第 7 款。

〔6〕《实施卫生与植物卫生措施协定》第 2 条第 3 款和第 4 款。

贸易保护行为。因此,上述两个 WTO 协定都是通过要求成员消除不必要的监管分化,来实现国内监管的协调统一。这种"负面一体化"的立法模式可以帮助减少明显的保护性监管行为,却难以解决非歧视性国内监管不一致的问题,因此仅仅是迈出了监管合作的一小步。

虽然全球价值供应链的兴起为各国监管机构统一进口产品和服务标准提供了强大的驱动力,但在缺乏多边机构有效支持的情况下,大型跨国公司在大规模终端市场的本地化生产趋势,以及越来越多的公司依赖于私有标准、第三方认证和专门质量管理体系,使监管标准的统一变得愈加困难。因此,优惠贸易协定更倾向于"正面一体化"的模式。这种模式以 APEC 和 OECD 提出的监管改革倡议为基础,[1]提倡以规则为导向,由各国政府自行规范国内监管政策和程序,以实现监管的一体化。"正面一体化"模式更注重一国内部监管政策的制定流程和实施的协调性。例如,要求贸易协定的缔约方保证利益相关人参与拟议监管措施的制定,以及进行成本收益评估(cost-benefits)等内容,但并不强制要求缔约方达成任何特定的监管效果。[2] "正面一体化"虽然不能绝对保证监管政策产出的质量,但可能从一定程度上实现监管政策的协调或一致。需要注意的是,这种模式下的监管合作也可能有利于单边利益。例如,一国可能通过实施善治的监管而增加其国际竞争力,[3]因为提升透明度、增强监

[1] 如前所述,由于认识到消除监管分化是推动市场开放和竞争的关键因素,APEC 和 OECD 于 2000 年 6 月达成关于监管改革的合作倡议,通过提升各成员的监管能力,以促进 APEC 和 OECD 规则的实施。See OECD, *APEC-OECD Integrated Checklist on Regulatory Reform*, OECD Publishing, 2008.

[2] 例如 TTIP(欧盟提案文本)"监管合作"章第 4 条"本章的规定不得强制缔约方达到某种特定的监管效果"。

[3] See Jose G. Reis & Thomas Farole, *Trade Competitiveness Diagnostic Toolkit*, World Bank Publications, 2012, p. 94 – 95.

管政策的可预测性对国内贸易商、进出口商同样有利。又如，监管效果评估等监管政策工具也可以使贸易团体和行政机构相互考虑对方的利益需求从而使关系变得更加紧密。[1] 此外，基于规则的国际监管合作在提升国内决策水平方面同样具有重要作用。因为即使是民主政府，国内利益团体也可能损害善治的监管，而基于共同目标的国际监管合作可通过透明度等要求，对上述问题进行一定的改善。因此，基于规则对一国的国内监管目标、监管措施的制定和实施程序进行协调，将会比要求统一和实施国际标准更灵活，也将更符合各国利益的需求。

二、从确定性规则到灵活性规则

在“负面一体化”模式下的监管合作，主要涉及 SPS 和 TBT 方面的规定，其适用范围特定，且一般都适用于争端解决机制而具有一定的强制性。虽然 WTO 和大多数的自由贸易协定都设置了 SPS 委员会和 TBT 委员会用以讨论条款适用方面的问题，但 SPS 和 TBT 项下的规则几乎没有大的变化，也没有设置未来重新谈判加入新的规则的机制，因此在规则的设定上具有一定的确定性。

随着优惠贸易协定的发展，新的监管合作规则则表现出一定的灵活性。从横向广度看，国际贸易协定中监管合作程序规则拓宽了以往贸易协定规则的参与主体范围，将利益相关者和公众纳入监管合作规则进程中。不仅赋予利益相关者和公众更大的话语权，还要求将所有监管合作规则都建立在透明的基础之上，赋予监管合作高度的公开性和公众推动性，拓宽了参与者的广度。这是因为监管措

[1] See Cary Coglianese, *Measuring Regulatory Excellence*, in Cary Coglianese, Achieving Regulatory Excellence, Brookings Institution Press, 2016, p. 291 – 308.

施很多时候都涉及公众利益,政府必须倾听公众的声音和需求,以确保政府和监管机构的行为始终符合公众利益。[1] 例如,《美墨加协定》就为利益相关方提供了广泛的参与监管合作的机会,包括就拟议监管措施提出改进的建议,参与监管合作、善治的监管、监管合作委员会的工作等。[2]

从纵向维度看,优惠贸易协定中监管合作规则属于永久的对话机制,被称为开放的、“活的”协定,具有高度的灵活性和适应性。[3] 这是因为监管的性质随着经济和技术发展而发生变化,使国际合作变得艰难,但也可以说更具有政治问责性。监管机构扮演的传统角色是确保市场的经营者及其产品持续遵守其设置的条件。全球价值产业链的发展令监管问题复杂化,国际贸易协定无法一劳永逸地对所有及未来的监管分歧作全面、明确且先见性的安排,因此横向适用于所有贸易领域的规则,对监管合作作出原则性安排且为未来新的监管问题留下谈判空间,将成为国际合作的新思路。缔约方不仅可以从其他贸易伙伴处得到监管信息和预警,也可以从对方的错误中吸取教训。这就需要贸易伙伴之间密切、持续的合作,以确定如何解释和执行既有规则,并在巩固现有成果的基础上制定新的规则。监管合作规则则提供了这样一种灵活性的新规则谈判机制,缔约方在遇到新的合作领域或监管事项时,无须重启谈判或修改既定的合作机制框架,也无须再次经历条约修改所需要的再次签字、批准等烦琐

[1] 参见刘雪红:《欧美 TTIP 贸易管制合作新范式与中国因应》,载《上海财经大学学报》2018 年第 5 期。

[2] 《美墨加协定》第 28.9 条第 3 款、第 28.14 条和第 28.18 条第 6 款。

[3] 参见刘雪红:《欧美 TTIP 贸易管制合作新范式与中国因应》,载《上海财经大学学报》2018 年第 5 期。

程序。[1] 因此,监管合作规则将区别于传统的“一定终身”的贸易规则,[2]而被赋予“自动更新”的能力,不仅对未来贸易议题具有包容性,且合作目标与时间表具有明确性,合作方式又表现为相对自由和宽松,因而又被称为可不断推进的“内设议程”(in-built agenda)模式。[3]

此外,这种灵活性还避免通过国家让渡监管权的方式设立全球性的单一监管机构,而是维持民族国家自身的监管机构,通过渐进式的监管合作来实现监管的等同性或一致性,从而绕开丹尼·罗德里克(Dani Rodrik)提出的“黄金不可能三角”理论[4],使民主、全球化和监管自治权三者有效共存,从而解决全球化发展的困境。

三、从松散式规则到整合式规则

早期的监管合作本质上是松散式的,其做法是通过监管机构在不同的部门逐个达成监管互认或统一标准的协议,最终实现监管的一致性。虽然各国已在国内监管改革和双边、区域层面开展了一系列的监管合作活动,但由于各种监管合作活动之间缺乏协调性而尚未迈向制度化。“制度化”主要是用作社会和行为科学的概念工具,

---

〔1〕 See Alberto Alemanno, *The Regulatory Cooperation Chapter of the Transatlantic Trade and Investment Partnership: Institutional Structures and Democratic Consequences*, Journal of International Economic Law, Vol. 18:3, p. 625 - 640(2015).

〔2〕 参见刘雪红:《论条约演化解释对国家同意原则的冲击》,载《法律科学(西北政法大学学报)》2017 年第 3 期。

〔3〕 例如,TTIP(欧盟提案文本)规定,如果利益相关方认为有必要就新的监管事项开展合作,那么缔约双方可通过制定年度监管合作项目等机制达成新的合作,而无须重新对原有的条约规则重启谈判,也不需要修改既定的机制框架。参见刘雪红:《欧美 TTIP 贸易管制合作新范式与中国因应》,载《上海财经大学学报》2018 年第 5 期。

〔4〕 See Dan Rodrik, *The Globalization Paradox: Democracy and the Future of the World Economy*, W. W. Norton, 2012, p. 368.

通常用来描述创建实体来对行动进行强化。在国际贸易协定语境下,“制度化”一词还被用来表示机构的产生和扩大并在其框架内开展活动。[1] 尤其在监管合作领域,通过国际贸易协定对监管合作进行制度化的主张,与此前零散、相互独立的监管合作活动形成对比。因此,自由贸易协定最本质的价值是有助于实现监管合作进一步的制度化。

从前述分析来看,国际贸易协定中的监管合作规则从各国的实践而来。其中,善治的监管最为典型,APEC 和 OECD 收集成员多年来善治的监管的举措,并在此过程中达成共识形成监管合作规则,再由成员将这些规则纳入国际贸易协定中。这一由特定且不固定的模式向普遍认可的固定化模式转化的过程可以被视作制度化。根据组织路径依赖的观点,制度化是巩固特定结构的过程,并且是由持续性规范、模仿和强制力触发的过程。[2] 这个过程通常不仅对实践进行固定,还可以对实践进行合法化。但制度化无论代表过程还是结果本身,其重要意义是制度所覆盖的范围,覆盖范围越广,则该领域的制度化就越强。从这个意义上看,国际贸易协定中的监管合作规则往往从横向倡议到部门倡议,包括各种规则和监管行为者,涵盖范围广泛的监管合作活动,因而具有制度化的特点。因此,当前国际贸易协定的监管合作规则是整合式的,其特点是缔约方将以往实践中监管合作的做法整合至规则中,并努力就共同关心的监管事项达成统

---

〔1〕 See D. P. Steger, *Institutions for Regulatory Cooperation in "New Generation" Economic and Trade Agreements*, Legal Issues of Economic Integration, Vol. 39:1, p. 109 – 126(2012).

〔2〕 See Georg Schreyögg & Jörg Sydow, *Organizational Path Dependence: A Process View*, Organization Studies, Vol. 32:3, p. 321 – 335(2011); Marc Schneiberg & Sarah A. Soule, *Institutionalization as a Multilevel, Contested Process: The Case of Rate Regulation in American Fire Insurance*, in Gerald F. Davis & Ann Arbor et al. eds., Social Movements and Organizational Theory, Cambridge University Press, 2005, p. 1.

一的决策模式。

综上所述，无论是从驱动目标、承诺模式，还是从规则制定上，国际贸易协定中监管合作规则都呈现出新的发展趋势。从政治经济学的角度看，国际贸易协定中纳入监管合作规则的谈判具有一定的战略意图，将对发展中国家带来较大的挑战。例如 TPP 和 TTIP 谈判的逻辑起点就是地缘政治利益，关涉欧美联盟与亚洲新兴大国之间的竞争。21 世纪以来，由于欧美频频遭受各种经济危机，为巩固其在全球价值产业链和国际贸易分工体系中的优势地位，意图通过对边境后措施的监管合作提高全球经贸合作标准，以再次获取全球的竞争优势。欧美通过管制合作议题将西方制度模式予以推广，实质上是将全球经贸领域从"经济之争"引向"制度竞争"，这种由发达国家"需求引导"设置的新经贸规则有利于发达国家保持竞争优势，但也会以提高规则门槛的方式增加中国及其他发展中国家的竞争成本和市场准入难度。[1] 此外，国际贸易协定中高标准的监管合作规则，将对一国国内行政监管制度提出改良或变革要求，同时要求政府转换角色、强化问责制和法治性，[2]这对于发展中国家而言是很大的挑战。

第三节　国际贸易协定中监管合作规则的多重变量

虽然国际贸易协定中监管合作规则具有一定的重要性，实践中

---

〔1〕 参见刘雪红：《欧美 TTIP 贸易管制合作新范式与中国因应》，载《上海财经大学学报》2018 年第 5 期。

〔2〕 See Han-Wei Liu & Ching-Fu Lin, *China and Global Regulatory Coherence: An Uneasy Relationship*?, IILJ Working Paper 2017/3 (MegaReg Series), Institute for International Law and Justice, New York University School of Law, 2017, p. 3.

也在欧盟、美国等国家和地区的推动下得以发展，但必须认识到的是，监管合作规则由于涉及一国和地区边境后的监管自治权，也触及监管机构和监管目标所涉群体的利益，其在贸易协定语境下的谈判和推广之前路将面临多重变量。

一、监管自治权与监管合作的平衡

一般而言，国际贸易协定中监管合作规则的发展主要受制于各国的监管自治权，因为任何一个贸易协定的缔约方都希望签署的协定不会对其主权造成不利影响，也不会影响其国内监管目标的实现，如保护公共健康和环境等目标。因此，推动监管合作与各国监管自治权之间存在天然矛盾。APEC 和 OECD 监管改革的支持者认为，国内监管目标不应阻碍监管改革，监管改革如果得到合理执行，将不会对国内监管目标产生不利影响，反而会推动目标的实现。因为监管改革可以促进贸易和经济增长，而经济的发展反过来可以帮助国内政府更好地服务于公共利益。[1] 由于监管改革涵盖监管合作，上述论断也可适用于监管合作。但实际的情况是，监管合作可能会限制各国在追求特定公共政策目标时的选择。即使是简单的合作机制，如建立双边委员会或信息交换程序，也需要与监管自治权相互协调，以求二者之间的平衡。[2]

因此，CPTPP“监管一致性”章确认了各缔约方监管目标的重要性，尤其是确认了“每一缔约方在确定监管优先事项、制定及实施监

---

〔1〕 See OECD, *APEC-OECD Integrated Checklist on Regulatory Reform*, OECD Publishing, 2008, para. 16.

〔2〕 See Alberto Alemanno, *The Regulatory Cooperation Chapter of the Transatlantic Trade and Investment Partnership: Institutional Structures and Democratic Consequences*, Journal of International Economic Law, Vol. 18:3, p. 625 – 640(2015).

管措施等事项上的主权权利”和“监管在实现公共政策目标方面发挥的作用”[1]。CPTPP相关条款中所使用的“应努力保证”[2]“应鼓励”[3]“可考虑”[4]等非强制性术语，显示出该协定对各缔约方规制自治权的考虑。另外，CPTPP中“以其认为适当的时间间隔”[5]“以其认为适当的且符合其法律法规的方式”[6]“建立适当机制”[7]等模糊性用语，进一步增加了监管一致性义务在适用上的不确定性。特别值得我们注意的是，CPTPP的争端解决机制不适用于“监管一致性”一章所产生的任何事项。[8] 因此，与善治的监管和监管影响评估有关的要求，不适用于CPTPP项下的争端解决。这一做法虽然具有争议，但由于“监管一致性”章涵盖了广泛的国内监管措施，将该章项下的义务排除在争端解决机制之外，或许有助于各缔约方更好地参与及签署CPTPP。[9]

TTIP也面临同样的问题。有学者提出，通过TTIP所实现的监管合作“将对欧盟和美国各自的监管自治权产生不可避免的限制”，即使这些监管合作条款不包含对标准的实质性协调和认可等。[10]美国商务部在解释TTIP时，特意强调“监管一致性或监管合作不会

---

〔1〕 CPTPP第25.2条第2款第b项和第c项。

〔2〕 CPTPP第25.4条第1款。

〔3〕 CPTPP第25.5条第1款和第8款。

〔4〕 CPTPP第25.5条第3款。

〔5〕 CPTPP第25.5条第6款。

〔6〕 CPTPP第25.5条第7款。

〔7〕 CPTPP第25.8条。

〔8〕 CPTPP第25.11条。

〔9〕 See Rodrigo Polanco, *The Trans-Pacific Partnership Agreement and Regulatory Coherence*, in Tania Voon ed., Trade Liberalisation and International Cooperation: A Legal Analysis of the Trans-Pacific Partnership, Edward Elgar Publishing, 2013, p. 231 – 261.

〔10〕 See Alberto Alemanno, *The Regulatory Cooperation Chapter of the Transatlantic Trade and Investment Partnership: Institutional Structures and Democratic Consequences*, Journal of International Economic Law, Vol. 18:3, p. 625 – 640(2015).

威胁到监管主权"[1]。TTIP(欧盟提案文本)也强调"监管合作"一章不会限制缔约方在符合监管框架和原则的基础上,为实现合法公共政策目标而实施适当措施的权利。[2] 这些合法公共政策目标包括但不限于对公共健康,工作条件,社会保护和安全,人类、动物和植物的生命,动物权益,健康和安全,个人数据,网络安全,文化多样性和金融稳定的保护。[3] 仍值得我们注意的是,TTIP(欧盟提案文本)同样规定了基于"监管合作"章和"善治的监管"章所引发的争端将不适用于该协定的争端解决机制。[4]

虽然监管合作义务不可避免地对国内规制自治权产生影响,导致当前国际贸易协定的监管合作规则受制于监管自治权,然而,善治的监管相较于国内政策或标准的实质性协调而言,更体现出对贸易协定各缔约方主权的尊重。[5] 首先,通过善治的监管可以优化国内法规的制定程序,国际监管合作规则有望提升贸易协定各方监管措施的质量。其次,如何区分监管政策中的合法公众政策目标与贸易壁垒,是国际经济法长久以来面临的一大难题。其中最大的难点在于如何区分以下两种情形,即"一国政府在非保护主义的基础上实施国内政策,却对外国竞争者造成了歧视性效果"和"一国政府以合法

---

[1] US Chamber of Commerce, *Regulatory Coherence and Cooperation in the Transatlantic Trade and Investment Partnership*, 2015.

[2] TTIP(欧盟提案文本)"监管合作"章第2条和第3条,"善治的监管"章第1条第2款。

[3] TTIP(欧盟提案文本)"监管合作"章第1条第1款。

[4] TTIP(欧盟提案文本)"监管合作"章第9条,"善治的监管"章第11条。

[5] See Alberto Alemanno, *Is There a Role for Cost-Benefit Analysis Beyond the Nation-State? Lessons from International Regulatory Co-operation*, in Michael A. Livermore & Richard L. Revesz, The Globalization of Cost-Benefit Analysis in Environmental Policy, Oxford University Press, 2013, p. 104 – 121.

公共政策目标为名,行保护主义之实"[1]。OECD 和 APEC 认为,善治的监管可以促进市场开放并减少歧视性监管的可能性。[2] 换言之,善治的监管是以提升国内监管质量为路径,解决如何识别保护主义这一难题。最后,通常情况下,争端解决机制中的专家组被要求裁定某一监管措施是合法还是保护主义时,需要审查的内容和采用的步骤与开展监管影响评估的过程相类似。因此,从理论上看,一国通过善治的监管所制定出的监管措施更有可能符合非歧视性义务或公平公正待遇的要求。[3]

二、外国利益对监管权能的限制

如一国法规违反了国际法,如人权法或 WTO 法,则可能需要承担国家责任。如果国家行为带来人身伤害或损害,则可能引起赔偿责任。然而,如果一国监管规则既没有违反任何法律,也没有侵害任何权利或造成任何人身损害,只是影响关乎生活质量、生活条件或被监管产品的价格等的社会或经济利益,则国外贸易主体往往不具有这些利益的法律地位。例如,国外贸易主体可能因一国监管产生额外贸易成本的损害,或者获得健康或环境保护等利益,却没有这方面的任何法律权利。

如果国际法需要调整这些问题,该从何做起? 换言之,国家是否

---

〔1〕 Aaditya Mattoo & Arvind Subramanian, *Regulatory Autonomy and Multilateral Disciplines: The Dilemma and a Possible Resolution*, Journal of International Economic Law, Vol. 1:2, p. 303 -322(1998).

〔2〕 See OECD, *Enhancing Market Openness through Regulatory Reform*, OECD Publishing, 2004, p. 32.

〔3〕 Emilio Augustin Maffezini v. Spain, ICSID Case No. ARB/97/7, Award, paras. 67 -70.

需要对外国人受到的监管影响负责？[1]一国在监管政策制定时，是否需要考虑外国人的利益？在制定政策前，是否需要给予外国人发言权？国际法一般并未要求国家在立法时考虑外国人的利益，但还是有部分协定规定了特别义务，要求国内监管机构为外国人参与国内决策提供机会。[2] 例如，WTO《农业协定》(Agreement on Agriculture)规定，任何成员在对粮食实行任何新的出口禁止或限制前，应适当考虑此类出口禁止或限制对进口成员粮食安全的影响，还应在设立出口禁止或限制前尽可能提前书面通知农业委员会或应请求，与作为进口商拥有实质利益的任何其他成员进行磋商并提供必要信息。[3] 此外，联合国欧洲经济委员会《在环境问题上获得信息公众参与决策和诉诸法律的公约》(Convention on Access to Information, Public Participation in Decision-making and Access to Justice in Environmental Matters)赋予"受环境决策影响，或可能受到影响，或与之利益相关"的外国人参与国内决策的权利。[4] 2012 年，OECD《理事会关于监管政策和治理的建议》指出，成员"应当制定监管措施并考虑监管范围以外的当事人可能受到的影响"，以及"关于监管提案的磋商过程应对国内和国外的利益相关者开放并接受

---

〔1〕 See Richard B. Stewart, *Remedying Disregard in Global Regulatory Governance: Accountability, Participation and Responsiveness*, The American Journal of International Law, Vol. 108:2, p. 211 - 270(2014).

〔2〕 See Sabino Cassese, *A Global Due Process of Law?*, in Jean-Bernard Auby et al. eds., Values in Global Administrative Law, Hart Publishing, 2011, p. 25 - 30, 35 - 41.

〔3〕 《农业协定》第 12 条。

〔4〕 United Nations Economic Commission for Europe (UNECE) Convention on Access to Information, *Public Participation in Decision-making and Access to Justice in Environmental Matters*, 2161 U. N. T. S. 447, June 25, 1998.

意见"[1]。

因此,国际法要求国家考虑国外利益相关人的义务是碎片化的。[2] 为了寻求对外国利益更全面的国际法律义务,埃亚尔·本韦尼斯蒂(Eyal Benvenisti)认为国际法应对国内法规影响国外利益相关者的情况适用更严格的要求。他认为国家是"人类的受托人",因此,考虑到个人"平等的道德价值",国家不仅对自己的公民有义务,而且对外国人负有义务,并在后者受到其国内政策的影响时,考虑其利益。因此,国家至少应当告知受影响的国外利益相关者。[3] 本韦尼斯蒂的观点建立在主权新概念化的基础上,即主权不仅应当包括传统意义上的自我定义和自卫权,还应当包括其他相关组成部分。作为对本韦尼斯蒂的回应,克里斯托弗·迈克拉登(Christopher McCrudden)认为国家考虑国外利益相关者的理由是一国"开明的利己主义"(enlightened self-interest)[4]。

笔者不同意本韦尼斯蒂的观点,认为国外利益相关者的权利并非因人类的平等性而被天然赋予。权利的形成实际上先于权利的法定化,只有当人们或一国政府认为该权利值得被保护,并在实践中保护该权利,才能最终在法律中被固定下来。相较而言,迈克拉登的观点更有说服力,即当前考虑国外利益相关者的实践国家,比如美国并非出于公平正义的考虑,而是在国际关系中出于利己的原因,将国外

[1] OECD, *Recommendation of the Council on Regulatory Policy and Governance*, OECD Publishing, 2012, p. 5,19.

[2] See Sabino Cassese, *A Global Due Process of Law?*, in Jean-Bernard Auby et al. eds., Values in Global Administrative Law, Hart Publishing, 2011, p. 21–30, 35–41.

[3] See Eyal Benvenisti, *Sovereigns as Trustees of Humanity: On the Accountability of States to Foreign Stakeholders*, The American Journal of International, Vol. 107:2, p. 295–333 (2013).

[4] Christopher McCrudden, *AJIL Symposium: Comment on Eyal Benvenisti, Sovereigns as Trustees of Humanity*, Opinio Juris(25 July 2013).

利益相关者的权利纳入考虑范围，并通过立法或实践加以保护，最终才能在国际法上形成对一国的义务和对国外利益相关者的权利。

监管合作规则也一样，其本质在于在国内监管法规或措施制定的过程中，要求各缔约方考虑贸易伙伴或外国利益相关方的利益，这将给国内监管机构带来负担，并产生对外国贸易利益干扰国内监管目标实现的担忧。因此，需要对国际监管合作的实际做法进行更多的研究，如监管机构在监管影响评估实践中遵循考虑外国利益的程度，在什么程度上考虑国际影响，并如何与国内因素相对应。

三、监管机构对监管合作的担忧

除了监管自治权和外国利益，考虑到国际监管合作可能带来更大程度的监管趋同和同质化，监管合作也会产生一些成本。第一，谈判和协商成本。监管合作将产生一项显著的成本即缔约方将花费大量的时间在谈判涵盖监管合作规则的协定上，这不仅是谈判本身的成本，还包括执行任何监管合作措施、监测其他国家遵守情况、寻求对违反行为的补救等所花费的时间成本。除此之外，监管合作规则为国内监管机构设定了较为复杂的监管措施制定程序，要求其与公众、利益相关方和专家等非监管主体进行协商，也增加了其履行监管职责的成本。第二，监管措施与本地偏好和环境不匹配。这实际上也是监管自治权的问题，即各国监管的差异性可能与本地偏好和环境的异质性相匹配。例如不同地区的公民对环境风险、经济风险和安全风险的承受度和偏好各不相同，因此不同的监管措施对保护水平的设置组合可能不同，这种设置可能基于当地不同的环境、人口密度和对经济管制的依赖程度。而监管合作通过协调、联合、趋同监管使同类监管标准趋于一致，可能会和这种不同偏好的情况发生冲突。

监管多样性如果能更好地符合当地的需要和利益,实际上是增加社会福祉的,但在全球化的背景下,监管多样性可能不再是最佳选择,其在试图保护缺乏比较优势的行业免受国际竞争冲击的同时,可能会给其他经营者和消费者带来更大的成本。第三,监管合作使得国内监管更趋于同质化,社会也开始选择更少甚至单一的监管方式。因此社会面临的风险是,这种方法产生的任何监管错误都会比监管多样化世界带来更严重的后果,也更容易带来系统性的监管崩溃。因此,监管合作需要决策者更加高效地互通消息,并在作出监管决策前更加慎重,这对监管决策者实际上提出了更高的要求。

四、利益相关方对监管合作的阻力

除了监管机构的阻力,国际监管合作规则还将面临贸易自由化的潜在输家的阻力。这种阻力不仅来自由于监管直接或间接导致的本国贸易壁垒被消除,市场开放导致利益受到损害或威胁的公司或个人,也来自担心监管合作带来的更高或不同标准增加经营成本的经营者。这种阻力还可能来自监管所涉的相关实体,例如民营检测机构、合格评定机构实验室、专业协会等,因为监管合作认可了国外对应机构或实体的资质和能力,从而使国内机构丧失了本国市场的垄断地位。此外,还有一类团体抵制监管合作,即公共利益相关方,例如消费者或环境保护的受益人等,他们援引的理由则是保护公共利益的需求。这部分人认为国际贸易协定中的监管合作可能过多考虑贸易利益,而使公共利益得以让步,公共利益在这种情形下可能受到损害。而消费者等利益相关方由于与监管机构的信息不对称,可能质疑外国监管机构的可信度和其监管能力,尤其是各国监管机构对公共利益的界定、重视程度有所不同,因而无法像监管合作规则所预想的一样,在促进贸易自由化目标的同时,维护国内公共政策目标的利益。

综上所述,国际贸易协定中监管合作规则的发展面临多重变量的考验。未来的路径选择中,不仅需要考虑这些因素,还需要通过规则的设计来协调这些利益,使监管合作规则更加完善也更容易被各国所接受。

第四节　国际贸易协定中监管合作规则的路径选择

多重变量的考验使监管合作变得具有挑战性,除此之外,国际贸易协定中监管合作规则的谈判还面临诸多困境。第一,监管壁垒具有隐蔽性且难以量化,可能使贸易协定的谈判或执行缺乏透明度;第二,削减监管壁垒通常需要进行国内改革,因此涉及在国际贸易协定框架下无法谈判的问题,需要强大的政治意愿和行政监管能力才能达成有意义的监管壁垒削减协议;第三,国际贸易协定对监管壁垒的规制可能有利于协定的第三方,因此后者"搭便车"的动机很高;第四,与所有经济制度改革一样,国内监管规则的变化会产生赢家和输家,这增加了实现对社会整体有利的结果的难度;第五,如果希望在全球范围内减少监管壁垒并使其取得成效,就需要让越来越多不同监管体系和传统的国家或地区参与进来,这便产生监管合作规则谈判的路径之争。

一、优惠贸易协定与多边贸易协定之选

除《技术性贸易壁垒协定》和《实施卫生与植物卫生措施协定》

载有鼓励相互承认、等效和标准协调的规定外,目前涉及监管合作安排的框架主要存在于优惠贸易协定中,因此本书着重分析国际监管合作是否适合多边化,以及在什么情况下适合通过 WTO 实现多边化。显然,并非所有类型的监管合作都适合在 WTO 的框架下予以规定,例如可能出现“搭便车”的情况,也可能阻碍经济规模较少的成员参与监管合作。只有在与其他实现国际监管合作的方式如监管机构之间的倡议或优惠贸易协定相比,WTO 可以为成员提供更多收益时,监管合作才适合纳入 WTO 规则的范畴。

(一)监管合作规则的多边化使收益最大化

WTO 可能通过大规模且多样化的成员共同协作,在具有监管需求和经济利益的贸易部门中提供最大收益。一种情形可能是由全球价值产业链主导的部门,这些部门的商品和服务受到不同监管辖区的管辖。参与全球价值产业链的国家和地区通常呈现多样化的特点,包括处于不同经济发展阶段的国家和地区,以及一些监管机构处于成立初期的国家和地区。[1] 双边或区域贸易协定由于无法涵盖全球价值链的所有国家和地区,无法有效地促进贸易一体化和监管效率,多边贸易体制将更有助于该领域的监管协调。另一种适合 WTO 纳入监管合作的贸易部门则是涉及供应全球公共产品、共享社会偏好,以及由于涉及全球经济一体化的一部分而需要有效且高效的监管监督的部门。例如,《环境产品协定》(Environmental Goods Agreements, EGA),该协定属于诸边协定(plurilateral agreement),由中国、欧盟、美国和其他 14 个 WTO 成员共同达成,这些国家和地区的环境产品贸易份额占全球的 90%。该协定的核心是降低由 APEC

[1] See Richard Baldwin, *Demonstrating Range and Diversity of Countries in GVCs and their Degree of Engagement*, CTEI Working Paper, No. 2012 - 13, 2012.

论坛[1]所确定的54种环境产品的关税。还有一个例子则是全球食品和药品安全[2],以及其他与贸易相关的减少有害排放和适应气候变化的措施,如环境智能农业[3]。此外电子商务等新贸易议题也适合监管合作的多边化,大部分国家对电子商务监管尚未形成体系,缺乏对个人隐私、网络安全和消费者权益的有效保护,多边框架下的监管合作和协调将有助于改善这一局面。

鉴于WTO成员及其监管能力水平的多样性,有学者认为WTO可能开展的监管合作类型包括透明度、信息共享、联合审查以及促进国际标准和最佳实践。[4] 这是因为WTO纳入监管合作规则面临挑战,许多发展中成员特别是低收入成员,不愿谈判涵盖范围广且约束力强的监管合作规则,但监管合作的多边化的最大效益是通过吸引这部分国家参与监管合作,避免在贸易伙伴之间引入多个平行讨论,所以将监管合作维持在较为初级水平可能是一个权衡利弊后的更优选择。但需要明确的是,这种选择并不意味着WTO将永远排除更深层次的监管合作,初级的监管合作不仅迈出了监管合作的第一步,也为监管合作的深层次发展提供了机会。

(二)监管合作规则多边化的路径选择

具体而言,将优惠贸易协定已有的监管合作规则多边化有助于降低商业成本,扩大监管合作的效应,并利用监管合作追求共同社会

---

[1] APEC, *APEC Leaders Declaration Annex C APEC List of Environmental Goods*, 2012.

[2] See Jim E. Riviere & Gillian J. Buckley eds., *Ensuring Safe Foods and Medical Products through Stronger Regulatory Systems Abroad*, National Academies Press, 2012, p. 147-164.

[3] Food Agriculture Organization of the United Nations, *Climate Change and Food Systems: Global Assessments and Implications for Food Security and Trade*, 2015.

[4] See Thomas J. Bollyky, Iain M. Cockburn & Ernst Berndt, *Bridging the Gap: Improving Clinical Development and the Regulatory Pathways for Health Products for Neglected Diseases*, Clinical Trials, Vol. 7:6, p. 719-734(2010).

偏好的潜力，实现贸易自由化带来的福祉。这种做法的思路是，只要一定数量同时经济发展水平不同的 WTO 成员，如发达成员、发展中成员和最不发达成员就监管合作达成一定程度的安排，就可以形成在 WTO 进行自动谈判的机制，[1]并将这种自动谈判机制与优惠贸易协定的监管合作规则相联系。WTO 目前缺乏与优惠贸易协定有效联系的机制，但 WTO 在 2016 年发起了一项研究，旨在多边层面上效仿优惠贸易协定伙伴之间实现的最佳实践。[2] 虽然这项倡议仍属于临时性质，但如能形成完善的沟通机制，将有助于将所有成员或大多数成员都可接受的做法多边化。

然而，在对深层次的监管合作进行多边谈判前，必须对 WTO 的谈判和承诺模式进行改革。[3] 基于最惠国待遇原则实施的 WTO 相关协定已覆盖最有可能开展监管合作的部门，例如食品、药品安全或化学制品等。这意味着临界质量协议（critical mass agreements，CMAs）可能不会被用来加深成员的承诺。[4] 这种情况下，诸边贸易协定可能是监管合作的唯一选择，因为诸边协定提供了更大的透明度和投入，并为非缔约方成员今后的加入提供了明确的路径。[5] 与

---

[1] See Thomas J. Bollyky & Petros C. Mavroidis, *Trade, Regulatory Cooperation, and Social Preference: The New WTO-Think*, Journal of International Economic Law, Vol. 20: 1, p. 1－30(2017).

[2] See Rohini Acharya ed., *Regional Trade Agreements and the Multilateral Trading System*, Cambridge University Press, 2016, p. 1－19.

[3] See Thomas J. Bollyky, *A Role for the WTO on Regulatory Coherence*, E15 Initiative, International Centre for Trade and Sustainable Development (ICTSD) and World Economic Forum, 2015, p. 1.

[4] See Bernard M. Hoekman & Petros C. Mavroidis, *Embracing Diversity: Plurilateral Agreements and the Trading System*, World Trade Review, Vol. 14:1, p. 101－116(2015).

[5] 诸边协定是 WTO 贸易规则制定的补充手段，在区域贸易协定和 WTO 新型关系下，诸边协定将起到沟通区域贸易协定与 WTO 的桥梁作用，这将有利于破解 WTO 面临的贸易规则供给难题，也能积极应对区域贸易协定为 WTO 带来的挑战。参见钟英通：《WTO 体制中诸边协定问题研究》，西南政法大学 2017 年博士学位论文，第 171 页。

优惠贸易协定相比，诸边贸易协定对第三方施加负外部性的可能性也较小。[1] 但诸边协定在决策程序上存在困境，根据《马拉喀什建立世界贸易组织协定》第10条第9款的规定，WTO部长级会议可以根据贸易协定参加方成员的请求，在"协商一致"的基础上决定是否将该贸易协定纳入WTO协定。因此，即便成员从未要求加入该协定，也可能通过投反对票阻碍诸边贸易协定纳入WTO，以要求让步或削弱协定承诺。非协定参与方成员可能还担心日后会被强制加入诸边贸易协定，正如"乌拉圭回合"谈判的"一揽子"承诺(single undertaking)的模式，这也是诸边协定很难达成的原因之一。因此，如WTO成员希望通过诸边协定的形式来谈判监管合作规则，则可以考虑修订《马拉喀什建立世界贸易组织协定》第10条第9款的规定，更改所有成员协商一致的决策机制。为了确保该修订获得必要的支持，WTO成员还应加入限制诸边贸易协定适用的约束性原则。这些原则应包括保证非诸边贸易协定参与方成员以后不会被迫接受该协定，也可以与原始参与方相同的条件加入协议，并要求为最不发达国家提供实施支持。[2] 同时，还应要求为非WTO成员设立观察员的地位，这一做法将确保充分的透明度，使这些成员能够对诸边贸易协定提出关切。

(三)监管合作诸边谈判应注重广泛性

为促进监管合作而制定的诸边贸易协议可能涵盖一系列基本规

---

〔1〕 See Bernard M. Hoekman & Petros C. Mavroidis, *WTO a la carte or menu du jour? Assessing the Case for More Plurilateral Agreements*, European Journal of International Law, Vol. 26:2, p. 319－343(2015).

〔2〕 See Robert Z. Lawrence, *Rulemaking Amidst Growing Diversity: A Club-of-Clubs Approach to WTO Reform and New Issue Selection*, Journal of International Economic Law, Vol. 9:4, p. 823－835(2006).

则和目标,并保证监管透明度和开展信息共享的场所。该协议应确立广泛的优先事项和机制来监测进展,但应保持广泛性,使成员国能够灵活地应对新出现的挑战。这种方法应设立涵盖特定主题的自愿性工作组,并由监管机构主导,保障利益方成员谈判更深层次形式的监管合作。该机制的中心可能是由成员组成的委员会,该委员会的职责是制定共同的技术法规和标准,推荐适用国际标准,通过制定共同的技术法规和标准,建议采用国际标准,并通过制定保密安排促进监管数据和检查报告的共享。这些建议和提议的内容应通过由监管机构主导的特设工作组提出。工作组还应向非国家行为者和专家开放,以向工作组提供相关意见和建议。例如,参与和管理全球价值产业链的企业,可以参与私人和非政府的国际标准制订计划,并支持企业履行社会责任和能力建设项目。民间社会、非政府机构和学术机构则拥有专业知识,并对当地情况有深入的了解,有助于制定监管合作议程并解决问题。

监管合作委员会的建议和提案也应向公众公布并允许专家参与,给予专家提意见的机会。这种透明度将减少"监管俘虏"(regulatory capture)[1]的风险,并促进程序问责制的发展。WTO 还应考虑在监管合作工作机制中引入专家参与,吸引国际贸易、法律和相关行业的专家参与讨论,这也将有助于促进委员会的监管合作活动。虽然前述分析提到了一国公共政策目标或监管自治权与监管合作之间的矛盾,但实际上在日益增长的经济和全球价值产业链的发

---

[1] "监管俘虏理论"是指 G. J. 斯蒂格勒(G. J. Stigler)在 1971 年发表的《经济监管理论》一文中开创的"监管俘虏理论",斯蒂格勒指出,被监管者为了获得监管收益,将可能动用种种资源和手段"俘虏"监管者。而监管者一旦被"俘虏",监管的设计和实施都将围绕被监管者的利益展开。参见尹晨、贺学会:《西方监管经济学研究的新进展》,载《南京社会科学》2004 年第 9 期。

展下,将监管合作作为实现贸易自由化的路径,为政策制定者提供了更有希望的路径,以推动经济发展、促进社会福祉和保护环境等监管目标的实现。目前,由于各国监管机构的单方、平行监管,相互之间没有联系,使社会福祉的实现面临风险,国际商业目标也难以实现。然而,由于 WTO 当前处于危机之中,在这特殊背景下,需要比以往任何时候更谨慎对待 WTO 成员对监管自治权的担忧。下文将继续分析国际贸易协定尤其是多边贸易协定中是否应当赋予监管合作规则以强制约束力,即是否应当将监管合作规则纳入 WTO 争端解决机制。

二、软法和硬法模式之争

考虑到监管合作的早期实践缺乏法律约束力,在分析国际贸易协定中监管合作发展的贡献时,应特别注意衡量承诺的法律约束力。换言之,应考察国际贸易协定在以往监管合作实践的基础上是否需要适用争端解决机制。

(一)监管合作规则的软法性

通过前文分析,我们可以看出国际贸易协定中监管合作章的具体规定,其所用的措辞在于削弱各缔约方所承担的监管合作义务的法律约束力,使该项义务更具有自愿性质。除《美墨加协定》外,所有协定都明确排除争端解决机制的适用。例如,《加欧协定》第 21.2.6 条规定,缔约方可以在自愿的基础上开展监管合作活动。更确切地说,缔约方不是必须参加任何特定的监管合作活动,而是可以合作或退出合作。但如果缔约方拒绝开展监管合作或退出合作,应当向另一方解释原因。《欧日协定》第 18.6.2 条也有类似的规定,该条要求缔约方可在自愿的基础上从事监管合作活动,缔约方可以拒绝开展或退出监管合作活动，拒绝或退出的一方应当向另一方说明其拒绝的理由。除此之外，其他条款也通过强调监管合作的非强制性来保障监管机构的自治权，如《加欧协定》第 21.2.4 条即表示"监管合作"章不限制各缔约方行使其监管、立法和制定政策的能力。

（二）软法的概念

上述条款的表述使监管合作规则具有"软法"特性，从而产生一个问题，即监管合作规则义务适合采用哪种模式，是具有强制执行力的硬法模式，还是更倾向于鼓励和自愿性质的软法模式。在得出结论前，首先需要理解软法的概念。在国际关系学者关于"合法化"概念的论述[1]中，采用了二元划分，即法律分为合法和非法。[2] 而合法与法律的合法化概念相关，合法化与制度化这一概念有关，但不等同于制度化。合法化是制度化的一种特殊形式，包括 3 个组成部分：义务、准确性和授权。根据这一解释，义务要素衡量的是所做出承诺的约束力，准确性指规则的精确程度，授权则指第三方是否有解释、实施、监督和争端解决的授权。[3] 合法化水平高低取决于上述不同要素组合的强度。在这一标准之下，软法的概念是多余的，因为法律规范是否合法化最好在二元划分下看。如果将合法化理解为法律义务，软法在这一谱系中既不能被定义为硬法，也不能被定义为非法，只能作为一种现象存在。唯有如此，软法才可能被置于法律和非法律之间。但这实际上并未回答软法属于法律还是非法律的问题，有

---

〔1〕"合法化"是国际关系学者发展出的一种概念工具。See K. Abbott & R. Keohane et al., *The Concept of Legalization*, International Organization, Vol. 54:3, p. 401 – 419(2000).

〔2〕See Kal Raustiala, *Form and Substance in International Agreements*, The American Journal of International Law, Vol. 99:3, p. 581 – 614(2005).

〔3〕See J. Goldstein & M. Kahler et al., *Introduction: Legalization and World Politics*, International Organization, Vol. 54:3, p. 385 – 399(2000).

学者认为,一项规则是硬法还是软法,都不会影响其规范性。条约规则或习惯法可能是模糊的、"软"的,但其并不会因此而被界定为非法律规范。[1] 还有学者认为,软法并非总是介于硬法和非法之间,而是可以等同于无约束力的协议。[2] 因此,确定某一规则是硬法还是软法,取决于外在形式以外的其他因素。[3]

确实,正如学者所证实的那样,并没有证据表明在国际条约制定的现实基础上存在软法。因此软法并不体现为不同的分类,而体现为各国在谈判后达成的具有约束力或不具有约束力的协定。[4] 由于严格的二元划分法并非将软法视为一种新的法律类型,学者们更倾向于根据法律条文设置的条件而非法律形式来判断法律的软法性质。这种做法更倾向于承诺本身的实质,例如基于规则在准确性[5]基础上产生的后果和影响力、协定的结构,以及执行的效力来判断。[6] 确实,协定的文本不一定都包含特定的法律义务,例如大部分的协定序言只涵盖了对缔约方的规范性指导。[7] 协定中涵盖如监管合作规则一样关于目标声明和愿望的表述,也是十分常见的,这

---

〔1〕 See P. Weil, *Towards Relative Normativity in International Law?*, American Journal of International Law, Vol. 77:3, p. 413 – 442(1983).

〔2〕 See Andrew T. Guzman, *The Design of International Agreements*, European Journal of International Law, Vol. 16:4, p. 579 – 612(2005).

〔3〕 See K. Raustalia, *Form and Substance in International Agreements*, The American Journal of International Law, Vol. 99:3, p. 581 – 614(2005).

〔4〕 See K. Raustalia, *Form and Substance in International Agreements*, The American Journal of International Law, Vol. 99:3, p. 587(2005).

〔5〕 例如,人权条约中的承诺就可能因为其措辞含糊而排除了影响国家行为的可能性。See R. R. Baxter, *International Law in "Her Infinite Variety"*, The International and Comparative Law Quarterly, Vol. 29:4, p. 549 – 566 (1980).

〔6〕 See R. R. Baxter, *International Law in "Her Infinite Variety"*, The International and Comparative Law Quarterly, Vol. 29:4, p. 549 – 566 (1980).

〔7〕 See Liav Orgad, *The Preamble in Constitutional Interpretation*, International Journal of Constitutional Law, Vol. 8:4, p. 714 – 739(2010).

些条款具有二级法律甚至非法律的性质。也有学者承认,国际协定中涵盖的具有鼓励性的规定被称为软法,但似乎也认识到通过参考是否具有法律约束力这一标准来运用“软法”一词的复杂性。[1]

通过条款的内容和其对缔约方行为的影响力、执行力来判断条款的合法性,这一做法合并了3个不同的概念,即义务实质、规则结构和合法性。三者构成对国际协定规则设计进行审查的不同视角,但其代表了每个协定的不同方面,不应被混淆。换言之,规则是否能获得法律地位,衡量其是否具有“合法性”并不取决于规则是否具有有效性。[2] 当然,某些规则可能比其他规则产生更好的效果,但后者并不会因此丧失法律地位。就监管合作规则的义务类型而言,应当特别注意这些“保留条款”(reserve clauses)是否合法或者是否构成协定的实质或结构的一部分。监管合作规则仍表达了成员同意改变其行为的合意,虽然不具备强制约束力,但这也只能说明其合法性强度或有效性程度不同,而不能说明其不属于法律的范畴。综上,本书认为法律可分为软法和硬法两种类型,软法指没有约束力和强制性要素的规则,而硬法则指具有强制约束力的规则。

(三)未来监管合作规则的选择

本书认为,国际贸易协定中的监管合作规则从长期看,更倾向于采用软法模式,即不纳入争端解决机制,在措辞上也保留一定的空间。这一观点主要基于以下原因。第一,监管合作规则向横向条款

---

〔1〕 See E. Brown Weiss ed., *International Compliance with Non-binding Accords*, Oxford University Press, 1997, p. 3.

〔2〕 有效性也不应当与合规性混为一谈。有效性指的是规则与行为之间的因果联系,而合规性指的是规则与行为之间的一致性。See K. Raustalia, *Compliance and Effectiveness in International Regulatory Cooperation*, Case Western Reserve Journal of International Law, Vol. 32:3, p. 387 - 440(2000).

转变,其覆盖的监管问题范围太广,许多问题在 WTO 或其他国际组织都没有充分解决过。虽然缔约方可以通过约定排除适用,但对各国来说,担心监管合作规则影响过大的不安情绪将长期存在。采用软法模式将有利于各国更好地参与监管合作并协调监管做法,从而为更深层次的合作奠定基础。第二,国际治理的历史本身就是硬法和软法相辅相成的历史,而目前 WTO 面临的危机有部分原因是过分依赖硬法。更具有灵活性和软性执行力的规则,可以克服硬法和硬执行力的弱点。加上监管合作具有框架性的特点,可能并不适合硬法模式。因为硬执行力的条款需要与明确的义务相匹配,而监管合作目前采用较为模糊、自愿性质的条文表述,其带来的后果是缔约方义务不具有完全的准确性,因此并不适合用硬执行模式来要求缔约方履行。第三,从监管合作的发展历程来看,监管合作规则经历了各国实践,再通过 OECD、APEC 等国际组织进行实践梳理和汇总,最后纳入国际贸易协定中形成规则。而监管合作的“工具箱”实际上并非一成不变,可能会在未来加入更多、更新的做法,因此在此阶段将协定纳入硬执行的范畴,将不利于其发展。但这也并不意味着监管合作规则将完全排除硬执行的模式,对于透明度、标准的协调、等效和相互承认等较为明确的义务,可以考虑适用于争端解决机制。

因此,以确定善治的监管为中心的合作并不需要建立硬法,因为在最终制裁是撤销贸易优惠的威胁(报复)的情况下,有约束力的争端解决机制的必要性以及可应用的范围更小。这并不意味着监管合作规则不具有约束力,如果一个国家不实施那些被普遍认同的善治的监管,那么其他国家也就没有意义作出相同的回应,因此对后者来说只会产生很小的影响,但对前者来说,这样做的成本却很大。因为实施监管合作中例如善治的监管的做法对自身有益,否则也不会一开始就在一国内部被适用。在协定缔约方决定不再适用监管合作规则的情况下,合理做法是评估作出该决定的原因,如果原因为一国内部既得利益者的寻租行为所导致的政治经济角力,则这并不是改变自身政策的理由。或者,如果可以证明改变政策有利于改善国家福利,那么就有理由来重新考虑该政策是否为好的措施。但原则上,当缔约一方意识到有更好的监管方式时,协定各方应一起讨论协商达成协议。

三、横向授权和纵向授权之辨

讨论监管合作规则的第三个问题即合作的体制形式,这关系着国际贸易协定中约定的监管合作如何实现的问题。所谓体制形式,指的是监管合作实现的组织、法律和规范形式。虽然国际贸易协定中对监管合作设置了执行规则,例如设置了监管合作委员会等执行机构,但这类执行机构是正式的还是非正式的?对机构的授权是只涉及讨论和交流,还是可以涉及具体成果的谈判?各国政府对这些结果是否有否决权,谈判结果对各国政府是否有约束作用?机构的组织基础是政府间机构,还是具有超国家权力的机构?这些问题可以归纳为一个问题,即授权标准,也即监管合作是否涉及权限的授予或下放。这里不一定指从正式的法律意义上获得授权,而只是表示权限从原来的监管机构转移到新的监管机构。这种授权可以是横向的,如对同一级别的另一政府机构进行授权,也可以是纵向的,如对超国家机构权力进行权限的让渡。这种授权通常来自政府间的约定,而无论这种约定的性质是否协商一致。然而在考虑理想合作路径时,需要根据现有证据评估是否进行了相当程度的授权。

监管合作规则可以涉及授权下列要素中的一个或多个。第一,决策权。一般来说政府需要放弃一票否决权,因为在作出决定或采取集体行动时,如果每一方对结果拥有否决权,那么不一定能实现授权。因此,在多数投票制的规则制定模式下,一方当事人可能必须服从一项决定,或接受其本身不同意的其他当事方采取的行动。这也意味着在规则制定阶段,一国监管机构可能不得不接受多数决策机制作出的决定。第二,授权要素,即是否设置具有一定程度自主权的国外机构,包括纵向授权的超国家机构或横向授权的其他法域的国家一级机构。在超国家机构的情况下,如果这些机构不仅仅是一个“秘书处”,其权限也不完全受国家监管当局的限制,那么就已经存在授权的情况。例如,欧盟委员会拥有成员授予的立法权和行政权力,因此也拥有监管权。WTO 或国际电信联盟则没有这种授权设置。但在某些情况下,WTO 或国际电信联盟设立的政府间委员会可以获得某种程度的自治,从而获得授权的标签。在跨境背景下,如果存在横向授权,则规则可由在另一个管辖区拥有监管权的公共或私人机构制定或执行,而授权的政府监管当局对此没有或只有部分控制权。第三,约束性与争端解决。以往的监管合作往往建立在非正式协议的基础上。然而,从前述分析来看,即使监管合作规则被纳入国际贸易协定的范畴,对其赋予约束性和适用于争端解决的情况仍然较少。各缔约方对监管合作的预期结果可能是具有正式约束力,而如果一项国际贸易协定下的监管合作规则具有约束力,则需要设置某种争端解决机制,这种机制可能允许专家组或法院以可能与最初预期不同的方式解释政府商定的规则。一般来说,规则规定的越笼统或者过时的速度越快,向超国家司法机构下放的可能性就越大。而且仅在缔约方对法院或专家组的判决没有明示或默示的否决权时,这种授权才真正成立。因此可以说,《关税与贸易总协定》仅对 WTO 时期的裁决有真正的授权。

根据上述要素,我们可以为监管合作界定4种合作机制。第一,监管趋同和协商一致的协调。这种机制下的监管合作不涉及授权,仅仅是依靠不同国家监管机构的直接协作,采取的形式包括简单的信息交换、监管决策相关的科学数据的交换,以及在制定规则或标准时采用相同或相似的要求,包括参考对方的做法和以国际标准为基准进行协调。这些形式都可纳入国际贸易协定,但必须以协商一致的方式进行,而且不能纳入超国家争端解决机制而具有强制约束力。同样,政府或其监管机构可以在贸易协定的约定下合作监管某些领域,例如网络安全、消费者保护等,但这样做时,它们不会将任何权限移交给另一方。第二,超国家规制。这种机制下的监管合作则涉及纵向授权,因为其不仅涉及统一规则和执行程序,还涉及将超越国家的权限转移给其他实体,这些实体虽然通常由国家组成,但并非完全由国家控制,不仅包括政府间组织,而且包括有权制定国际标准的私营国际组织。第三,相互承认或等效规则。这种形式的监管合作基于横向授权,指向同一级别的其他监管实体移交管辖权。监管机构可以承认其他国家的监管规则或措施是等效的,或者至少承认其他国家的监管能力是同等的,并将这一职能委托给对方。横向授权与纵向授权一样,通常涉及一定程度的任务分配和责任分担,通常在对某个领域的监管超出国家监管机构的能力范围时可能发生。有观点认为,相互承认实际上是放弃东道国的监管要求,而不是授权。[1]本书认为,相互承认的前提条件是一方的监管机构认为另一方的监

〔1〕 See Robert Howse, *Comments by Robert Howse*, in Pierre Sauve & Robert M. Stern eds., GATS 2000: New Directions in Services Trade Liberalization, Brookings Institution Press, 2000, p. 307 - 316.

管是适当、等效或兼容的,其实际效果是发生管辖权的转移,而不是让管辖的产品或服务逃离任何管辖区的监管。因此,相互承认更适宜被认为是横向授权的产物。第四,如果横向授权与纵向授权相结合,则产生出另一种形式的监管合作。在这类监管合作中,监管权限从一国监管机构转移到另一国监管机构,但须遵守对这种转移行为进行约束的要求。在这种情形下,如果横向授权要求设立最低限度的共同规则和争端解决机制,纵向授权将是横向授权的必要补充。

因此,如果监管合作的驱动目标是监管提升或改善,那么监管机构可能更关注第一种形式的监管合作。在这种形式下,监管机构可以相互学习,并对合作的结果保持一定的控制。这类监管合作通常发生在规则制定的阶段,在国际贸易协定中主要体现为程序规则。但如果监管机构是监管合作的驱动者,则实践中监管规则在适用阶段产生的收益可能高于规则制定阶段,因为适用阶段本身具有高度分散性。相反,从贸易的角度看,监管合作的需求来自与监管结果相关的功能性需求,例如通过监管合作获得市场准入或市场开放的效果。那么需要从贸易的角度考虑,在监管规则和措施适用和执行阶段进行合作的收益更大,还是在规则的制定和决策阶段进行合作的收益更大。普遍的看法是,前者获得的收益更大。[1] 简而言之,标准的协调和相互承认才是真正重要的监管合作规则。本书认为,合乎逻辑的做法是,监管合作应当从规则或措施制定的阶段展开,从而相互熟悉并建立信任,然后进入规则或措施的实施和执行阶段。但通过对当前贸易协定中监管合作规则的研究,可以看出在贸易目标

---

〔1〕 See Kalypso Nicolaidis, *Regulatory Cooperation and Managed Mutual Recognition: Elements of a Strategic Model*, in George A. Bermann, Matthias Herdegen & Peter L. Lindseth eds., Transatlantic Regulatory Cooperation: Legal Problems and Political Prospects, Oxford University Press, 2001, p. 589.

的驱动下,目前监管合作规则的发展趋势是以制定阶段的程序性合作为主,而忽视对实施阶段的实体性合作的做法。这也许是因为在欧盟,单一市场的监管合作通常先涉及监管规则和措施制定的合作,然后涉及实施和执行的合作。这一倾向似乎是基于这样一种假设,即监管合作的真正收益在于规则制定阶段的合作与协调。虽然出于维护监管自治权的考虑,政府似乎更容易接受监管机构在实施阶段和执行阶段横向授权的监管合作,而不是通过程序性合作协调各国基于根深蒂固的历史、体制和文化差异而产生的监管分歧。然而,国际贸易协定谈判的经验表明,实施和执法阶段的监管合作比贸易谈判者最初设想的要敏感得多。[1] 部分原因是各国在对风险态度方面的根深蒂固的差异,也有部分原因是决定通过监管合作实现贸易自由化的需求在不同国家政府之间差距很大。[2] 这也许是监管合作规则转向制定阶段的程序性合作的原因,因为制定阶段的合作既没有涉及横向授权,也不涉及纵向授权。这一层面的监管合作规则通常没有约束力,监管自治权也基本上由国家机构自己掌握。虽然在收集监管数据方面,可能涉及某种形式的监管分包,但考虑到这种数据收集的形式只是其中一种且可以选择,这种做法本身不等同于授权。因此,这种缺乏授权的合作形式通常被称为监管合作规则的首选形式。这种合作模式下,一国的决策过程虽然含有合作的要素,但从根本上来说还是独立完成的,因此程序性规则无法确保监管规

---

〔1〕 See Americo Beviglia Zampetti, *Market Access through Mutual Recognition: The Promise and Limits of GATS Article* Ⅶ, in Pierre Sauve & Robert M. Stern eds., GATS 2000: New Directions in Services Trade Liberalization, Brookings Institution Press, 2000, p. 283 - 306.

〔2〕 See George Bermann, *Regulatory Cooperation between the European Commission and US Administrative Agencies*, The Administrative Law Journal of the American University, Vol. 9:4, p. 933 - 984(1998).

则和标准的趋同和一致性。而在监管合作实体规则下,监管机构可以在联合监管模式下,通过横向的相互授权,以期在不同法域实现规则的类似或兼容。为实现这一结果,缔约方可能会在超国家一级通过某种有约束力的规则,例如 WTO 的《实施卫生与植物卫生措施协定》和《技术性贸易壁垒协定》,这些规则将涉及纵向的授权。如果无授权的合作无法取得预期的结果,授权则变得有必要。现阶段的问题仍是考虑应当采取横向授权还是纵向授权。欧盟和澳大利亚与新西兰跨塔斯曼合作的经验表明,在监管合作实体规则下,如果没有事先基于趋同的程序性合作,使双方监管环境趋于一致,相互承认或等效等横向授权模式也无法实现。而 WTO 的《实施卫生与植物卫生措施协定》和《技术性贸易壁垒协定》表明,某种程度的纵向授权,将实体规则纳入争端解决机制约束,是有助于实现实施阶段的监管合作的。

综上所述,监管合作的模式不仅随着驱动目标变化,还取决于合作的阶段。在监管规则和措施实施阶段开展横向授权的监管合作,其收益远大于在规则和措施制定阶段开展程序性的监管合作。由于横向授权的监管合作取决于合作者之间监管水平、监管传统、价值和环境的趋同性,而程序性的监管合作在改善监管水平并促进监管趋同上具有较好的效果,本书建议可以监管合作程序规则为基础,在监管规则和措施制定阶段开展无授权、保留监管自治权的合作,并在此基础上,拓宽横向授权的监管合作,包括相互承认、等效、标准的协调等规则的适用范围,并辅之设置纵向授权的争端解决机制,以实现横向授权规则的有效执行。这种做法既能平衡监管自治权和监管合作之间的关系,又能通过较少投入获得较大收益。

本章小结

基于国际贸易协定中监管合作规则的现状,本章对未来国际贸易协定中谈判和推广监管合作规则的前景和路径进行了预判和分析。监管合作规则的作用不仅是消除非关税壁垒,其包容性、软法特点还可以在某种程度上重振WTO治理体制,并成为数字贸易等新议题谈判的路径选择。从国际贸易协定中监管合作规则的发展来看,驱动监管合作的目标经历了改善监管到促进贸易的转变,也使将监管合作规则视作贸易议题而被纳入国际贸易协定。而国际贸易协定中监管合作规则还历经"负面一体化"到"正面一体化"的承诺模式的转变,并将以往更偏向于确定性的规则转化为更具有灵活性的规则,因此更适用于新议题或争议较大的议题的谈判。从合作机制本身来看,监管合作经历了松散式规则到整合式规则的转变。虽然已初步形成规则范式,但监管合作规则的发展并非前路平坦,而是需要面临监管自治权和监管合作的平衡、外国利益对监管权能的限制、国内监管机构对监管合作的担忧、利益团体对监管合作的阻力等多重变量。基于此,监管合作规则可以考虑以诸边协定谈判为过渡,逐步纳入多边贸易协定谈判范围。从长期来看,对程序性规则和对较为敏感领域的实体性规则的监管合作,更倾向于选择软法模式,并在合作进行到一定程度后逐渐融入争端解决机制。此外,国际贸易协定应当将横向授权的实体规则作为监管合作的重点,扩大其适用范围,并将程序规则作为实现监管合作实体规则的基础,以此来完善国际贸易协定中监管合作的规则模型。

第六章　国际贸易协定中监管合作规则的中国选择

欧美主导的国际贸易协定通过监管合作规则推高国际经贸合作的标准，有助于全球贸易监管质量的提升，但也可能形成发展中国家难以逾越的“监管同盟”。随着国际贸易监管合作新标准在区域、双边贸易协定的推广，中国通过加入WTO争取到的竞争优势和话语权必将受到影响。因此，中国需要积极思考如何应对国际贸易协定中监管合作规则所带来的影响。本章主要从中国自身出发，从对内和对外两个维度剖析中国参与国际监管合作的需求，并通过对法律文本的分析，研究国际贸易协定中监管合作规则与中国实践的差距，思考中国未来如何参与规则制定及运用国际监管合作工具参与国际经贸治理。

第一节　国际监管合作的中国需求分析

中国对国际贸易协定中的监管合作规则的需求是本章讨论的前提和基础。只有在国际监管合作规则对中国来说确有必要，且中国参与国际贸易协定中监管合作规则的收益大过于成本的前提下，中国参与国际贸易协定中的监管合作规则制定才有意义。当然,也有另一种可能,即美国和欧盟大力推进在双边、区域甚至诸边贸易协定中纳入监管合作规则,逐渐形成“监管同盟”而孤立同盟外的国家或地区。这种情况将赋予同盟外国家参与监管合作规则的天然需求,则本部分的讨论也可以略过。但鉴于目前该情况尚未发生,本节主要从国内需求和国际需求两个维度讨论中国是否需要国际监管合作。

一、中国企业对外贸易和投资需要国际监管合作

国际监管合作消除重复、无效的监管要求的目标,可以帮助中国对外贸易企业节省因监管分歧带来的巨额成本。党的十八大以来,我国通过改善营商环境、优化消费结构、加快建设开放型经济新体制等“组合拳”,为我国经济增长注入新的活力。以货物贸易为例,10多年来,我国货物贸易进出口量连创新高,2017年以来,我国已经连续5年保持世界货物贸易第一大国地位。据统计,2021年中国出口货物33,571.4亿美元,进口货物26,867.3亿美元。[1] 外贸回稳向好的基础不断巩固,发展潜力正逐步得到释放。根据中国WTO/TBT-SPS国家通报咨询中心的抽样调查结果,2019年中国有19.68%的出口企业遭受国外技术性贸易措施的影响,比2018年下降了11.3个百分点;直接损失总额692.08亿元,比2018年减少了1485.42亿元。企业因国外技术性贸易措施而新增加的成本[2]为161.14亿元,较2018年减少265.27亿元。因国外技术性贸易措施导致我国出口产品被国外扣留、销毁、退货等直接损失为2481.2亿

---

〔1〕 参见商务数据中心:《货物进出口年度统计》,载中华人民共和国商务部网,2023年6月30日,http://data.mofcom.gov.cn/hwmy/imexyear.shtml。

〔2〕 新增成本包括中国出口企业为适应进口国的新要求进行技术改造、包装及标签更换、新增检验、检疫、认证、处理、注册等产生的费用,以及在采购、物流、通关等方面增加的费用。

元,同比下降 784.4 亿元,占同期出口货物额的 10.96%。进口方往往以中国企业出口产品不能满足其特定的技术要求为由取消订单,或对货物进行扣留、销毁、退回、口岸处理、改变用途、降级等,使中国企业遭受经济损失。[1] 其中,美国和欧盟作为中国最主要的两个出口市场,其技术性贸易措施给中国出口企业带来的直接损失也最大,分别达到了 391.51 亿元和 140.88 亿元,较 2018 年各下降 910.91 亿元和 417.67 亿元,在直接损失金额中的比例分别达到 56.57% 和 20.36%。[2] 为跨越或打破国外技术壁垒,中国有关部门持续努力,例如积极跟踪和评议其他 WTO 成员 TBT 通报措施,使技术性贸易措施对企业的影响逐年降低。如果能以消除监管重复和无效分歧为目标,进一步与美国和欧盟开展贸易协定谈判,建立有效的双边或多边国际监管合作机制,积极推动中式监管和国内标准的国际化,将有效帮助中国贸易企业削减贸易成本。

同样,中国对外投资也面临监管分歧带来的投资风险。根据 2022 年 11 月 7 日商务部、国家统计局和国家外汇管理局联合发布的《2021 年度中国对外直接投资统计公报》,2021 年,中国对外直接投资流量 1788.2 亿美元,比上年增长 16.3%,连续 10 年位列全球前三。2021 年年末,中国对外直接投资存量 2.79 万亿美元,连续 5 年排名全球前三。2021 年中国双向投资规模基本相当。[3] 与此同时,

---

〔1〕 参见中华人民共和国 WTO/TBT 国家通报咨询中心、中华人民共和国 WTO/SPS 国家通报咨询中心编著:《中国技术性贸易措施年度报告(2020)》,中国商务出版社 2020 年版,第 149~150、158 页。

〔2〕 参见中华人民共和国 WTO/TBT 国家通报咨询中心、中华人民共和国 WTO/SPS 国家通报咨询中心编著:《中国技术性贸易措施年度报告(2020)》,中国商务出版社 2020 年版,第 155 页。

〔3〕 参见中华人民共和国商务部、国家统计局和国家外汇管理局编:《2021 年度中国对外直接投资统计公报》,中国商务出版社 2022 年版,第 155 页。

我国对“一带一路”沿线国家投资和对外承包工程建设项目,也带动了中国设备、技术和服务以及“中国标准”“走出去”。2021 年,我国企业在“一带一路”沿线对 57 个国家非金融类直接投资 1309.7 亿元,同比增长 6.7%。我国企业在“一带一路”沿线的对外承包工程完成营业额是 5785.7 亿元,占同期总额的 57.9%,占比一半以上。[1] 一大批重大的项目正在有序实施,示范效应不断增强。

对“一带一路”建设而言,最大的障碍就是各沿线经济体之间的基础设施水平不一和监管异质性问题,二者都需要国际监管合作与协调。第一,我国通过亚洲基础设施投资银行、对外承包工程和援助项目,积极帮助“一带一路”沿线经济体提升基础设施水平。基础设施项目往往具有规模大、资本密集、开发周期长等特点,给投资者造成了高风险,投资者也较易受到政治和监管环境变化的影响,投资者不得不面对各式各样的法律法规、法律传统和监管框架带来的成本,因此需要“一带一路”沿线经济体通过协调的方式加强对投资的法律保护,包括限制政府随意干涉企业的行为,提高监管法律和措施的透明度和可预测性等。第二,“一带一路”沿线经济体为私营企业提供的监管环境具有较强的异质性。新加坡和中国香港特别行政区的营商环境分数为 84 分和 85 分(100 分制),另有 19 个“一带一路”沿线经济体的分数低于 60 分。在新加坡和中国香港特别行政区开办企业需要 1.5 天,而处于另一个极端的柬埔寨和老挝则分别需要 99 天和174天。[2] 第三,就“一带一路”倡议的总体收益而言,监管改革也

---

〔1〕 参见中华人民共和国商务部:《2021 年我国对“一带一路”沿线国家投资合作情况》,载中华人民共和国商务部网 2022 年 1 月 24 日,http://www.mofcom.gov.cn/article/tongjiziliao/dgzz/202201/20220103239000.shtml。

〔2〕 See World Bank Group, *Belt and Road Economics: Opportunities and Risks of Transport Corridors*, World Bank Group, 2019, p. 85.

尤为重要。“一带一路”倡议旨在提升沿线经济体的基础设施水平，如解决电力短缺或增强互联互通基础设施等，这些举措都能增强企业竞争力、增加贸易量，让当地企业有机会深入参与国际贸易。然而，“一带一路”沿线经济体的监管壁垒会阻碍企业实现这一潜在利益。因此，各国政府需要专注于监管改革和营商环境，才能确保本国或外国企业从“一带一路”倡议带来的机遇中受益。

作为“一带一路”倡议国，我国在解决沿线经济体监管异质化问题、协调监管标准上可为沿线经济体提供互利共赢的公共产品。有学者建议建立适当的协调机制及相关制度，从而支持“一带一路”沿线经济体之间的积极协作，交流数据和运营信息，采纳最佳实践，确立监管一致性，尽可能采用国际标准和公认的国际惯例原则，解决贸易便利化有关的问题。[1] 本书也认为，加强“一带一路”沿线经济体的机构间协调、提升监管透明度、加强信息共享和合规性评估的相互认可，实现标准的互认，将有助于解决目前“一带一路”建设遇到的难题。上述建议都涵盖在国际监管合作机制之中，因此中国可以考虑与“一带一路”沿线经济体通过贸易协定谈判的模式将合作机制予以确定，以有效解决监管异质性带来的发展成本。

二、推进高水平对外开放需要国际监管合作

党的二十大报告中提出要“推进高水平对外开放”[2]，涵盖稳步扩大制度型开放和营造一流营商环境等内容，即“稳步扩大规则、规

[1] See Marcus Bartley Johns & Julian Latimer Clarke et al., *Trade Facilitation Challenges and Reform Priorities for Maximizing the Impact of the Belt and Road Initiative*, MTI Global Practice Discussion Paper 4, World Bank, 2018, p. 60 - 61.

[2] 习近平：《高举中国特色社会主义伟大旗帜　为全面建设社会主义现代化国家而团结奋斗——在中国共产党第二十次全国代表大会上的报告》，人民出版社 2022 年版，第 32 页。

制、管理、标准等制度型开放”,“合理缩减外资准入负面清单,依法保护外商投资权益,营造市场化、法治化、国际化一流营商环境”。

正如党的二十大报告所言,“世界之变、时代之变、历史之变正以前所未有的方式展开。”[1]世界经济格局正进入深度调整期和规则重塑期。制度型开放正是从“边境措施”向“边境后措施”转变的开放形式,更加关注“边境后”的贸易和投资便利化、知识产权保护、政府监管、税收等问题。因此,应进一步加强国际监管合作,准确把握国际监管合作的演变特征和发展趋势,不断建设更高水平的开放型经济新体制。

营造一流营商环境是党中央、国务院根据新形势新发展新要求作出的重大决策部署。2018 年以来,各地、各部门按照党中央、国务院决策部署,不断出台和实施优化营商环境的政策和举措。中国营商环境不断改善,全球排名从世界银行《2018 年营商环境报告》的第 78 位升至《2020 年营商环境报告》的第 31 位,跃升了近 50 位,连续两年成为全球优化营商环境改善幅度最大的十大经济体之一。[2]不仅在世界银行“营商环境报告”中的排名大幅跃升,多项改革举措还被列入世界银行的政策推荐目录,“中国经验”已成为全球营商环

---

〔1〕 习近平:《高举中国特色社会主义伟大旗帜　为全面建设社会主义现代化国家而团结奋斗——在中国共产党第二十次全国代表大会上的报告》,人民出版社 2022 年版,第 60 页。

〔2〕 世界银行《营商环境报告》每年发布一次,用于评估全球 190 个经济体的内资中小企业营商难易程度,具体衡量其营商成本以及影响营商环境的法规制度的质量。首份《营商环境报告》发布于 2003 年,包括 5 个指标和 133 个经济体,而《2020 年营商环境报告》涵盖了 12 个指标和 190 个经济体,其中有 10 个指标被纳入营商环境便利度得分和营商环境便利度排名,分别是开办企业、办理建筑许可、获得电力、登记财产、获得信贷、保护中小投资者、纳税、跨境贸易、执行合同和办理破产,覆盖企业整个生命周期中的几个关键环节。2021 年 9 月,世界银行宣布停止运营了 17 年的营商环境(Doing Business)评估项目,并开启宜商环境(Business Enabling Environment)评估项目,因此《2020 年营商环境报告》是世界银行发布的最后一份营商环境报告。

境优化的一大亮点。[1] 2020 年 1 月，国务院颁布的《优化营商环境条例》正式生效，优化营商环境工作进入新阶段。

营商环境没有最好，只有更好。良法离不开善治，只有坚持运用法治思维和法治方式，才能实现营商环境的可持续优化。“法治是最好的营商环境”，社会主义市场经济本质上是法治经济，我们要进一步打造稳定公平透明、可预期的营商环境，加快建设开放型经济新体制。推动我国经济持续健康发展，必须在营商环境建设中更好发挥法治的引领和规范作用，为各类市场主体投资兴业提供坚强制度保障。[2]

国际贸易协定中的监管合作规则，尤其是“善治的监管”这一核心要求，与优化营商环境的目标一样，都有助于国内监管和国际监管大环境的改善。首先，国际贸易协定中监管合作规则的实体要求，如合格评定程序的互认、标准的协调等要求，为国外企业在我国开展贸易活动降低了成本，为国外企业创造新的利润空间。其次，国际贸易协定中的“善治的监管”，通过一系列程序性要求，提升政府立法和决策的水平，降低损害营商环境的立法和决策的可能性。通过透明度要求、公众参与、监管影响评估等，提升监管的透明度和可预测性，与“打造稳定公平透明、可预期的营商环境”这一目标相契合。最后，国际贸易协定中对监管合作规则的执行要求，例如设立监管合作委员会、加强监管交流和信息共享，有助于我国监管机构与各国监管机构

---

[1] 2020 年 7 月 27 日，世界银行发布营商环境“中国报告”。这份名为《中国优化营商环境的成功经验——改革驱动力及未来机遇》的专题报告认为，中国近年来在优化营商环境领域，取得了史无前例的成就，一系列改革经验为全球其他经济体优化营商环境改革提供了借鉴，推动全球营商环境水平整体提升。

[2] 参见杜云：《让市场既充满活力又规范有序：运用法治方式优化营商环境》，载《人民日报》2019 年 11 月 19 日，第 9 版。

建立长期的合作关系，以协调监管差异从而改善营商环境。通过及时沟通监管信息和数据，构建共同应对机制，也有助于加强国内外贸易和投资者对中国市场的信心。因此，在优化营商环境的大背景下深化国际监管合作，将有助于我国进一步营造一流营商环境，更好地应对国内外的挑战。

综上，无论是国际角度还是国内角度，通过国际贸易协定谈判参与国际监管合作对中国来说都具有一定收益。下文将进一步讨论我国目前参与国际监管合作的现状，与国际贸易协定中监管合作规则的异同以及未来运用建议。

第二节　国际监管合作的中国实证梳理

中国参与国际监管合作的经历始于申请加入 WTO 之时。经过多年的发展，主要体现在加入 WTO 前后对国内法律法规体制的修改和参与自由贸易协定谈判中，以及与他国监管机构间的相互承认等活动。

一、中国自由贸易协定的监管合作要素

中国一直在双边和区域层面积极制定贸易和投资协定。截至 2022 年 11 月，中国政府已经与毛里求斯、马尔代夫、格鲁吉亚、澳大利亚、韩国、瑞士、冰岛、哥斯达黎加、秘鲁、新西兰、智利、巴基斯坦、东盟等 26 个国家和地区签署了 19 份贸易协定，包括 2022 年 1 月生效的《区域全面经济伙伴关系协定》（Regional Comprehensive

Economic Partnership Agreement,RCEP)。[1] 此外,中国正与斯里兰卡、以色列、挪威、韩国和秘鲁进行自贸区谈判或升级谈判。[2] 本节将对已公布的文本进行分析,[3]以理解中国目前对国际贸易协定中纳入监管合作规则的态度。

与美国和欧盟主导的自由贸易协定不同,除中国与新西兰签署的《中国—新西兰自由贸易协定》将第 8 章"技术性贸易壁垒"第 96 条命名为"规章合作"外,在与其他国家或地区签署的自由贸易协定中几乎没有提到"监管合作"或"监管一致性"等术语,更没有涵盖监管合作专章或监管一致性专章。但是,仔细梳理其中的条文,还是可以发现部分条款涉及与监管合作相关的要素。

(一)实体要素

监管合作规则的实体性要素主要有标准的协调、等效、相互承认三类,中国签署的自由贸易协定中下列自由贸易协定涉及这三类条款(见表 6.1)[4],主要体现在 SPS 和 TBT 相关条款之中。

表 6.1　中国自由贸易协定的监管合作实体规则

自由贸易协定名称	标准的协调	等效	相互承认
RCEP	第六章第 5 条、第 6 条(TBT)	第五章第 5 条(SPS)	第六章第 8 条(TBT)

[1] 该协定的签署方包括东盟 10 国和中国、日本、韩国、澳大利亚、新西兰,是当前人口最多、经贸规模最大、最具发展潜力的自贸区,涵盖我国每年 1.4 万亿美元以上的进出口贸易额,约占我国外贸总额 1/3。

[2] 参见中国自由贸易区服务网 2023 年 6 月 30 日,http://fta.mofcom.gov.cn/index.shtml.

[3] 截至 2022 年 12 月,官方渠道未公布《中国—马尔代夫自由贸易协定》的文本。

[4] 《中国—东盟全面经济合作框架协议》和《亚太贸易协定》未涵盖监管合作的实体性条款。

续表

自由贸易协定名称	标准的协调	等效	相互承认
《中华人民共和国政府和毛里求斯共和国政府自由贸易协定》	第四章第6条(SPS),第五章第5条(TBT)	第四章第5条(SPS)	第五章第6条(TBT)
《中华人民共和国政府和格鲁吉亚政府自由贸易协定》	第五章第6条(SPS),第六章第6条(TBT)	第五章第8条(SPS)	第六章第7条(TBT)
《中华人民共和国政府和澳大利亚政府自由贸易协定》	第六章第6条(TBT)	第五章第7条、第8条(SPS),第六章第6条(TBT)	第六章第7条(TBT)
《中华人民共和国政府和大韩民国政府自由贸易协定》	第六章第6.4条(TBT)	第六章第6.5条(TBT)	第六章第6.6条(TBT)
《中华人民共和国和瑞士联邦自由贸易协定》	第6.4条(TBT),第7.4条(SPS)	无	无
《中华人民共和国政府和冰岛政府自由贸易协定》	第20条第7款(TBT)	第19条第7款(SPS),第20条第8款(TBT)	第20条第9款(TBT)
《中华人民共和国政府和哥斯达黎加共和国政府自由贸易协定》	第七章第72条第1款、第73条(TBT)	第六章第62条(SPS),第七章第72条第2款(TBT)	无
《中华人民共和国政府与秘鲁共和国政府自由贸易协定》	第六章第84条(SPS),第七章第96条(TBT)	第六章第85条(SPS),第七章第97条(TBT)	第七章第98条(TBT)

续表

自由贸易协定名称	标准的协调	等效	相互承认
《中国—新西兰自由贸易协定》	第八章第 94 条(TBT)	第七章第 81 条(SPS),第八章第 95 条(TBT)	第八章第 97 条(TBT)
《中华人民共和国政府和新加坡共和国政府自由贸易协定》	第 51 条(SPS、TBT)	第 53 条(SPS、TBT)	第 52 条(TBT)
《中华人民共和国政府和智利共和国政府自由贸易协定》	第八章第 63 条(TBT)	第八章第 65 条(TBT)	第八章第 64 条、第 66 条(TBT)
《中华人民共和国政府和巴基斯坦伊斯兰共和国政府自由贸易协定》	第六章第 33 条第 1 款(SPS)第七章第 39 条第 2 款(TBT)	第六章第 33 条第 2 款(SPS)	第六章第 33 条第 3 款(SPS)
CEPA(货物贸易协议)①	第六章第 45 条(SPS),第七章第 57 条(TBT)	第六章第 47 条(SPS)	第七章第 58 条(TBT)

资料来源:根据中国自由贸易协定文本整理。

①2003 年,内地与香港、澳门特别行政区政府分别签署了《关于建立更紧密经贸关系的安排》,虽然是两份协议,但规则体例、条款顺序等几乎一致,因此本章以该协议的简称 CEPA 指代该两份协议,所提及的条款序号在两份协议中均指代同一内容的条款。

第一,关于标准的协调。有 7 份协定同时涵盖 SPS 和 TBT 项下的标准协调的问题,有 7 份协定只涉及 TBT 项下的标准协调的问题。大部分条款参考或借鉴了《实施卫生与植物卫生措施协定》《技术性贸易壁垒协定》的表述,例如《中华人民共和国政府和澳大利亚政府自由贸易协定》(以下简称《中国—澳大利亚自由贸易协定》)和《中国—新西兰自由贸易协定》的“技术性贸易壁垒”章都要求如果有关国际标准已经存在或即将拟就，缔约方应当“考虑”使用相关的部分作为其国内技术法规或合格评定程序的基础，但允许例外，即如果此类国际标准或相关部分对于实现合法目标而言是无效或不适当的。[1] 而《中国—新西兰自由贸易协定》在此基础上更进一步，要求缔约双方“在适当的情况下”不仅应当在国际标准化机构互相合作，还应当在 WTO/TBT 委员会等其他国际论坛讨论国际标准或相关议题时，加强沟通协调。[2] 两份协定与《技术性贸易壁垒协定》的规定不同之处在于，《技术性贸易壁垒协定》认为，成员如果存在诸如国家安全，防止欺骗行为，保护人类健康或安全、环境、基本气候或其他地理因素等正当理由时，缔约方可以实施独特的技术标准而不以国际标准为基础。[3] 在这种情况下，缔约方须应要求提供正当理由的解释。[4] 实施独特技术法规或标准的缔约方，还必须通知秘书处，在早期适当阶段通过出版物发布有关该提案的通知，接受其他成员和利益相关者的意见，并确保讨论所收集的意见并纳入考虑范围的机会。[5] 关于 SPS 的制定，《中华人民共和国政府与秘鲁共和国政府自由贸易协定》（以下简称《中国—秘鲁自由贸易协定》和《中华人民共和国和瑞士联邦自由贸易协定》（以下简称《中国—瑞士自由贸易协定》）均要求缔约方在制定各自的 SPS 时，以“相关国际组织”制定的标准、指南和建议为基础，两份协定都将“相关国际组织”界定为国际食品法典委员会、国际兽疫组织和在《国际植物保护公约》框架内

---

〔1〕《中国—澳大利亚自由贸易协定》第六章第 5 条，《中国—新西兰自由贸易协定》第八章第 94 条第 1 款。

〔2〕《中国—新西兰自由贸易协定》第八章第 94 条第 2 款、第 3 款。

〔3〕《技术性贸易壁垒协定》第 2 条第 2 款和第 2 条第 4 款。

〔4〕《技术性贸易壁垒协定》第 2 条第 5 款。

〔5〕《技术性贸易壁垒协定》第 2 条第 9 款。

运作的相关国际和区域组织,[1]这与《实施卫生与植物卫生措施协定》一致。前者更进一步指出如果这些国际标准、指南和标准不存在,缔约双方应当"以科学为基础"制定卫生或植物卫生措施。[2] 此外,《中国—澳大利亚自由贸易协定》和《中华人民共和国政府和哥斯达黎加共和国政府自由贸易协定》(以下简称《中国—哥斯达黎加自由贸易协定》)都没有涵盖单独的协调条款,但在区域化原则条款和等效条款中都提出基于区域化原则或为了等效认可,双方应考虑相关国际组织制定的适当标准、指南以及 WTO/SPS 委员会通过的决议。[3]

第二,关于等效的条款。如本书第二章所述,等效指的是一方承认另一方的标准或监管制度与自己的标准或监管制度效力相等,或者这些标准或监管制度"足够"被承认。中国签署的协定中,共有 13 份协定涉及等效条款,其中,6 份协定同时涵盖 SPS 和 TBT 项下的等效要求,5 份协定只涵盖 SPS 项下的等效要求,2 份协定只涵盖 TBT 项下的等效要求。从条文内容看,与 SPS 有关的等效要求均规定一方接受另一方的 SPS 为等效,但不同的协定在具体要求上有所区别。例如,《中国—哥斯达黎加自由贸易协定》第 62 条规定,如果出口方可以向进口方证明,其适用的 SPS 可以达到进口方"适当"的保护水平,进口方应当"积极考虑"接受该措施为等效措施。因此,该协定并未要求进口方必须或应当接受该措施为等效。而《中国—新西兰自由贸易协定》的规定则相对其他协定较为详细,这也许与中国和新西兰贸易往来中农产品占比较大有关。《中国—新西兰自由贸易协定》

[1] 《中国—秘鲁自由贸易协定》第 82 条和《中国—瑞士自由贸易协定》第 7.4 条。

[2] 《中国—秘鲁自由贸易协定》第 84 条第 2 款。

[3] 《中国—哥斯达黎加自由贸易协定》第 61 条、第 62 条第 2 款。《中国—澳大利亚自由贸易协定》第五章第 7 条的表述是"考虑相关国际标准、指南和建议",这类条款未纳入表 6.1 统计。

首先规定等效性的确定可以使 SPS 的措施和体系的全部或部分等效。其次,如果出口方可以“客观地表明”其采取的措施达到进口方保护水平,则进口方“应当”接受其具有等效性,而为了便利等效性的确定,一方应另一方要求应当告知相关 SPS 的目标。在确定进口方措施等效时,进口方应当对措施进行客观的、以风险为基础的评估。再次,中国和新西兰双方约定将进一步制定关于等效性确定的相关原则、标准和程序,并记录等效性有关决定等内容。最后,协定还要求双方在等效性评估中,参照相关国际标准组织和 WTO/SPS 委员会发布的指南和既有经验,并强调一方等效性认可的程序不得成为中断或暂停另一方产品进口的理由。因此相较《实施卫生与植物卫生措施协定》的规定,《中国—新西兰自由贸易协定》呈现超 WTO/SPS 条款的特点。《中国—澳大利亚自由贸易协定》特别规定了关于 SPS 项下的控制、检验和批准程序的等效接受问题。[1] 而关于技术法规的等效性,《中国—新西兰自由贸易协定》要求各方“积极考虑”接受另一方的技术法规为等效,且应当在未接受的情况下应另一方的要求给予解释。[2]

第三,关于相互承认的条款。中国签署的协定中,有 12 份协定涉及相互承认的规定,主要是 TBT 项下关于合格评定程序及其结果的相互承认。但在认可、批准、许可或以其他方式对特定技术法规或标准进行合格评定的机构予以承认之前,中国国内法律法规要求双方或其主管部门之间签署合作协议。[3] 根据本书的观点,关于合格评定程序的合作机制不仅包括相互承认,也包括单方面的等效,例如《中国—新西

[1] 《中国—澳大利亚自由贸易协定》第五章第 8 条。
[2] 《中国—新西兰自由贸易协定》第 95 条。
[3] 《中国—澳大利亚自由贸易协定》第六章第 7 条。

兰自由贸易协定》第97条第1款第2项和RCEP第六章第8条第5款第4项。除此之外,RCEP还提出了更为灵活的互认形式,包括缔约方有关机构签署合格评定相互承认协定;缔约方认可机构之间或有关缔约方合格评定机构之间开展的自愿性合作安排;对合格评定机构进行认可;指定另一缔约方的合格评定机构;制造商或供应商的自我合格声明等。[1] 除了对合格评定开展互认外,《中华人民共和国政府和巴基斯坦伊斯兰共和国自由贸易协定》(以下简称《中国—巴基斯坦自由贸易协定》第33条第3款还要求对SPS证书开展互认合作。

(二)程序要素

监管合作规则的程序要素主要有善治的监管、透明度、风险评估三类,中国签署的自由贸易协定中有14份自由贸易协定涉及这三类条款(见表6.2),仍主要体现在SPS和TBT相关条款之中。

表6.2 中国自由贸易协定的监管合作程序规则

自由贸易协定名称	善治的监管	透明度	风险评估
RCEP	无	第五章第12条(SPS),第六章第11条(TBT)	第五章第7条(SPS)
《中华人民共和国政府和毛里求斯共和国政府自由贸易协定》	无	第四章第8条(SPS),第五章第8条(TBT)	无16
《中华人民共和国政府和格鲁吉亚政府自由贸易协定》	无	第五章第9条(SPS),第六章第8条(TBT)	第五章第5条(SPS)
《中国—澳大利亚自由贸易协定》	第六章第11条(TBT)	第五章第5条(SPS),第六章第8条(TBT)	无

[1] RCEP第六章第8条第5款。

续表

自由贸易协定名称	善治的监管	透明度	风险评估
《中华人民共和国政府和大韩民国政府自由贸易协定》	第五章第6.9条(SPS)	第六章第6.7条(TBT)	无
《中国—瑞士自由贸易协定》	第六章第6.5条(TBT)	无	无
《中华人民共和国政府和冰岛政府自由贸易协定》	无	第19条第4款(SPS)	无
《中国—哥斯达黎加自由贸易协定》	第七章第72条第3款、第76条(TBT)	第六章第65条(SPS),第七章第75条(TBT)	第六章第63条(SPS)
《中国—秘鲁自由贸易协定》	无	第六章第88条(SPS),第七章第99条(TBT)	第六章第86条(SPS)
《中国—新西兰自由贸易协定》	第八章第96条(TBT)	第八章第98条(TBT)	第七章第79条(SPS)
《中华人民共和国政府和新加坡共和国政府自由贸易协定》	无	第七章第54条(SPS、TBT)	无
《中华人民共和国政府和智利共和国政府自由贸易协定》	无	第七章第57条(SPS),第八章第67条(TBT)	无
《中华人民共和国政府和巴基斯坦伊斯兰共和国政府自由贸易协定》	无	第六章第32条(SPS),第七章第40条(TBT)	无
CEPA(货物贸易协议)	第59条	无	无

资料来源:根据中国自由贸易协定文本整理。

第一,善治的监管。中国仅在6份自由贸易协定[1]的TBT章中提及善治的监管,但没有对善治的监管的概念进行明确界定。其中,《中国—哥斯达黎加自由贸易协定》在承认《技术性贸易壁垒协定》中善治的监管重要性的基础上,还要求缔约方同时考虑WTO/TBT委员会的决议和建议,从而将善治的监管与WTO/TBT委员会通过的决议和建议联系起来。通过这种形式,《中国—哥斯达黎加自由贸易协定》中善治的监管可以参考WTO/TBT委员会的表述,理解为涵盖核心要素,例如透明度、公众参与、监管影响评估、成本效益分析、对现有技术法规、合格评定程序的审查机制,以及考虑对发展中成员的特殊需求。[2] 至少在《中国—哥斯达黎加自由贸易协定》项下,善治的监管与CPTPP的监管一致性内涵相似,但中国自由贸易协定中的善治的监管仅适用“直接或间接影响货物贸易的全部技术法规、标准与合格评定程序”,与CPTPP或其他贸易协定的监管合作条款横向适用于大部分贸易领域的特点不同。此外,虽然RCEP未提及善治的监管这一术语,但在第六章要求缔约方允许另一缔约方的人员参与技术性贸易壁垒的制定程序。[3] 具体而言,RCEP要求缔约方按照不低于其给予本国人的条件,允许另一缔约方的相关人员,参与本国的技术法规、国家标准和合格评定程序的磋商程序,从而将措施出台后的被动评议改为在措施制定程序中的主动参与。

第二,透明度要求。由于透明度要求并非监管合作的特有规则,

---

〔1〕 6份协定是《中国—澳大利亚自由贸易协定》、《中国—哥斯达黎加自由贸易协定》、《中国—新西兰自由贸易协定》、《中国—瑞士自由贸易协定》、《中华人民共和国政府和大韩民国政府自由贸易协定》(以下简称《中国—韩国自由贸易协定》)和CEPA。

〔2〕 WTO, *Decisions and Recommendations Adopted by the WTO Committee on Technical Barriers to Trade Since* 1 *January* 1995, Note by the Secretariat, WTO Doc G/TBT/1/Rev. 13, March 8, 2017, p. 6-8.

〔3〕 RCEP第六章第11条第5款。

中国签署的自由贸易协定涵盖的透明度要求主要有三类。一是《中国—澳大利亚自由贸易协定》、《中国—新西兰自由贸易协定》、《中国—哥斯达黎加自由贸易协定》、《中华人民共和国政府和智利共和国政府自由贸易协定》(以下简称《中国—智利自由贸易协定》)、《中华人民共和国政府和格鲁吉亚政府自由贸易协定》(以下简称《中国—格鲁吉亚自由贸易协定》)、《中华人民共和国政府和大韩民国政府自由贸易协定》(以下简称《中国—韩国自由贸易协定》、《中国—秘鲁自由贸易协定》、《中华人民共和国政府和巴基斯坦伊斯兰共和国政府自由贸易协定》(以下简称《中国—巴基斯坦自由贸易协定》)等8份协定,运用了与北美自由贸易协定式(NAFTA-type)横向适用的"透明度"专章。二是《中国—瑞士自由贸易协定》、《中华人民共和国政府和冰岛政府自由贸易协定》(以下简称《中国—冰岛自由贸易协定》)、《中华人民共和国与东南亚国家联盟全面经济合作框架协议》(以下简称《中国—东盟自由贸易协定》)等,则缺乏严格的透明度要求。例如,中国和瑞士的自由贸易协定就没有涵盖专门的"透明度"章,只在"总则"一章中规定关于透明度的原则性条款。[1] 三是在各分章中进行透明度要求的规定,例如表6.2列举的12份自由贸易协定。RCEP即在TBT章中规定了透明度的要求,要求缔约方制定的国家标准如与相关的国际标准存在内容和结构方面的差异,则应另一方缔约请求,鼓励其标准化机构专门披露且说明原因。

第三,风险评估。风险评估属于监管影响评估方式的一种,因此涉及风险评估要求的条款应当属于监管合作的程序性条款。中国的自由贸易协定中主要有5份涉及风险评估的要求,主要涉及卫生与

[1] 《中国—瑞士自由贸易协定》第1.5条和第1.6条。

植物卫生措施的制定,均要求缔约方确保 SPS 建立在对人类、动植物的生命和健康的风险评估基础上,并应当考虑相关国际组织制定的风险评估技术。《中国—秘鲁自由贸易协定》规定如果一缔约方决定对本来顺畅并正常贸易的产品进行再评估时,除发生卫生和植物卫生紧急状况外,该再评估不得成为中断受影响产品的双边贸易的理由。[1]《中国—哥斯达黎加自由贸易协定》还要求缔约双方保持沟通,且出口方应为进口方开展风险评估提供必要的信息。在风险分析结束后,进口方应当向出口方告知风险分析的依据、存在的不确定性以及风险管理建议。此外,风险分析还作为双方签署卫生与植物卫生议定书的基础。[2]《中国—新西兰自由贸易协定》则更进一步,要求双方共同确定制定和实施风险分析完成时限的原则和准则,相互借鉴已完成的风险分析结果,并通过建立直接联系、加强对工作程序、使用方法和标准的沟通、相互提供所需技术资料等加快风险分析进程。[3]

从上述分析可知,中国的自由贸易协定的范式表明其对监管合作要素的犹豫。通过在少数协定中对善治的监管采取模棱两可的态度或不提及善治的监管,且未突破 WTO 对风险评估的要求,中国在自由贸易协定中对全球贸易治理中的监管合作程序性要求进行了淡化处理。

(三)执行要素

监管合作中的执行要素指的是为了执行缔约方关于监管合作的约定而设计的要求。虽然中国签署的自由贸易协定没有设置监管合

[1] 《中国—秘鲁自由贸易协定》第 86 条第 2 款。
[2] 《中国—哥斯达黎加自由贸易协定》第 63 条。
[3] 《中国—新西兰自由贸易协定》第 79 条。

作或监管一致性专章，但在有关 SPS 和 TBT 的规则中涵盖了监管合作的要求，因此本书主要考察 SPS 和 TBT 章中确保这些监管合作要求执行的要素，主要包括缔约方之间的交流与合作、联络点、机构条款和技术磋商，共有以下协定涵盖这些条款（见表 6.3）。

表 6.3　中国自由贸易协定的监管合作执行规则

自由贸易协定名称	交流与合作	联络点	机构条款	技术磋商
RCEP	第五章第 13 条（SPS），第六章第 9 条（TBT）	第五章第 15 条（SPS），第六章第 12 条（TBT）	无	第五章第 14 条（SPS）
《中华人民共和国政府和毛里求斯共和国政府自由贸易协定》	第四章第 9 条（SPS），第五章第 10 条（TBT）	第四章第 10 条（SPS），第五章第 11 条（TBT）	无	第四章第 11 条（SPS），第五章第 9 条（TBT）
《中国—格鲁吉亚自由贸易协定》	第五章第 10 条（SPS），第六章第 10 条（TBT）	第五章第 11 条（SPS），第六章第 11 条（TBT）	无	第六章第 9 条（TBT）
《中国—澳大利亚自由贸易协定》	第五章第 6 条（SPS），第六章第 9 条（TBT）	无	第五章第 6 条（SPS），第六章第 9 条、第 10 条、第 11 条（TBT）	第五章第 11 条（SPS），第六章第 13 条（TBT）
《中国—韩国自由贸易协定》	第五章第 5.4 条（SPS），第六章第 6.8 条、第 6.14 条（TBT）	无	第五章第 5.5 条、第 5.6 条（SPS），第六章第 6.13 条、第 6.15 条（TBT）	无

续表

自由贸易协定名称	交流与合作	联络点	机构条款	技术磋商
《中国—瑞士自由贸易协定》	第六章第6.5条(TBT),第七章第7.7条(SPS)	第六章第6.11条(TBT),第七章第7.12条(SPS)	第六章第6.7条(TBT),第七章第7.9条(SPS)	第六章第6.8条(TBT),第七章第7.10条(SPS)
《中国—冰岛自由贸易协定》	第19条第8款(SPS),第20条第10款(TBT)	第19条第5款、第6款(SPS),第20条第4款、第5款(TBT)	第20条第12款(TBT)	第19条第9款(SPS),第20条第11款(TBT)
《中国—哥斯达黎加自由贸易协定》	第六章第66条(SPS),第七章第76条(TBT)	第六章第65条(SPS),第七章第75条(TBT)	第六章第67条(SPS),第七章第77条(TBT)	无
《中国—秘鲁自由贸易协定》	第六章第89条(SPS),第七章第100条、第102条(TBT)	无	第六章第90条(SPS),第七章第101条(TBT)	无
《中国—新西兰自由贸易协定》	第七章第85条、第86条、第87条(SPS),第八章第99条(TBT)	第七章第78条(SPS),第八章第100条第6款、第7款、第8款(TBT)	第七章第77条、第88条(SPS),第八章第100条(TBT)	第八章第101条(TBT)
《中华人民共和国政府和新加坡共和国政府自由贸易协定》	第七章第50条(SPS、TBT)	第七章第47条(SPS、TBT)	第七章第55条(SPS、TBT)	无

续表

自由贸易协定名称	交流与合作	联络点	机构条款	技术磋商
《中国—智利自由贸易协定》	第八章第70条(TBT)	无	第七章第58条(SPS),第八章第69条(TBT)	无
《中国—巴基斯坦自由贸易协定》	无	第七章第39条第1款、第3款、第4款(TBT)	无	第六章第34条(SPS),第七章第41条(TBT)
CEPA(货物贸易协议)	第六章第49条(SPS),第七章第59条(TBT)	第六章第52条(SPS),第七章第63条(TBT)	第六章第50条(SPS),第七章第61条(TBT)	第六章第51条(SPS),第七章第62条(TBT)

资料来源:根据中国自由贸易协定文本整理。

第一,交流与合作相关条款。一是加强缔约双方主管部门之间的交流,包括对技术法规、标准、合格评定程序、善治的监管等信息的交换,[1]形式上包括开展联合研究、举行座谈会、研讨会等。[2] 二是在不同的领域开展合作,包括国际机构或区域组织中关于SPS和TBT的工作,进口风险的原则和程序以及在食品安全领域开展联合研究项目。[3] 三是增强国际标准和指南的作用,包括增强国际标准作为技术法规和合格评定程序基础的作用,以及以相关国际标准和指南为基础认可合格评定机构等。[4] 四是技术援助和能力建设,包

〔1〕《中国—格鲁吉亚自由贸易协定》第六章第10条。
〔2〕《中国—澳大利亚自由贸易协定》第六章第11条。
〔3〕《中国—澳大利亚自由贸易协定》第五章第6条、第六章第11条。
〔4〕《中国—澳大利亚自由贸易协定》第六章第11条。

括组织政府官员、技术人员培训,提供技术援助,提高参与国际标准化活动和合格评定国际组织活动的能力。[1]

第二,联络点和机构条款。实际上联络点和机构条款都是国际贸易协定中为了条约履行所设置的常见条款。SPS 章和 TBT 章一般要求缔约方制定负责协调本章实施的联络点,一般由双方国家一级的监管部门担任,此外还需要明确联系人和联系方式,并在变更时及时告知。除《中华人民共和国政府和新加坡共和国自由贸易协定》(以下简称《中国—新加坡自由贸易协定》)和 CEPA 外,其他自由贸易协定基本上有独立的“机制条款”章或“管理和机制条款”章,在这些章节中也涵盖了为保障整个协定执行而设立联络点的要求。除了独立的“机制条款”章,有 9 份协定在 TBT 章和 SPS 章单独设置了 TBT 委员会或 SPS 委员会。

第三,技术磋商条款。中国签署的自由贸易协定中,有 9 份协定在 SPS 章和/或 TBT 章设置了技术磋商条款,该条款实际上是为了解决缔约双方在实施 SPS 或 TBT 相关条款时存在的争议,一般来说,该技术磋商不影响缔约双方争端解决项下的权利义务,除《中国—韩国自由贸易协定》明确“卫生与植物卫生措施”章和“技术性贸易壁垒”章不适用争端解决机制外。[2] 但实际上,技术磋商条款可以替代争端解决机制的部分职能,例如,《中国—新西兰自由贸易协定》规定双方可以要求进行技术磋商,除非另有约定,应当自磋商要求提出起 60 日内,通过电子邮件、电话电视会议等多种形式开展磋商。而只要一方就技术法规的适用、标准或合格评定程序的应用提出技术磋商,另一方就应当就请求的问题进行调查,解决实施技术

---

〔1〕《中国—新西兰自由贸易协定》第八章第 99 条。

〔2〕《中国—韩国自由贸易协定》第五章第 5.6 条、第六章第 6.15 条。

法规或合格评定程序中存在的违规行为，并向另一方反馈调查结果及原因。[1] 因此，技术磋商实际上使缔约双方可以提前解决问题，而降低诉诸争端解决程序的概率。

除上述条款外，需要特别注意的是，《中国—新西兰自由贸易协定》第96条为单独的"规章合作"条款，主要是对双方在标准、技术法规和合格评定领域寻求合作进行约定，以促进贸易便利化发展，包括促进基于风险管理原则的善治的监管，提高双方技术法规的质量和有效性，在适当的情况下制定关于健康、安全、环境和欺诈行为风险管理的共同倡议，同时加强相互理解和能力建设。具体措施包括交换信息、就善治的监管和风险管理原则制定和实施开展合作。此外，《中国—新加坡自由贸易协定》第57条还就"管理职权的保留"作出约定，确定缔约方保留在其法律体系下解释和执行其技术法规和SPS的所有权利，且协定不应阻止一方为了适应其本国特殊国情、确保进出口产品质量，或者保护人类、动物或植物的生命或健康，保护环境，防止欺诈行为或实现其他合法目标而采取技术法规和SPS。该条款还确保一方不得限制另一方在认为某项产品不符合其技术法规或SPS时采取所有适当措施的权利，包括回收产品、禁止投放、召回等，但采取措施的一方需要在15个工作日内通知另一方并说明理由。

综上所述，目前中国签署的自由贸易协定中的监管合作条款主要限于SPS和TBT领域，并未像欧美主导的自由贸易协定一样，涵盖横向适用的监管合作条款或专章，但在SPS和TBT的具体条款中可反映国际贸易协定中监管合作规则的部分要素。

---

〔1〕《中国—新西兰自由贸易协定》第101条。

二、中国国内法语境下善治的监管的演变

由于国际贸易协定中的监管合作程序规则实际上是对一国政府及监管机构制定国内法规或行政措施的程序提出的要求，尤其是其核心要求善治的监管，考察中国的监管合作实践需要结合国内法体系中的相关要求。而我国国内法体系中的善治的监管可以追溯到加入 WTO 谈判期间。由于 WTO 规则如《技术性贸易壁垒协定》和《实施卫生与植物卫生措施协定》以及《服务贸易总协定》第 6 条“国内规制”等内涵丰富的行政法要求，实质是欧美行政法长期实践的经验总结并推广到 WTO 的成果，因此在潜移默化间将行政法的基本理念和原则融入我国依法行政的要求之中，并成为我国行政法改革的直接推手和主要参考。随着加入 WTO 后 20 多年的发展，中国国内的法律基础设施建设也经历了历史性的巨变，并逐步走向法治。我们可以从中国国内立法中找到包括公众参与、监管影响评估在内的善治的监管核心要求。这些要求体现在关于条例、规章或行政措施的决策或制定程序中，主要涉及《中华人民共和国立法法》（以下简称《立法法》）（2023 年修正）、《行政法规制定程序条例》（2017 年修订）、《规章制定程序条例》（2017 年修订）、《重大行政决策程序暂行条例》等法律法规。[1] 此外，关于规范性文件的制定和管理，国务院办公厅也出台了一系列政策文件，例如《国务院办公厅关于加强行政规范性文件制定和监督管理工作的通知》（国办发〔2018〕37 号）、《国务院办公厅关于全面推行行政规范性文件合法性审核机制的指

---

〔1〕 由于国际贸易协定中监管合作规则涵盖的是各级政府和监管机构根据法律制定监管法规、措施的程序性要求，不包括对立法机关制定法律的程序性要求，因此下文的研究不包括法律制定的程序性规定。

导意见》(国办发〔2018〕115号)、《国务院办公厅关于在制定行政法规规章行政规范性文件过程中充分听取企业和行业协会商会意见的通知》(国办发〔2019〕9号),上述文件是各级地方政府制定规范性文件的基础,本章也将其列入研究范围。

(一)透明度和公众参与

透明度是WTO的核心要求之一,要求成员在与贸易相关并普遍适用的法律、法规和其他政府措施正式实施之前,迅速予以公布。[1]基于法律传统等原因,加入WTO以前中国法律中的透明度要求并不多见,而是在加入WTO的过程中不断加强和完善,最终甚至超越了WTO的法定义务要求。从广义上讲,《中华人民共和国加入世界贸易组织议定书》(以下简称《中国加入世贸组织议定书》)通过两项具体措施扩大了中国的透明度义务。首先,要求中国发布已执行的法律、法规或其他措施。[2]其次,中国制定的所有WTO管辖范围内的相关法律、法规和其他措施,不仅须定期通过官方出版物公布,还应在规定的时间内对获取信息的要求作出答复。[3]在加入WTO以前,我国积极修改法律法规为加入WTO做准备,为了响应透明度的要求,于2000年颁布实施了《立法法》(已修改),该法根据WTO规则的要求全面规范了我国法律法规的制定程序,并履行了WTO的透明度要求。第一,过去中国的法律体系曾被视为一个"黑匣子",法

---

〔1〕例如《1994年关税与贸易总协定》第10条,《服务贸易总协定》第3条,《与贸易有关的知识产权协定》(Agreement on Trade-Related Aspects of Intellectual Property Rights, TRIPs)第63条。

〔2〕《中国加入世贸组织议定书》, WT/L/432, 2001年11月10日订于多哈,第2条第(c)款第1项。

〔3〕《中国加入世贸组织议定书》, WT/L/432, 2001年11月10日订于多哈,第2条第(c)款第2项、第3项。

律、法规和其他规范性文件之间没有明确的层次划分。[1]《立法法》(2000年)明确了各类法律法规的立法权限和效力层级。[2] 第二,《立法法》(2000年)通过要求在政府公报或相应范围内发行的报纸上公布法律、法规和条例来履行《中国加入世贸组织议定书》中规定的义务。[3] 第三,中国于2001年颁布《行政法规制定程序条例》(已修改)和《规章制定程序条例》(已修改),对《立法法》(2000年)中的透明度要求进行了进一步落实。(见表6.4)

表6.4　中国法规、规章及重大行政决策刊载渠道

透明度要求		刊载渠道
行政法规		国务院公报、中国政府法制信息网、全国范围内发行的报纸; 国务院法制机构应及时汇编出版行政法规的国家正式版本
地方性法规、自治条例、单行条例		本级人民代表大会常务委员会公报、中国人大网、本地方人民代表大会网站、本行政区划范围内发行的报纸
规章	部门规章	国务院公报或者部门公报、中国政府法制信息网、全国范围内发行的报纸
规章	地方政府规章	本级人民政府公报、中国政府法制信息网、本行政区域范围内发行的报纸
重大行政决策		本级人民政府公报、政府网站、本行政区域内发行的报纸

资料来源:根据中国现行法律法规整理。

---

[1] See Han-Wei Liu & Ching-Fu Lin, *China and Global Regulatory Coherence: An Uneasy Relationship?*, IILJ Working Paper 2017/3 (MegaReg Series), Institute for International Law and Justice, New York University School of Law, 2017, p. 27.

[2] 《立法法》(2000年)第7条、第78条、第79条、第80条。

[3] 《立法法》(2000年)第52条、第62条、第70条。

2003 年颁布的《中华人民共和国行政许可法》(已修改)(以下简称《行政许可法》)同样要求行政机关公布与行政许可相关的规定。除涉及国家秘密、商业秘密或者个人隐私外,行政许可的实施和结果也应当公开。[1] 2004 年国务院出台《全面推进依法行政实施纲要》再次强调"增强管理透明度"对依法行政的重要性。此外,《立法法》(2000 年)实施 15 年后于 2015 年进行了首次修改,在"总则"部分第 5 条的基础上加入了坚持立法公开的要求,并增加登载法律、法规和条例的渠道,将各政府官方网站作为法律法规发布渠道之一。

除了透明度要求,《立法法》(2015 年修正)(已修改)还致力于保障人民通过多种途径参与立法活动以增强其包容性。这超出了 WTO 透明度规则要求的信息公开,成为履行"超 WTO"义务的体现。《行政法规制定程序条例》(2017 年修订)则在《立法法》(2015 年修正)的基础上,对起草阶段和法制审查阶段的公众参与进行了区分。《规章制定程序条例》(2017 年修订)进一步对规章制定的公众参与形式、程序进行了详细规定。[2] 《规章制定程序条例》(2017 年修订)和《行政法规制定程序条例》(2017 年修订)还对规章和行政法规的用语提出了用语准确、简洁、备而不繁,逻辑严密,具有可操作性的要求。[3] 这不仅更好地履行了透明度要求,还有助于公众的有效参与。

2019 年 9 月 1 日起实施的《重大行政决策程序暂行条例》虽然只针对重大行政决策的作出程序,但该条例在前述法律法规的基础

---

〔1〕《行政许可法》(2003 年)第 5 条第 2 款。

〔2〕《规章制定程序条例》(2017 年修订)第 14 条和第 15 条。

〔3〕《规章制定程序条例》(2017 年修订)第 8 条和《行政法规制定程序条例》(2017 年修订)第 6 条。

上,进一步强调科学决策、民主决策和依法决策三大原则。[1] 该条例不仅在体例上有所提升,在第二章“决策草案的形成”中分别用公众参与、专家论证和风险评估作为分节的标题。关于公众参与的方式,该条例专门强调应当采用便于社会公众参与的方式。[2]《重大行政决策程序暂行条例》就不同情形下征求意见的对象进行了分别规定。对征求意见的期限,条例仍规定不少于30日,但如遇紧急情况等原因需要缩短期限,应当说明理由。而关于听证会的召开情形、召开程序、听证参加人的遴选等,条例都比上述法规的规定更为详尽(见表6.5)。

表6.5　中国法规、规章制定及重大行政决策的公众参与

透明度要求	公众参与
行政法规	起草部门应当论证咨询:涉及社会公众普遍关注的热点难点问题和经济社会发展遇到的突出矛盾,减损公民、法人和其他组织权利或者增加其义务,对社会公众有重要影响等重大利益调整事项的。① 应当公开征求意见:将行政法规草案及其说明等向社会公布,征求意见(经国务院决定不公布的除外),向社会公布征求意见的期限一般不少于30日。 法制部门:国务院法制机构应当将行政法规送审稿或者行政法规送审稿涉及的主要问题发送国务院有关部门、地方人民政府、有关组织和专家等各方面征求意见。 可以将行政法规送审稿或者修改稿及其说明等向社会公布,征求意见。向社会公布征求意见的期限一般不少于30日。

〔1〕《重大行政决策程序暂行条例》第5条、第6条、第7条。

〔2〕听取意见可以采取座谈会、听证会、实地走访、书面征求意见、向社会公开征求意见、问卷调查、民意调查等多种方式。

续表

透明度要求	公众参与
规章	起草的规章直接涉及公民、法人或者其他组织切身利益，有关机关、组织或者公民对其有重大意见分歧的，应当向社会公布，征求社会各界的意见；起草单位也可以举行听证会。 听证会公开举行，程序如下： （1）起草单位应当在举行听证会的 30 日前公布听证会的时间、地点和内容； （2）参加听证会的有关机关、组织和公民对起草的规章，有权提问和发表意见； （3）听证会应当制作笔录，如实记录发言人的主要观点和理由； （4）起草单位应当认真研究听证会反映的各种意见，起草的规章在报送审查时，应当说明对听证会意见的处理情况及其理由。
重大行政决策	涉及特定群体利益的，应当与相关人民团体、社会组织以及群众代表进行沟通协商。 向社会公开征求意见的，应当通过政府网站、政务新媒体以及报刊、广播、电视等便于社会公众知晓的途径，公布决策草案及其说明等材料，明确提出意见的方式和期限。 公开征求意见的期限一般不少于 30 日；因情况紧急等原因需要缩短期限的，公开征求意见时应当予以说明。 直接涉及公民、法人、其他组织切身利益或者存在较大分歧的，可以召开听证会。 召开听证会，应当提前公布决策草案及其说明等材料，明确听证时间、地点等信息。 需要遴选听证参加人的，应当提前公布听证参加人遴选办法，公平公开组织遴选，保证相关各方都有代表参加听证会。听证参加人名单应当提前向社会公布。听证会材料应当于召开听证会 7 日前送达听证参加人。 听证会召开程序： （1）决策承办单位介绍决策草案、依据和有关情况； （2）听证参加人陈述意见，进行询问、质证和辩论，必要时可以由决策承办单位或者有关专家进行解释说明； （3）听证参加人确认听证会记录并签字。

①听取意见可以采取召开座谈会、论证会、听证会等多种形式。

除一般公众的参与外，专家的参与也属于民主决策和科学决策的一部分(见表6.6)。这里的专家泛指专家、专业机构、教学科研单位等提供专业意见的主体。上述法律法规对专家参与法规或行政决策事项等的程序进行了规定。专家的参与包括几种情形：第一，参与起草或接受委托起草法案。主要针对专业性较强的法规或规章草案，可以吸收相关领域的专家参与起草工作，或者委托有关专家、教学科研单位、社会组织起草。第二，协助政府部门向公众解释说明法案。主要是针对专业性、技术性较强的问题，可以通过专家访谈的方式解释说明。第三，参与论证法案或发表意见。同样是针对专业性、技术性较强的法规或决策事项，应当组织专家、专业机构论证其必要性、可行性、科学性。《重大行政决策事项暂行条例》还对专家或专业机构开展工作的独立性[1]、专家的选择及专家论证的形式[2]、专家库管理[3]以及需要承担的责任进行了规定。

---

[1] 《重大行政决策程序暂行条例》第19条第2款规定："专家、专业机构应当独立开展论证工作，客观、公正、科学地提出论证意见，并对所知悉的国家秘密、商业秘密、个人隐私依法履行保密义务；提供书面论证意见的，应当署名、盖章。"

[2] 《重大行政决策程序暂行条例》第20条规定："决策承办单位组织专家论证，可以采取论证会、书面咨询、委托咨询论证等方式。选择专家、专业机构参与论证，应当坚持专业性、代表性和中立性，注重选择持不同意见的专家、专业机构，不得选择与决策事项有直接利害关系的专家、专业机构。"

[3] 《重大行政决策程序暂行条例》第21条规定："省、自治区、直辖市人民政府应当建立决策咨询论证专家库，规范专家库运行管理制度，健全专家诚信考核和退出机制。市、县级人民政府可以根据需要建立决策咨询论证专家库。决策机关没有建立决策咨询论证专家库的，可以使用上级行政机关的专家库。"

表 6.6 中国法规、规章制定及重大行政决策的专家参与

透明度要求	专家参与
行政法规	专业性较强的行政法规,可以吸收相关领域的专家参与起草工作,或者委托有关专家、教学科研单位、社会组织起草。 国务院法制机构应当将行政法规送审稿或者行政法规送审稿涉及的主要问题发送国务院有关部门、地方人民政府、有关组织和专家等各方面征求意见。 对有较大争议的重要立法事项,国务院法制机构可以委托有关专家、教学科研单位、社会组织进行评估。
规章	起草规章可以邀请有关专家、组织参加,也可以委托有关专家、组织起草。 法制机构应当将规章送审稿或者规章送审稿涉及的主要问题发送有关机关、组织和专家征求意见。 规章送审稿涉及重大问题的,法制机构应当召开由有关单位、专家参加的座谈会、论证会,听取意见,研究论证。
重大行政决策	社会公众普遍关心或者专业性、技术性较强的问题,可以通过专家访谈等方式进行解释说明。 专业性、技术性较强的决策事项,应当组织专家、专业机构论证其必要性、可行性、科学性等。

资料来源:根据中国现行法律法规整理。

最后,针对收集到的公众意见或专家意见的后续处理情况,包括是否采纳及理由等,2010 年《国务院关于加强法治政府建设的意见》(已失效)要求行政法规和规章草案向社会公开征求意见后,除依法需要保密的外,应当以适当方式反馈意见采纳情况。[1] 但《立法法》(2015 年修正)仅要求起草单位应向社会通报征求意见的情况,并未

[1] 《国务院关于加强法治政府建设的意见》(国发〔2010〕33 号)第 7 条。

要求对收集意见的处理情况及理由予以公开或反馈。[1] 同样,《行政法规制定程序条例》(2017 年修订)和《规章制定程序条例》(2017 年修订)也未要求对收集意见的处理情况进行公开,仅要求起草单位将行政法规或规章报送审查时,应当说明对听证会意见的处理情况及其理由,[2]而审查单位在对报送的行政法规或规章进行审查时,也应当审查起草单位对于征求意见的处理情况,包括是否正确处理有关机关、组织和公民对送审稿主要问题。[3] 《重大行政决策程序暂行条例》则落实了这一要求,规定对社会公众普遍关心或者专业性、技术性较强的重大行政决策,应当说明公众意见、专家论证意见的采纳情况。[4]

(二)监管影响评估

尽管监管影响评估不是中国需要履行的 WTO 义务或其他协定义务,但中国还是逐步修订其行政法规,以纳入监管影响评估的要素。2010 年《国务院关于加强法治政府建设的意见》要求提高制度建设质量,积极探索开展政府立法成本效益分析、社会风险评估等工作。[5] 该意见还要求完善行政决策风险评估机制,对重大政策、重大项目等决策事项,都要进行合法性、合理性、可行性和可控性评估,重点是进行社会稳定、环境、经济等方面的风险评估。[6] 《行政法规制定程序条例》(2017 年修订)和《规章制定程序条例》(2017 年修订)没有类似的要求,仅规定了在制订年度计划时,对制定规章或行

---

[1] 《立法法》(2015 年修正)第 37 条。

[2] 《规章制定程序条例》(2017 年修订)第 16 条第 2 款第 4 项。

[3] 《行政法规制定程序条例》(2017 年修订)第 18 条第 2 款第 4 项和《规章制定程序条例》(2017 年修订)第 18 条第 2 款第 3 项。

[4] 《重大行政决策程序暂行条例》第 32 条。

[5] 《国务院关于加强法治政府建设的意见》(国发〔2010〕33 号)第 7 条。

[6] 《国务院关于加强法治政府建设的意见》(国发〔2010〕33 号)第 12 条。

政法规的立项申请、公开征集的规章或行政法规制定项目建议进行评估论证,但具体需要评估哪些问题,条例未予以明晰。[1]《重大行政决策程序暂行条例》则积极落实《国务院关于加强法治政府建设的意见》中科学决策的要求,首次对“风险评估”进行了较为完善的规定。不仅在启动决策程序时要求决策承办单位根据需要对决策事项涉及的人财物投入、资源消耗、环境影响等成本和经济、社会、环境效益进行分析预测,还要求在决策过程中针对重大行政决策的实施可能对社会稳定、公共安全等方面造成不利影响的情况开展风险评估,并对风险评估的方式、方法、风险评估结果的应用等作出规定(见表 6.7)。[2]

表 6.7 中国法规、规章制定及重大行政决策的监管影响评估

规则类型	监管影响评估
规章、行政法规	对制定规章或行政法规的立项申请、公开征集的规章或行政法规制定项目建议进行评估论证。
重大行政决策	重大行政决策的实施可能对社会稳定、公共安全等方面造成不利影响的,应当组织评估决策草案的风险可控性。 可以通过舆情跟踪、重点走访、会商分析等方式,运用定性分析与定量分析等方法,对决策实施的风险进行科学预测、综合研判。 应当听取有关部门的意见,形成风险评估报告,明确风险点,提出风险防范措施和处置预案。 可以委托专业机构、社会组织等第三方进行。 风险评估结果应当作为重大行政决策的重要依据。决策机关认为风险可控的,可以作出决策;认为风险不可控的,在采取调整决策草案等措施确保风险可控后,可以作出决策。

[1] 《行政法规制定程序条例》(2017 年修订)第 9 条和《规章制定程序条例》(2017 年修订)第 12 条。

[2] 《重大行政决策程序暂行条例》第 22 条、第 23 条、第 24 条。

续表

规则类型	监管影响评估
规章、规范性文件和其他政策措施	制定市场准入、产业发展、招商引资、招标投标、政府采购、经营行为规范、资质标准等涉及市场主体经济活动的规章、规范性文件和其他政策措施时,应当进行公平竞争审查,评估对市场竞争的影响,防止排除、限制市场竞争。 对行政法规和国务院制定的政策措施、政府部门负责起草的地方性法规,由起草部门在起草过程中参照《公平竞争审查制度实施细则(暂行)》(已失效)规定进行公平竞争审查。未经公平竞争审查不得提交审议。

资料来源:根据中国现行法律法规整理。

我国的监管影响评估还体现在国家市场监督管理总局、国家发展和改革委员会、财政部、商务部、司法部发布的《公平竞争审查制度实施细则》(国市监反垄规〔2021〕2 号)中,该细则要求政策制定机关在制定相关规章、规范性文件和其他政策措施时,应当进行公平竞争审查,评估该政策措施对市场竞争的影响,防止排除、限制市场竞争。此外,2004 年国务院公布的《全面推进依法行政实施纲要》还要求行政机关在实施行政管理可以采取多种方式实现行政目的时,应当避免采用损害当事人权益的方式,也体现了对行政监管措施影响的考量。[1]

(三)机构间监管协调

关于机构间监管协调的实践,可以追溯至中国加入 WTO 前后。加入 WTO 以前,中国的贸易伙伴面临的问题之一是复杂的规则制定权划分方式。1978 年改革开放以来,对规则制定和法治的重视促进

〔1〕《国务院关于印发全面推进依法行政实施纲要的通知》(国发〔2004〕10 号)第 5 条第 2 项。

了各级政府颁布规范性文件。[1] 因为立法机构、各级政府和监管部门分别拥有不同层级的规则制定权,法律、法规、规章、条例以及规范性文件共同组成了庞大的法律体系,导致其间存在一些矛盾、模糊或真空之处,影响了外国贸易者或投资者进入中国市场的信心。为解决这一问题,我国根据《中国加入世贸组织议定书》的要求,对中央和地方政府颁布的所有法律法规、规章、条例、规范性文件等进行了“统一、公正和合理”的适用和实施,清理废除了与 WTO 义务不一致的规则或措施。[2] 在此期间,我国大量清理了与 WTO 规则不符的对贸易有直接影响的法律法规或行政措施。从 2000 年 7 月至 2002 年 12 月底,为与 WTO 规则接轨,全国人民代表大会常务委员会制定、修改有关法律 14 件;国务院废止行政法规 12 件,制定、修改有关行政法规 38 件;国务院有关部门制定、修改、废止部门规章和其他政策措施 1000 多件;废止地方性法规、地方政府规章 3370 件,修改 1126 件;决定停止执行省级政府及其部门和较大的市政府及其部门其他政策措施约 18.8 万件。此外,停止执行有关国务院及国务院办公厅文件 34 份。[3] 法规清理工作完成后,我国采取前瞻性的立法思路,明确了各个规则制定主体之间的权限,解决了立法中多层级法律间相互冲突的问题。除了明确《中华人民共和国宪法》的最高法律效力[4]外,《立法法》(2015 年修正)对法律、行政法规、地方性法规、自治条例和单行条例、规章的效力层级作出划分。[5] 我国主要通过事

---

〔1〕 See Laura Paler, *China's Legislation Law and the Making of a More Orderly and Representative Legislative System*, The China Quarterly, Vol. 182, p. 301 - 318(2005).

〔2〕 《中国加入世贸组织议定书》,WT/L/432, 2001 年 11 月 10 日订于多哈,第 2 条第(A)款。

〔3〕 参见卓泽渊:《40 年改革开放与社会主义法治国家建设》,载《学习时报》2018 年 11 月 21 日,A1、A2 版。

〔4〕 《立法法》(2015 年修正)第 87 条。

〔5〕 《立法法》(2015 年修正)第 88 条、第 95 条。

前、事中、事后3个阶段来对机构间监管法律法规或措施的制定进行协调,包括提前制定和协调立法计划,制定过程中的法制审查制度以及征求部门意见,法律法规或措施颁布后的备案审查(见表6.8)。

表6.8　中国法规、规章制定及重大行政决策的机构间协调

机构间协调	立法计划	法制审查	备案审查
法规	国务院法制机构拟订国务院年度立法计划	报送国务院的行政法规送审稿,由国务院法制机构负责审查	行政法规报全国人民代表大会常务委员会备案。地方性法规、自治州和自治县的自治条例和单行条例报国务院备案
规章	国务院部门法制机构、各级人民政府法制机构负责拟订本部门、本级人民政府年度规章制订工作计划	规章送审稿由法制机构负责统一审查。法制机构应当将规章送审稿或者规章送审稿涉及的主要问题发送有关机关、组织和专家征求意见	部门规章由国务院部门报国务院备案 省、自治区、直辖市、较大的市的人民政府规章报国务院备案;较大的市的人民政府还应同时报省、自治区人民政府备案
规范性文件		起草部门要及时将送审稿及有关材料报送制定机关负责合法性审核的部门,后者对文件是否符合法律、法规和规章的规定进行合法性审核	省级以下地方各级政府报上一级政府和本级人大常委会备案;地方政府部门报本级政府备案;实行垂直管理的部门由下级部门报上一级主管部门备案,同时抄送文件制定机关所在地的本级政府

资料来源:根据中国现行法律法规整理。

1. 立法计划。在事前阶段,我国主要是通过立法规划、年度立法计划等形式,加强对立法工作的统筹安排。例如《立法法》(2023 年修正)规定要求全国人民代表大会及其常务委员会加强对立法工作的组织协调。[1] 具体而言,国务院法制部门负责对行政法规立项申请和向社会公开征集的行政法规制定项目建议进行评估论证,编制国务院年度立法工作计划。[2] 国务院部门法制机构,省、自治区、直辖市和设区的市、自治州的人民政府法制机构则负责对制定规章的立项申请和公开征集的规章制定项目建议进行评估论证,拟订本部门、本级人民政府年度规章制订工作计划。[3] 通过在立法计划的拟订过程中对立法项目进行评估论证,突出重点、统筹评估,[4] 中国的行政机构可以在事前实现对立法项目的协调,有效避免冲突或重复设置立法项目的情形。

2. 法制审查。我国行政法规、规章、规范性文件、重大行政决策的制定都要求设置法制审查或合法性审查的环节,以此来实现机构间协调的效果。负责审查的法制机构在收到送审稿后,除审查立法程序是否合法、是否符合立法技术要求、公众意见是否得到有效处理外,重要的是要审查是否符合宪法和法律的规定,以及是否与同级规定相衔接、协调。[5] 在此阶段,法制机构还应当将行政法规、规章等送审稿发送有关机关征求意见,[6] 通过对相关部门的不同意见进行

---

[1] 《立法法》(2023 年修正)第 54 条。

[2] 《行政法规制定程序条例》(2017 年修订)第 9 条。

[3] 《规章制定程序条例》(2017 年修订)第 20 条。

[4] 《行政法规制定程序条例》(2017 年修订)第 9 条。

[5] 《行政法规制定程序条例》(2017 年修订)第 18 条、《规章制定程序条例》(2017 年修订)第 27 条、《重大行政决策程序暂行条例》第 27 条。

[6] 《规章制定程序条例》(2017 年修订)第 20 条。

协调,也可以从一定程度上协调机构间监管立法。[1]

3. 备案审查。《立法法》(2023 年修正)要求法规、规章和条例应当在公布后 30 日内向有关机关备案,[2]《行政法规制定程序条例》(2017 年修订)、《规章制定程序条例》(2017 年修订)和《法规规章备案条例》进一步完善了备案审查的要求,包括要求国务院法制机构对报送备案的法规、规章进行审查,审查内容包括是否与上位法相抵触,地方性法规和部门规章之间或不同规章之间对同一事项的规定是否有不一致等情形。[3] 同时,国务院文件要求对规范性文件加大备案监督力度,及时处理违法文件。[4] 此外,2004 年《全面推进依法行政实施纲要》还要求建立和完善行政法规、规章修改、废止的工作制度和规章、规范性文件的定期清理制度。要适应完善社会主义市场经济体制、扩大对外开放和社会全面进步的需要,适时对现行行政法规、规章进行修改或者废止,切实解决法律规范之间的矛盾和冲突。因此,我国对规章、规范性文件实施动态清理工作机制,通过及时根据上位法和上级文件制定、修改、废止情况,对本地区、本部门行政规范性文件进行清理,也可以有效避免下级文件出现滞后、矛盾或不一致的情形。最后,法律法规或政策性文件还赋予国家机关、社会团体、企事业单位组织以及公民对法规、条例、规章、规范性文件的合法性和合宪性进行监督的权利。[5]

(四)回溯性评估

2004 年《全面推进依法行政实施纲要》要求规章、规范性文件施

---

[1] 《规章制定程序条例》(2017 年修订)第 24 条。

[2] 《立法法》(2023 年修正)第 109 条。

[3] 《法规规章备案条例》第 10 条。

[4] 《国务院办公厅关于加强行政规范性文件制定和监督管理工作的通知》(国办发〔2018〕37 号),第 10 条。

[5] 《立法法》(2023 年修正)第 110 条、《规章制定程序条例》(2017 年修订)第 35 条。

行后,制定机关、实施机关应当定期对其实施情况进行评估。实施机关应当将评估意见报告制定机关;制定机关要定期对规章、规范性文件进行清理。因此,我国的回溯性评估主要体现在立法或决策后评估上,但这并非必须执行的环节。例如《立法法》(2023 年修正)、《行政法规制定程序条例》(2017 年修订)、《规章制定程序条例》(2017 年修订)都要求相关机构或部门可以组织对有关规定进行立法后评估,并将评估结果作为修改和废止行政法规、规章的重要参考。[1]《重大行政决策程序暂行条例》则进一步规定,如果重大行政决策实施后明显未达到预期效果,或公民、法人或者其他组织提出较多意见,或其他决策机关认为有必要的情形,决策机关可以组织决策后评估,并将评估结果作为调整决策的重要依据。[2] 从"重要参考"到"重要依据",也表明了对回溯性评估结果重视程度的转变。此外,《公平竞争审查制度实施细则》规定,对于经公平竞争审查后出台的措施,政策制定机关应当对其影响全国统一市场和公平竞争的情况进行评估,并根据评估情况及时废止或修改完善(见表 6.9)。[3] 值得注意的是,回溯性评估的要求被纳入上述法律法规的时间集中在 2015 年至 2019 年并不断完善。

---

〔1〕《立法法》(2023 年修正)第 67 条;《规章制定程序条例》(2017 年修订)第 38 条;《行政法规制定程序条例》(2017 年修订)第 37 条。

〔2〕《重大行政决策程序暂行条例》第 36 条。

〔3〕《公平竞争审查制度实施细则》第 12 条。

表 6.9 中国法规、规章制定及重大行政决策的回溯性评估

回溯性评估	立法/决策后评估
法规	国务院法制机构或者国务院有关部门可以组织对有关行政法规或者行政法规中的有关规定进行立法后评估,并把评估结果作为修改、废止有关行政法规的重要参考
规章	国务院部门,省、自治区、直辖市和设区的市、自治州的人民政府,可以组织对有关规章或者规章中的有关规定进行立法后评估,并把评估结果作为修改、废止有关规章的重要参考
重大行政决策	重大行政决策实施后明显未达到预期效果;公民、法人或者其他组织提出较多意见;决策机关认为有必要的情形,决策机关可以组织决策后评估。 可以委托专业机构、社会组织等第三方进行。 应当注重听取社会公众的意见,吸收人大代表、政协委员、人民团体、基层组织、社会组织参与评估。 决策后评估结果应当作为调整重大行政决策的重要依据
规章、规范性文件和其他政策措施	对经公平竞争审查后出台的政策措施,政策制定机关应当对其影响全国统一市场和公平竞争的情况进行定期评估。经评估认为妨碍全国统一市场和公平竞争的,应当及时废止或者修改完善

资料来源:根据中国现行法律法规整理。

TPP 协定谈判至文本公布时,有学者就对监管合作对中国的影响进行了分析,认为监管合作将成为中国无法忽视的一个新规则,[1]且以中国的国内立法情况来看,中国目前与贸易协定中监管

---

〔1〕 See Henry Gao, *TPP, Regulatory Coherence and China's Free Trade Strategy from A to Z*, in Marc Bungenberg & Christoph Herrmann et al. eds., European Yearbook of International Economic Law 2016, Springer International Publishing, 2016, p. 507 – 533.

合作要求的差距很大。[1] 通过上文的梳理可知，我国在自由贸易协定、国内立法和国际实践中均涵盖监管合作的要素，其中自由贸易协定的监管合作要素主要涉及 TBT 和 SPS 方面的要求，国内立法则涵盖了善治的监管要素。虽然国内法引入监管影响评估和回溯性评估等要求的时间不长，但也表明我国对科学立法和民主立法的重视，二者正是国际监管合作中善治的监管合作的核心内涵。我国与目前国际贸易协定的监管合作规则之间可能并不存在较大的分歧，下一节将在深入梳理二者异同的前提下，探索我国参与国际监管合作的路径探索。

第三节 国际监管合作的中国路径探索

通过与目前国际贸易协定中监管合作规则或主要参与方的做法进行对比和检视，可以发现我国主要在程序性要求上存在较大区别。首先，我国国内立法对法律法规或措施制定的程序性要求，并未要求行政机构将与国际贸易有关的条例、规章、规范性文件等区分出来予以标识。其次，我国国内立法中的监管影响评估（风险评估），尚无详细的配套性的操作细则，无法确定国际贸易或投资利益在监管影响评估中所占据的比重。最后，除《中华人民共和国外商投资法》（以下简称《外商投资法》）外，其他立法也几乎没有纳入对国际贸易利益的考量。本节主要对照国际监管合作的程序性规则，考察上述问

[1] See Han-Wei Liu & Ching-Fu Lin, *The Emergence of Global Regulatory Coherence: A Thorny Embrace for China?*, University of Pennsylvania Journal of International Law, Vol. 40:1, p. 133 - 189(2019).

题下我国国内立法或做法与国际贸易协定中监管合作规则之间的异同,并分析我国未来是否可以接受以及在何种程度上可以接受这些不同的做法。

一、识别对国际贸易有重大影响的规则

国际贸易协定中的监管合作规则适用的前提是,各缔约方需要确定监管合作规则管辖的范围。如本书第四章分析,目前国际贸易协定有几种做法,即通过界定监管机构和监管措施来确定适用范围,或由缔约方自行确定或排除。虽然具体采用何种形式来确定纳入监管合作规则管辖范围的监管措施,由谈判贸易协定的缔约方共同来决定,但国际贸易协定中监管合作的重要参与方——欧盟和美国则认为,一国内部如果可以考虑在庞大的法律法规系统中识别或标记出对国际贸易或投资有重大影响的法律法规,或基于国际贸易协定的承诺纳入监管合作规则管辖范围的法律法规,将有助于监管合作的进一步开展。

(一)美国和欧盟的做法

美国和欧盟于2011年前后便就拟议规则是否具有"国际影响"(international impact)这一问题开始正式通知公众。这一做法的背景是美国—欧盟高层次监管论坛[1]发布的《有关监管原则和最佳实践的共同谅解》,双方同意加强监管合作和提升各自规则制定程序的透明度。双方同意强调(highlight)或标注(flag)可能对国际贸易和投资造成影响的监管措施。[2] 因此,美国第13609号行政令《促进国际

[1] 该论坛由美国行政管理与预算办公室和欧盟委员会所主导。

[2] United States-European Union High-Level Regulatory Cooperation Forum, 10th Meeting, June 7-8, 2011, p. 1.

监管合作》提出一项新的要求,即被认为有“国际影响”的拟议规则必须向公众标记出来,且监管机构须确保在美国《监管和放松监管行动统一议程》、规制信息网(RegInfo. gov)和行政规制网(Regulations. gov)上予以公布。[1] 其中统一议程上公布的是所有拟议的规章,规制信息网则是统一议程的可检索数据库。

这一要求提升了对外国人的监管透明度,反过来促进外国人参与提意见。然而,其适用具有一定的局限性。第一,美国第13609号行政令狭义地将国际影响定义为与贸易有关的影响,即“拟议和最终规章可能对国际贸易或投资产生直接影响,或对美国贸易伙伴的重大利益产生直接影响”[2]。因此,对外国人的其他影响,如健康、环境保护、社会影响等均不会强调或通知。第二,该要求仅适用于具有重大经济意义的法规,通常被理解为在任何一年内产生1亿美元或以上经济影响,或对经济产生实质性不利影响的法规。[3] 任何低于这些标准的法规都不需要被标记。2016年5月的数据库搜索显示,国际影响被标记农业、国防、国土安全、劳工、金融等不同领域。[4] 2008年至2015年,被标记最多的政策领域分别是健康、运输、商业、内务和外交事务。[5] 但还需进一步研究是否所有具有国际影响的

[1] Exec. Order No. 13609, Promoting International Regulatory Cooperation, 77 F. R. 26413, May 1, 2012.

[2] Exec. Order No. 13609, Promoting International Regulatory Cooperation, 77 F. R. 26413, May 1, 2012.

[3] Exec. Order No. 12866, Regulatory Planning and Review, 58 F. R. 51735, September 30, 1993; Office of Management and Budget (OMB)/Office of Information and Regulatory Affairs (OIRA), 2006 Report to Congress on the Costs and Benefits of Federal Regulations and Unfunded Mandates on State, Local, and Tribal Entities, January 2007, p. 73.

[4] 该结果是对规制信息网上统一议程和监管规划(regulatory plan)搜索得出的。

[5] 该搜索结果是基于对统一议程数据库(Unified Agenda Database)中2008年以来被标记为具有国际影响的所有拟议规则搜索而来的。

拟议规则都被正确标记,即实践中第 13609 号总统行政令的要求是否得到正确的遵守。有学者对美国监管机构标记的法规进行了分析,认为美国监管机构每年发布的重要经济规则中,平均 20% 的占比可能会对国际贸易和投资产生重大影响。但是,通过对标记这些规则的机构进行分析,可以看出第 13609 号总统行政令并不能为国际利益相关者创建一个强大的"提前通知"系统。[1]

欧盟也公布了路线图(roadmaps)以向公众通报新的举措并强调其中的国际影响。[2] 实践中,这些影响在广泛的政策领域被标记,如能源、卫生和气候。但是,欧盟没有设立像美国一样的数据库并将"国际影响"作为其中一个数据元素,[3] 以促进对外国人的透明度水平。这为外国人识别相关政策带来难度,从而可能削弱其参与性。这里也需要进一步研究,以评估欧盟是否对所有的相关规则都进行了适当的强调。

(二)本书观点

我国没有明确规定需要在法律法规中明示对国际贸易和投资有重大影响的规则或政策,但作为 WTO 成员,我国一直定期向 WTO 通报国内相关法律、法规和具体措施的变化和实施情况,以及 WTO 各项协议的执行情况和我国加入承诺的落实情况。这一做法有助于贸易伙伴或外国贸易商了解我国所实施的与 WTO 协议相关的措施。

与欧美上述做法不同之处在于,由于 WTO 协议的义务是确定

---

〔1〕 See Daniel Pérez, *Identifying Regulations Affecting International Trade and Investment*, The George Washington University Regulatory Studies Center, Working Paper, November 2015, p. 21.

〔2〕 US-EU High-Level Regulatory Cooperation Forum, *Common Understanding on Regulatory Principles and Best Practices*, July 2011, p. 3.

〔3〕 Michael T. McCarthy, *International Regulatory Cooperation*, 20 *Years Later*: *Updating ACUS Recommendation* 91-1, October 19, 2011, p. 17.

的，WTO 通报义务下我国通报的法律、法规和具体措施是有明确界限的。而欧美将可能对国际贸易和投资有重大影响作为标记与否的标准，将大大增加标记法规范围的不确定性。除完全的国内事务，如军事、外交、公共部门管理、养老金等相关的法律法规不具有国际贸易或投资影响外，大部分法律法规，包括非经济、贸易类的监管法规、措施，如环保、网络安全管理等，都具有一定的国际贸易或投资影响，如果都需要予以标注的话，该数量将庞大到让人忽略这些法律法规的重要性。而“重要影响”一词也难以量化，针对不同的行业，什么量级的影响属于“重要”，均难以一言以概之。因此，欧美的做法实际上不一定有利于监管合作规则的进一步实施。但该做法并非没有积极意义，其可以帮助国内外的国际贸易和投资参与者了解监管规则。如我国可以与贸易伙伴达成类似的合作协议，对相关领域的监管规则中就特定行业的外商投资或贸易的影响进行标注，以便贸易伙伴及其贸易和投资者尽早了解我国监管规则或措施的动态，并提出相应的关切。具体的领域和特定行业则由合作双方共同约定，该义务宜在互利基础上进行合作，而不宜转化为强制性的法律义务。

二、细化监管影响评估规则

如前所述，尽管国际贸易协定的监管合作规则在一定程度上为缔约方设置了监管实践的细节，但仍允许各缔约方选择并完善自己所偏好的监管影响评估方法，而 OECD 和 APEC 文件可能为其提供开展监管影响评估的指引。

（一）监管影响评估的方法

1. 成本收益分析法

OECD 涵盖了从成本收益分析法、综合风险评估到更有限的合规成本评估等开展监管影响评估的各种具体方法。[1] 其中,成本收益分析法作为指导决策的一般方法和监管合作的具体方法,实际上构成了监管影响评估的基础,可以认为所有监管影响评估都是基于成本/效益原则。这意味着实施监管影响评估的目标是努力确保只有在监管带来的收益大于成本时才会实施监管。如果要通过监管使社会整体福利最大化,则成本/效益原则是必须予以考虑的。因此,决策者需要评估新的监管要求是否能够实现总收益大于总成本,如果无法得出这一结论,则通常不应采取监管措施。换言之,如果不运用监管影响评估,则存在真正的风险,即监管将无意间导致产生比获得的收益更大的成本。之所以会发生这种情况,是因为那些肯定会从监管法规中受益的人经常会大力推动监管法规的制定,而承担监管成本的人却往往可能不知道这些成本的具体程度。还有一种可能性则是,承担监管成本的个体所承担的成本不高,使其没有动机参与监管法规的制定过程并发表意见,但这些个体承担的成本相加的总成本却可能十分庞大。如果没有有效的监管影响分析,则这些成本可能在制定过程中被忽略。因此,成本收益分析法可能代表了监管影响评估的最佳实践。因为它是以货币形式量化收益和成本,并在适当时间范围内进行比较,它为监管决策者比较替代方案和了解不同方案的潜在影响提供强有力的支持。[2]

但在实践中,较为常见的情况是重要的收益和成本实际上无法被量化。如果在这种情形下运用成本收益分析法,则可以采用部分的(partial)的成本收益分析法。这对监管决策者来说仍然是有效的,

---

〔1〕 See OECD, *Cost-Benefit Analysis and the Environment: Recent Developments*, OECD Publishing, 2006, p. 55 – 63.

〔2〕 See OECD, *Introductory Handbook for Undertaking Regulatory Impact Analysis* (*RIA*), Version 1.0, October 2008.

因为它缩小了必须通过更主观、定性的分析来处理的事项范围。因此,制定和实施这种不完整的成本利益分析法都可以较大的改善决策的效果。即使只能量化相对较少的成本(或收益),无法使用系统的成本收益分析法,但努力确保评估可以识别的所有收益和成本,也将有助于提高决策质量。如果成本无法被量化,还可以采用定性的方式对其进行讨论,得出有关其相对重要性的一些结论。

2. 成本效益分析法

成本效益分析法与成本收益分析法不同,因为效益不是以货币单位表示,而是以自然单位表示。成本效益分析法在诸如健康、意外和教育等领域尤其有效,因为这些领域更容易确定效益而非评估利益。成本效益分析法的目标是评估什么行动可以以最小的成本达到预期的目标。成本效益分析法是成本收益分析法的一部分,成本效益分析法的结果可能是财务评估数据,但其参考的基础却是以自然单位来衡量的。因此,只有目标相似的活动才可以用这种方法来进行比较,成本效益分析法的优势在于不需要精准评估财务效益,因此就不需要采用复杂的方法来进行评估,例如考虑支付意愿等,从而可以用于衡量如何在有效的预算条件下取得最大收益。成本效益分析法的步骤主要有:第一,界定监管目标和影响;第二,对成本进行评估,而收益则不转化为货币单位,而是以自然单位来计量;第三,预估实现这一目标所需的货币量,如有必要还可以实施敏感度分析。[1]

3. 多标准分析

多标准分析(Multi-criteria Analysis, MCA)是一种决策支持方法,通过赋予不同的标准以权重,以助于从各个方面比较替代方案的

---

〔1〕 Manual on Regulatory Impact Assessment: Short Version for the Public Service Use in the Republic of Armenia.

替代性。多标准分析可适用于任何领域,用于确定该领域的优先事项或更好的政策替代方案,并且它通常被视作成本收益分析法或成本效益分析法的扩展手段,以考虑其他无法量化或无法赋予其货币价值的因素,例如社会公正或环境保护。而多标准分析中所衡量的标准总是从总体政策目标中选择和衍生出来的。多标准分析的主要步骤是首先界定标准,并根据其各自的重要性来分配权重;其次则对每个方案是否符合或影响每种标准进行评估。影响反映到统一的量化表格上,例如 1 代表"无影响",2 代表"不明显的影响",3 代表"轻微或相当的影响",4 代表"显著影响",5 代表"主要影响";然后通过"影响乘以权重"来计算每种方案的总影响,并进行比较。[1]

因此,多标准分析的结果可能是选出最可取的政策选择,但是如果有许多备选方案,则可能会列出简短的政策选择清单以供进一步评估,或者仅仅排除不可接受的政策选择。

(二)中国的监管影响评估方法

中国国内的监管影响评估未采用成本收益分析法这种将监管影响和成本货币化的方式进行比较,而是更倾向于成本效益法,通过自然单位来衡量监管影响,主要体现在风险评估和公平竞争审查要求中。

第一,中国立法或规则制定中的风险评估。2010 年《国务院关于加强法治政府建设的意见》虽然同时提及政府立法成本效益分析和社会风险评估,[2] 但并未进一步阐述成本效益分析的含义,而是对社会风险评估的重点进行了阐述,即重点是考虑社会稳定、环境、

---

〔1〕 Manual on Regulatory Impact Assessment: Short Version for the Public Service Use in the Republic of Armenia.

〔2〕《国务院关于加强法治政府建设的意见》(国发〔2010〕33 号)第 7 条。

经济等方面的风险。[1] 较为完善的规定则体现在《重大行政决策程序暂行条例》,不仅要求对决策事项涉及的人财物投入、资源消耗、环境影响等成本和经济、社会、环境效益进行分析预测,还要求在决策过程中针对重大行政决策的实施可能对社会稳定、公共安全等方面造成不利影响的情况组织评估决策草案的风险可控性。[2] 这与我国在立法和决策时所要求的科学性相关,风险评估的科学性质可以有助于实现"科学决策"。

除《重大行政决策程序暂行条例》外,国家层面并未对风险评估制度出台统一的法规,但目前部分地方政府,如大连市、内江市等都相继出台了社会稳定风险评估办法等地方政府规章,内蒙古、青岛、吉林的政府办公厅(室)或相关部门也相继出台了有关风险评估实施方案或暂行办法的规范性文件。[3] 这些文件初步确立了风险评估的基本框架,并使风险评估机制的建立呈现一种"自下而上"的特点,但由于效力位阶过低、内容粗疏,尚无法满足有效规范和推进风险评估工作的现实需要。从上述文件中虽无法判断各种风险的排序,但"社会稳定风险"却始终排在相对重要的位置,这也体现在《法治政府建设实施纲要(2021-2025年)》中,该纲要3次提到"风险评估"。一是完善立法工作机制,要求"建立健全立法风险防范机制,将风险评估贯穿立法全过程";二是针对重大行政决策,要"严格执行《重大行政决策程序暂行条例》,增强公众参与实效,提高专家论证质量,充分发挥风险评估功能";三是"涉及社会公众切身利益的重要规划、重大公共政策和措施、重大公共建设项目等,应当通过举办听证会等

〔1〕《国务院关于加强法治政府建设的意见》(国发〔2010〕33号)第12条。

〔2〕《重大行政决策程序暂行条例》第12条、第22条。

〔3〕截至2022年11月30日,通过北大法宝数据库可检索到370余份以"风险评估"为标题的地方政府规章和地方规范性文件。

形式加大公众参与力度,深入开展风险评估,认真听取和反映利益相关群体的意见建议”。一般来说,重大行政决策经过风险评估后,可以根据社会稳定风险等级确定可实施、暂缓实施、不实施的评估结论。[1]

风险评估与风险管理既有区别又有联系。欧共体激素案专家组将风险评估定义为“对数据和事实研究的科学检查”。专家组还认为风险评估不是一项政治团体作出的与社会价值判断有关的政治活动。随后,专家组还对风险评估和风险管理进行了比较,认为前者具有科学性,而后者属于非科学的过程,仅涉及社会价值判断。但上诉机构则不认同这种区分方式,认为缺乏条文基础(textual basis),还认为这种区分会导致对风险评估概念的过度限制。[2] 上诉机构通过这样做,选择了采用综合方法进行风险评估和风险管理。这种方法认识到科学和政治方面的考虑不断渗入风险监管的两个阶段,即风险评估和风险管理。因此有学者认为,上诉机构认为风险评估不完全是科学的,因为政治和与价值相关的决定可能经常渗透这一过程。但是,这并不意味着两个阶段是无法区分的。正如一位学者指出的,《实施卫生与植物卫生措施协定》的风险评估和风险管理是可以被区分开来的。[3] 事实上,无论《实施卫生与植物卫生措施协定》用什么术语来表述风险评估和风险管理活动,似乎都可以大致区分这两个阶段。如上所述,风险评估并不具有专门的科学特性,而风险管理

---

[1] 《四川省社会稳定风险评估办法》(四川省人民政府令第 313 号)第 12 条第 1 款第 6 项。

[2] WTO Appellate Body Report, *EC-Hormones*, WT/DS26/AB/R; WT/DS48/AB/R, adopted 13 February 1998, para. 181.

[3] See Jan Bohanes, *Risk Regulation in WTO Law: A Procedure-Based Approach to the Precautionary Principle*, Columbia Journal of Transnational Law, Vol. 40:2, p. 323 – 389 (2002).

（建立适当的保护水平）仅取决于政治和价值相关因素。尽管如此，科学因素在风险评估中相较于其他因素起着主要作用，而非科学因素则主导了风险管理阶段。

第二，类风险评估的监管影响评估要求。2015 年修改的《立法法》没有使用“风险评估”这一术语，而是要求评估“法律实施的社会效果和可能出现的问题”[1]。除此之外，2021 年 6 月 29 日实施的《公平竞争审查制度实施细则》要求政策制定机关在制定相关规章、规范性文件和其他政策措施时，应当进行公平竞争审查，评估该政策措施对市场竞争的影响，防止排除、限制市场竞争。《公平竞争审查制度实施细则》设置了 4 类审查标准，包括市场准入和退出标准[2]、商品和要素自由流动标准[3]、影响生产经营成本标准[4]、影响生产经营行为标准[5]。《公平竞争审查制度实施细则》与成本收益分析法不同之处在于，前者未将政策措施对公平竞争产生的影响转化为货币单位或财务数据进行对比，而是列举出各类违反公平竞争的情形，经审查认为具有排除、限制竞争效果的，应当不予出台或者调整至符合相关要求后出台。[6] 这种评估方法更接近于风险评估或成本效益分析法中通过自然单位进行评估而不转化为货币单位的方式。

《公平竞争审查制度实施细则》还规定了例外情形，即如果某项政策措施虽具有一定限制竞争的效果，但属于《国务院关于在市场体

---

〔1〕《立法法》(2015 年修正)第 39 条。
〔2〕《公平竞争审查制度实施细则》第 13 条。
〔3〕《公平竞争审查制度实施细则》第 14 条。
〔4〕《公平竞争审查制度实施细则》第 15 条。
〔5〕《公平竞争审查制度实施细则》第 16 条。
〔6〕《公平竞争审查制度实施细则》第 2 条第 2 款。

系建设中建立公平竞争审查制度的意见》(国发〔2016〕34 号)中规定的“例外规定”情形,包括维护国家经济安全、文化安全、科技安全或者涉及国防建设;为实现扶贫开发、救灾救助等社会保障目的;为实现节约能源资源、保护生态环境、维护公共卫生健康安全等社会公共利益;法律、行政法规规定的例外情形。该政策措施对实现政策目的来说不可或缺,在既没有替代措施,亦不会“严重”排除和限制市场竞争的情况下,政策制定机关可以在“明确实施期限”的前提下予以实施。

综上所述,我国的监管影响评估主要体现在对政策措施出台后的社会风险、排除或限制公平竞争情况进行评估,且采用的是风险评估或类似于成本效益评估的形式,有助于提高政策措施的质量。实际上,近年来对科学决策和对市场公平竞争的重视,也说明了我国依法治国和建设透明性政府、优化营商环境的决心,因此可以考虑进一步完善监管影响评估制度。本书建议出台全国统一的监管影响评估制度,明确监管影响评估主管单位、实施主体和监督主体,对监管影响评估进行科学设计,在社会风险、公平竞争之外,考虑列入其他有助于提升“善治”水平、优化营商环境的影响指标,并考虑采用多标准分析法面对不同的指标赋予权重进行评分,更直观地评判出监管影响的收益和成本,在科学的基础上作出最优决策。

三、适度考虑国际贸易利益

虽然国内监管决策程序属于一国内政,但一旦纳入国际贸易协定的范畴,则需要从国际贸易和投资的视角来考虑国内监管决策,因此无论是考虑第一个问题所提出的是否需要在法律法规中标记出对国际贸易和投资有重大影响的规则,还是考虑公众参与和监管影响评估中外国利益的参与和考量，都是对一国监管程序的新挑战。那么拟议监管措施如果在某种程度上会产生国际贸易和投资影响，外国利益相关者可以被纳入公众参与的范围并发表意见吗？政府在监管影响评估中需要专门考虑该措施对国际贸易和投资的影响吗？国际贸易与投资的影响又如何与国内影响因素相结合？

（一）美国和欧盟的做法

根据美国《行政程序法》的要求，利益相关者可以发表意见。关于改善规制和监管审查的第13563号总统行政令还强调了公众参与监管过程的重要性，[1]但该行政令和美国《行政程序法》均没有提及外国人可参与发表意见。但在实践中，外国人自20世纪90年代就一直参与评论或发表意见。[2]

这种开放性最近得到加强。根据欧盟与美国达成的《有关监管原则和最佳实践的共同谅解》，双方同意应邀请所有利益相关方发表意见，无论其设立地点或住所在哪里，包括外国政府。[3] 此外，美国贸易代表办公室（Office of the US Trade Representative，USTR）和信息与规制事务办公室给各机构的备忘录指出："根据第13563号行政令，联邦机构应……允许国内外利益相关者发表评论。"[4] 例如，行政规制网允许公众对拟议联邦法规发表评论。实践中，虽然该网收到的大多数意见由本国人提出，但仍有部分意见由外国人提出。例

---

〔1〕 Executive Order 13563, Improving Regulation and Regulatory Review Executive Order 13563, *Improving Regulation and Regulatory Review*, 76 FR 3821, January 21, 2011, § 2.

〔2〕 See OECD, *Regulatory Reform in the United States: Enhancing Market Openness through Regulatory Reform*, OECD Publishing, 1999, p. 6, 10.

〔3〕 United States-European Union High Level Regulatory Cooperation Forum, p. 1.

〔4〕 Office of the US Trade Representative (USTR) & Office of Information and Regulatory Affairs (OIRA), *Memorandum for the Heads of Executive Departments and Agencies and Independent Regulatory Agencies: Export and Trade Promotion, Public Participation, and Rulemaking*, M-11-23, May 19, 2011, p. 3.

如,关于食品标签的拟议规则,某国际科学家协会、澳大利亚政府和智利商业协会均提交了意见。[1] 而关于"非洲狮的地位威胁"的拟议规则则收到来自国际和国外非政府组织、捷克共和国的意见。外国政府也利用该系统发表意见,仅在2014年,加拿大、韩国、洪都拉斯、日本、印度尼西亚就分别发表了意见。

欧盟委员会的公众参与环节也对外国人开放。这一方式载于委员会咨询的"最低标准"[2]和"更好规制"指南[3]。"最低标准"规定:咨询是为第三国的利益相关方提供参与的机会。[4] 此外,受咨询的人应当是"受政策影响"的人,且在确定相关咨询方时,委员会应在欧盟与非成员的组织,如欧盟候选国、发展中国家或在欧盟主要贸易伙伴国家之间寻求适当的平衡。[5] 欧盟委员会政策意见及咨询线上提交入口"你在欧洲的声音"(Your Voice in Europe)的大部分

---

[1] International Scientific Association for Probiotics and Prebiotics, Comment Re: Proposed Rules on Food Labeling: Revision of the Nutrition and Supplement Facts Labels and Serving Sizes of Foods that Can Reasonably be Consumed at One-Eating Occasion, July 30, 2014; Comments from the Australian Government: Food Labeling Revision of the Nutrition and Supplement facts Labels as notified in G/ TBT/N/USA/893, March 10, 2014; Chileans Avocado Importers Association, Comments on Food Labeling: Revision of the Nutrition and Supplement Facts Labels, August 19, 2014.

[2] European Commission (EC), *Towards a Reinforced Culture of Consultation and Dialogue: General Principles and Minimum Standards for Consultation of Interested Parties by the Commission*, Communication, COM(2002) 704 final, December 11, 2002.

[3] European Commission(EC), *Better Regulation Guidelines*, SWD (2015)111 final (2015), 2015.

[4] European Commission (EC), *Towards a Reinforced Culture of Consultation and Dialogue: General Principles and Minimum Standards for Consultation of Interested Parties by the Commission*, Communication, COM(2002) 704 final, December 11, 2002, § Ⅱ (Overall rationale of the Commission's consultation process).

[5] European Commission (EC), *Towards a Reinforced Culture of Consultation and Dialogue: General Principles and Minimum Standards for Consultation of Interested Parties by the Commission*, Communication, COM(2002) 704 final, December 11, 2002, § B (Consultation Target Groups).

意见仍由欧盟实体所提交,但外国人也会提交少部分意见。[1] 由于提交意见前需要先在"透明度登记系统"(Transparency Register)进行注册,2014 年欧盟报告统计大部分(约 90%)的注册者都是欧盟实体,只有小部分(约 10%)为外国人。[2] 外国人参与的例子包括对委员会关于食品咨询的评论,[3] 该评论收到了东盟和土耳其生产商、美国和南非贸易协会的评论。此外,一项"冲突矿产"的咨询还收到了美国生产商和贸易协会以及来自刚果、卢旺达、瑞士的贸易商的意见。[4] 的确,参与其中的外国人代表了一系列部门,包括非政府组织、智囊团、研究机构、贸易协会、政府和政府间组织。因此,美国和欧盟的通知和意见程序对外国人开放,双方近年来还在加强这种开放上进行了合作,至少从某种程度上看,外国人在实践中确实在使用这一权利。

关于监管影响评估中考虑国际贸易与投资的利益,如本书第三章分析可知,美国和欧盟监管影响评估适用的范围和方式虽各不相同,但双方共同合作完善其监管影响体系,并努力加强对国际影响的评估。这种做法可适度增加对外国利益相关方的透明度,促进了在监管影响评估中考虑外国贸易和投资利益的做法。考虑到国家监管外部性的迅速增长,这一做法具有一定的积极意义。

---

〔1〕 例如,在 2015 年关于"欧盟与非加太国家在 2020 年后建立新伙伴关系"的公众咨询中,共收到 103 条意见,其中 21 条(20%)来自外国人。

〔2〕 *Joint Transparency Register Secretariat of the European Parliament and European Commission*, Annual Report on the Operations of the Transparency Register, 2014.

〔3〕 EC Health and Consumers, *Food Supplements-Responses to the Discussion Paper on the Setting of Maximum and Minimum Amounts for Vitamins and Minerals in Foodstuffs*, June 2006.

〔4〕 EC Trade-Consultations, *Public Consultation on a Possible EU Initiative on Responsible Sourcing of Minerals Originating from Conflict-Affected and High-Risk Areas*, completed June 26, 2013.

(二)中国的做法

从前文对国内法规的分析可知,我国国内立法对法规、规范性文件、重大行政决策的公众参与要求中,征求意见的对象通常为“公民、法人和其他组织”,这一表述不包括外国人、外国公司或机构。除此之外,《公平竞争审查制度实施细则》采用了“利害关系人”的概念,要求公平竞争审查的开展应当征求利害关系人意见。这里的利害关系人类似于国际贸易协定中监管合作规则中的利益相关方,《公平竞争审查制度实施细则》将利害关系人的范围界定为“参与相关市场竞争的经营者、上下游经营者、行业协会商会、消费者以及政策措施可能影响其公平参与市场竞争的其他市场主体”[1],但并未明确是否包括参与相关市场竞争的外国生产商或服务商。从表面上看,外国利益在规则制定中似乎是缺位的。但事实上并非如此,中国国内监管决策并非完全不考虑国际贸易或投资利益。

第一,要求特定行政决策考虑外国利益。《公平竞争审查制度实施细则》要求在审查“商品和要素自由流动标准”时需要考虑进口商品和服务所受到的影响,[2]包括不得对进口商品、服务实行歧视性价格和歧视性补贴政策,不得限制进口商品、服务进入本地市场。但需要注意的是,在列举的情形中有 4 项存在例外,即如果该限制行为以法律法规或者国务院规定为依据,则可以实施。[3] 而于 2020 年 1

[1] 《公平竞争审查制度实施细则》第 7 条第 3 款。

[2] 《公平竞争审查制度实施细则》第 14 条。

[3] 《公平竞争审查制度实施细则》第 14 条第 2 款中的四类情形:没有法律法规依据或者国务院规定,对进口服务规定与本地同类商品、服务不同的技术要求、检验标准,或者采取重复检验、重复认证等歧视性技术措施;没有法律法规依据,设置专门针对外地和进口商品、服务的专营、专卖、审批、许可,或者规定不同的条件、程序和期限等;没有法律法规依据,在道路、车站、港口、航空港或者本行政区域边界设置关卡,阻碍外地和进口商品、服务进入本地市场或者本地商品运出和服务输出;没有法律法规依据,通过软件或者互联网设置屏蔽以及采取其他手段,阻碍外地和进口商品、服务进入本地市场或者本地商品运出和服务输出。

月1日生效实施的《外商投资法》中也有考虑外商投资企业合法权益的要求,要求各级政府及有关部门制定涉及外商投资的规范性文件时,如果没有法律、行政法规依据则不得减损外商投资企业的合法权益或增加其义务,也不得干预外商投资企业的正常生产活动。[1]《外商投资法》还要求保障外商投资企业依法平等参与标准制定工作。[2]

第二,我国积极履行《技术性贸易壁垒协定》和《实施卫生与植物卫生措施协定》的义务,向WTO通报TBT和SPS并接受其他成员的评议,实际上也是外国利益参与监管措施制定的一种表现。2019年,中国通过WTO向各成员通报TBT措施91件,通报数量在该年度所有WTO成员中列第9位。截至2019年12月31日,中国的TBT通报编号已编至1401号。通报发出后,中国WTO/TBT国家通报咨询中心收到来自美国、欧盟、韩国、日本、澳大利亚、新西兰、泰国以及境外企业、行业协会的评议意见49件,涉及14项通报措施。中国政府有关部门对这些评议意见进行了认真研究考虑,并给予回复。通报SPS 33项。截至2019年12月31日,中国的SPS通报编号已编至1148号。收到美国以及行业协会的评议意见8件,涉及7项通报措施,中国主管部门也对这些评议意见进行了研究考虑。[3]

综上所述,我国实际上在监管规则或措施制定的过程中也积极考虑外国利益,虽然覆盖的规则范围并不如美国和欧盟广,但这并不代表欧盟和美国的做法就更符合国际贸易和投资发展的需求。因为

---

〔1〕《外商投资法》第24条。

〔2〕《外商投资法》第15条第1款。

〔3〕参见中华人民共和国WTO/TBT国家通报咨询中心、中华人民共和国WTO/SPS国家通报咨询中心编著:《中国技术性贸易措施年度报告(2020)》,中国商务出版社2020年版,第3页。

尽管从表面上看,美国和欧盟将国际影响纳入监管影响评估的考虑范围,似乎表明二者希望对外国利益作出更多的回应,但真实情况并非如此。美国关注其法规对贸易和投资的影响,并不考虑分析其他类型的影响,如社会、环境或健康影响,尽管这些影响对外国人来说也很重要,但并未被考虑在内。虽然监管影响评估量化了对外国人贸易和投资的影响,其最终目标却是评估对美国经济的成本和收益,因此,美国监管影响评估对外国利益的考虑只是为美国自身利益所驱动。欧盟监管影响评估涵盖的范围更广,但其重点仍然放在对贸易和投资的影响上,并更关注的是对欧盟自身竞争力的影响,因此欧盟与美国一样,仅仅为自身利益所驱动。尽管如此,欧盟将监管影响评估分析的影响扩大至对发展中国家的影响,仍然值得为人所称道,但深入思考后可发现,这种扩大的考虑表面上是欧盟受到对发展中国家责任感的驱动,或者视自己为“人类代理人”而为之,实际上欧盟却在实践中很少关注对发展中国家的影响。换句话说,如果根据欧盟的行为而不是欧盟的言论来判断,那么欧盟的做法也是由自身利益驱动的。

因此,中国是否需要在国内监管规则或措施制定过程中进一步考虑外国利益,需要慎重考虑。第一,全球化导致国内监管的外部性越来越强,明确界定什么规定会影响国际贸易和投资利益,直接影响还是间接影响具有相当的难度。第二,外国利益的范围不宜界定得过于宽泛。实际上,虽然我国并未直接赋予在国内没有实体的外国贸易和投资商参与监管规则制定的更大机会,但实际上受到影响的外国企业是可以通过其国内的贸易伙伴来提出自己的意见。而如果过于宽泛地设定公众参与的范围,则可能导致收到的意见过于宽泛而使决策效率和成本过高。

综上，本书认为，与标记对国际贸易和投资有重大影响的监管规则一样，确定哪些类型的国内法规纳入国际监管合作的范围，不宜采用USMCA的"负面清单"模式，而应当采用"正面清单"模式，由缔约方共同协商确定。而外国利益参与讨论的方式可以结合监管合作委员会的设置，通过监管合作委员会来接收外国利益方的意见。但在规则制定过程中需要将国际贸易和投资利益的影响纳入考虑范围，这一点值得进一步探索，需要考虑如何与国内政策目标等因素相结合，并分配各种利益之间的权重，而不至于使国际贸易和投资所占的比重过高而导致决策的失衡。

第四节　国际监管合作规则的中国方案

国际贸易协定中的监管合作规则反映了全球治理的新范式，其通过实体规则、程序规则和执行规则，构成了完整、灵活且独特的制度设计。当前国际贸易协定中监管合作规则主要源于美国国内行政法要求，并经由美国和欧盟推广，逐渐被其他国家所接受，也正是因为监管合作这一发展轨迹，其在本质上仍是服务于欧美推高全球经贸规则的宏观战略，将为发展中国家带来较大的挑战。[1] 需要注意的是，美国主导的监管合作规则并非不言而喻的模范，该规则在国际层面的发展还需要结合其他国家或地区的做法。因此，中国应当基于自身需求和实际，综合评估国际监管合作的未来趋势和影响，提前参与国际贸易协定中的监管合作规则谈判，对内则进一步加强国内

---

〔1〕 参见刘雪红：《欧美TTIP贸易管制合作新范式与中国因应》，载《上海财经大学学报》2018年第5期。

行政监管体制改革,坚持依法治国并优化营商环境,应对欧美经贸新规则挑战的同时,也为国际监管合作机制的发展贡献中国方案。

一、国际监管合作规则的谈判主体

国际贸易协定中监管合作规则的谈判主体,与传统的贸易谈判相区别,除应涵盖一国的贸易部门外,还应涵盖大量的监管部门,包括监督国内监管部门履职的机构。在涉及特定监管问题的合作谈判时,甚至应以监管部门为主导。这是因为贸易协定中的监管合作规则蕴含着促进贸易和监管双重目标,需要监管部门以谈判主体角色参与进来。除此之外,国际监管合作规则的国内义务承受主体仍主要是国内监管机构。因此,无论是欧美主导的监管合作规则,还是以发展中国家为视角的监管合作规则谈判,都需要解决一个问题,即监管机构参与谈判并作出承诺的动机问题。

自由贸易倡导者的观点导致了贸易目标驱动下的监管合作,即国际贸易协定中监管合作规则的兴起使各国之间的监管差异或分歧被视为不公平的竞争优势,贸易伙伴开始在国际贸易协定的谈判中表达对"公平贸易"或"公平竞争"的关注。在贸易目标的驱动下,监管机构之间开展国际监管合作的做法,与监管目标驱动下的做法实际上是一致的,包括减少对产品和服务要求的监管差异等。虽然上述在监管层面最本源的驱动目标可能是监管合作最有力的理由,但实践的情况往往是,贸易自由化目标导致监管机构被动、间接开展合作。[1] 这也是监管合作在贸易协定之外发展多年而被纳入国际贸易协定谈判内容的原因之一。因此,解决监管机构的动机,不仅有助

---

〔1〕 See Jagdish Bagwati & Robert Hudec eds., *Fair Trade and Harmonization: Prerequisites for Free Trade?*, The MIT Press, 1996, p. 21 –57.

于我们识别监管合作规则谈判的难易程度，也可以帮助厘清哪些贸易部门适合推广监管合作规则，将为未来谈判确定方向。

监管机构间的合作最直接和令人信服的理由是，监管问题无法在一国境内有效解决，因为这些问题涉及"跨境外部性"（trans-border externality），如环境保护、金融监管、网络安全等领域。这些领域的监管问题具有传导性，容易引发全球或系统性的危机，因此需要运用跨境监管合作予以应对。[1] 因此，应对监管问题的跨境传导和外部性问题是驱动各国监管机构合作的第一种动机。

第二种动机则是出于监管效益和监管质量的考虑。因为国内外的监管机构面临共同的监管目标和监管问题，可以通过合作与协调的监管行动获得规模经济效应，从而更好地达成监管目标，使决策更加经济和合理。美国学者认为，监管合作的目标是使决策合理化，[2]既可通过汇集专业的监管信息和知识来实现并节省监管资源，也可通过学习其他国家善治的监管具体做法，以优化自身的监管设计。更积极的效应是，国外监管同行的做法为国内监管者带来监管制度现代化和改革的压力，可能推动国内规则制定的透明度、公开化和合理化，从而更好地提升国内监管质量。[3] 但是，这并不意味着国内监管者通过监管合作简化了制定规则的工作或流程，相反，监管合作的要求增加了规则制定程序的复杂性，而这种复杂性往往会

---

〔1〕 See Sol Picciotto, *The Regulatory Criss-Cross: Interaction between Jurisdictions and the Construction of Global Regulatory Networks*, in McCaherty, International Regulatory Competition and Cooperation, Oxford University Press, 1996, p. 117 – 118.

〔2〕 See George Bermann, *Managing Regulatory Rapprochement: Institutional and Procedural Approaches*, in OECD, Regulatory Cooperation for an Interdependent World, OECD Publications, 1994, p. 73 – 91.

〔3〕 See Scott H. Jacobs, *Regulatory co-operation for an Interdependent World: Issues for Government*, in OECD, Regulatory Cooperation for an Interdependent World, OECD Publications, 1994, p. 23.

改善监管质量。

第三种动机在于监管机构之间可以通过更好的国际分工或者"监管分包"(regulatory subcontracting)带来好处。鉴于预算和人力方面的限制,监管机构在实施和执行监管规则的工作中,无论是通过检验、检测、认证还是发放许可证,都可以在相互分包中获得收益。例如,相互承认规则和等效规则就是通过减少监管机构重复的检验检测、合格评定等程序,将产品测试、检验检疫、合格评定等责任分配给国外相关监管机构,以获得行政预算和人力资源方面的节制,但这种做法通常取决于监管机构的职能和监管领域的相似性,也必须建立在监管机构间相互信任对方执行标准的基础上,但正如我们分析相互承认规则时认识到的那样,这种合作实际上不需要建立在所执行标准的一致性基础上。

第四种动机是监管机构可能出于国内战略因素进行跨境合作,因为这种合作可以使其扩大国内影响力。监管机构通过创建监管合作的国际场所来扩大管辖范围,可以使其自身在国内其他监管机构间的影响力得到扩张。[1] 对于监管目标、价值观和监管程序受到外部干预,尤其是政治因素干预的监管机构来说,可以通过与其他国家的监管机构合作获得国内监管话语权,同时提升国内监管能力。

综上所述,如某一监管领域符合上述四类动机,则适宜通过贸易协定谈判监管合作规则,此领域内的监管合作也容易得到监管机构

---

[1] See Thomas C. Singher, *Regulatory Derivatives: Does Transnational Regulatory Cooperation Offer a Viable Alternative to Congressional Action*, Fordham International law Journal, Vol. 18:4, p. 1397 - 1474(1994); Giandomenico Majone, *Regulatory Legitimacy in the United States and the European Union: The Organizational Dimension*, in Kalypso Nicolaïdis & Robert Howse, The Federal Vision: Legitimacy and Levels of Governance in the US and the EU, Oxford University Press, p. 252 - 275(2001).

和贸易机构的双重支持。在谈判国际监管合作规则时，需要认真分析监管机构的动机和收益，以有效推动其参与监管合作规则的谈判并最终有效履行协定义务。

二、国际监管合作规则的谈判框架

中国在未来参与多边、区域或双边贸易协定谈判时，可以考虑纳入监管合作规则的谈判。本书认为，监管合作规则的谈判应当考虑以实体性规则、程序性规则和执行性规则为框架，并将实体性规则作为谈判重点，程序性规则以“负面清单”模式排除不予适用的监管措施，实体性规则以“正面清单”模式逐个部门作出承诺。

（一）规则基础：程序性规则

纵观监管合作规则的历史可知，合作的关键在于国家间监管环境和体制的相似性。因此，以善治的监管为渊源，追求监管改善的程序性规则可以成为监管合作的基础性规则。

如前所述，我国在自由贸易协定中并未像欧盟和美国一样纳入涵盖监管合作的专章，也未将监管合作规则涵盖的范围扩展至国内规制的程序性要求。但从欧盟和美国的做法来看，未来二者对外签署的国际贸易协定将可能都涵盖监管合作专章，而欧盟和美国通过TTIP谈判已经达成基本共识，因此双方推广的监管合作规则将具有高度的相似性。

首先，我国已于2021年9月16日正式提出申请加入CPTPP，这表明对CPTPP下的监管合作规则接受度较高。可考虑以CPTPP的“监管一致性”章为蓝本，设计程序性规则的谈判方案。如将加强监管决策所参考信息的质量、早期监管规划、设置专用网站以公开监管信息、在监管措施相关文本中适用通俗易懂的语言、制定监管措施的透明度要求、设置专家咨询小组提供监管决策的咨询意见、对监管措施的事前评估即监管影响评估、对监管措施的事后评估即回溯性评估、国内监管机构间的协调、对监管规则和措施相关的最终出版物的要求、利益相关方的参与等条款纳入程序性规则。上述条款可以有效提升国内监管的透明度,加强监管的科学性和民主性,可纳入国际贸易协定中作为专门条款予以约定。

其次,考虑到发展中国家和发达国家在监管水平上的差异,我国可以在 CPTPP 的基础上予以完善,探索出更符合大多数国家利益的监管合作程序性规则方案。国际监管合作机制的优点在于其具有灵活性而被誉为"活"的规则,在讨论国际监管合作规则的过程中,任何一方都可以积极加入自己的做法,并推动其他缔约方接受这些做法以形成具体规则。因此,中国应积极参与 OECD 等国际组织相关研究和指南制定活动,并结合数字时代的监管特点贡献中国善治的监管做法。例如,在利益相关方的参与和公私监管合作方面,中国可以总结监管部门的相关做法,如市场监管部门在食品安全监管决策中如何运用餐饮平台企业的共享监管数据等。中国还可以在监管合作程序规则中融入"一带一路"合作的有效做法。中国将"一带一路"建设与人类命运共同体的治理理念相联系,可以为全世界有效提供围绕发展和安全治理而诞生的先进理念和制度工具。

最后,需要注意的是,由于程序性规则原则上横向适用于所有贸易领域的监管规则。需要厘清各缔约方国内法律法规和监管措施的层级,判断哪些层级的监管政策、措施需要纳入程序性监管合作要求的规制范畴。这是因为我国的立法层级与欧美等有所区别,包括我国中央政府与地方政府的关系,与美国联邦政府和州政府之间的关系等存在差异。如未来需要在国际贸易协定中纳入监管合作规则的谈判,需要明确谈判纳入的监管措施范围,并就各谈判方国内不同层级监管措施之间的对应关系达成共识。本书建议将立法机关制定的法律排除在外,这更符合监管合作的内涵,也更有助于维护监管主权。事实上,从现有的贸易协定表述来看,程序性规则主要关注的是具有监管权的监管者的行为。[1] 在参与规则谈判时,建议由各缔约方提交国内监管措施制定的说明性文本,以便于各谈判方理解对方的监管措施层级并在此基础上出价。

(二)规则重点:实体性规则

如前所述,监管合作实体性规则并非当前贸易协定中监管合作专章所涵盖的重点。但本书认为,合作的真正收益在于监管的实体性协调。程序性规则虽然统一了缔约方的决策程序,但从根本上来说各方的监管决策仍是独立完成的,故程序性规则无法确保监管规则和标准的趋同和一致性。而在监管合作实体规则下,监管机构可以在联合监管模式下,通过横向的相互授权,以期在不同法域实现规则的类似或兼容。因此,本书建议将标准的协调、相互承认和等效等监管合作实体性规则作为谈判重点,将三类规则的适用范围扩展至TBT和SPS之外的贸易领域。

首先,标准的协调属于监管合作规则的重要部分,标准的国际化将有助于中国国内标准能够更为顺利地兼容国际制度,也是我国参与监管合作规则制定的主要路径。当前国际贸易协定中标准协调规则要求一国以国际标准为基础制定国内监管相关标准,或直接适用国际标准。这就需要积极参与国际标准的制定工作,提升标准话语权。目前,跨境交易的人民币结算,部分"一带一路"沿线国家对中国

---

〔1〕《欧日协定》第18.2条。

知识产权审查结果的认可等,都说明了中国国内标准开始在更大的范围内得到认可。由于中国公司自身实力不断增强,中国技术质高价廉,越来越多的海外市场开始接纳中国的技术、商品与服务。在这一过程中,中国公司的企业标准逐渐上升为国际标准,大大增强了中国在海外市场的竞争力。例如,中国铁路技术的海外输出已经不再局限于基础设施建设或整组列车的海外销售,而是逐渐实现了基建、设备设施和中国标准的全套输出。此外,中国企业所主导的通信行业、互联网行业技术标准得到越来越多"一带一路"沿线国家的承认。例如,华为5G通信技术系统以技术标准、操作系统和管理方式为内容的技术制度在"一带一路"沿线国家市场落地生根。在电子商务领域,中国也积极制定跨境电子商务或数字贸易规则,并积极制定国际标准。例如,中国企业阿里巴巴积极参与制定国际标准化组织《大数据安全与隐私过程》等国际标准,有益于在世界范围对组织数据安全能力达成共识,并为全球数据安全标准书写中国标准。目前中国现有国家标准、行业标准和地方标准达十万余项,企业标准超过百万项,其中不少标准已成为国际标准,得到世界认可和采纳。标准化水平是国家经济社会发展水平的重要标志,是创新发展的引领和推动力量。中国在数字技术、移动支付、共享经济等领域开创了多项科技先河,从而具备实现标准引领的先决条件,逐步实现在标准领域从跟随者到引领者的弯道超车。因此,我国应把对标国际标准的监管协调作为谈判的重点。

其次,考虑到当前贸易协定中标准的协调对标国际标准,容易造成标准制定强国与弱国之间的不平等。中国可以倡导将标准的协调与相互承认相结合,即以对方标准为参考开展协调与互认。这在《中华人民共和国政府和美利坚合众国政府经济贸易协议》[1]中较为常见，该协定主要就边境后的监管问题，尤其针对有关经济政策中复杂和根本的结构性问题展开磋商，协定部分内容属于对监管合作的新尝试。如协定涵盖了对乳品生产标准互认的内容，可为标准的相互承认提供谈判模板。[2] 此外，标准的相互承认在"一带一路"建设中也被广泛运用，例如《标准联通共建"一带一路"行动计划(2018—2020年)》中所要求的与沿线国家开展国家间标准互换互认行动等，因此，在未来谈判中，可以考虑将此类经验总结成规则纳入国际贸易协定中。

再次，相互承认规则可逐个部门推广，也可以不局限于双边相互承认，而推广至区域或诸边水平。例如，中国与俄罗斯、巴基斯坦、蒙古国、老挝、尼泊尔、新西兰、沙特阿拉伯、叙利亚、越南等国家会计准则制定机构共同建立"一带一路"会计准则合作机制并发起《"一带一路"国家关于加强会计准则合作的倡议》，中国国家知识产权局与49个共建"一带一路"国家的知识产权机构共同发布《关于进一步推进"一带一路"国家知识产权务实合作的联合声明》，中国国家税务总局与相关国家税收管理部门签署《"一带一路"税收征管合作机制谅解备忘录》。这些围绕知识产权、会计制度、海关制度和税收征管等方面对接协调机制的行动，不仅促进了中国与"一带一路"沿线相关国家的互联互通，也可以为国际监管合作贡献中国经验和做法。在未来的贸易协定谈判中，可将特定部门的相互承认安排以协定附

---

[1] 该协定也被称作"中美第一阶段经贸协议"。中美贸易摩擦自2018年3月爆发以来，双方先后进行了13轮高级别磋商，其中第13轮于2019年10月10～11日在华盛顿举行，磋商结束后，双方宣布就第一阶段协议取得实质性进展。2020年1月15日，中美正式签署第一阶段经贸协议。

[2] 《中华人民共和国政府和美利坚合众国政府经济贸易协议》附录二。

件的方式开展谈判。

最后,在谈判中完善等效规则适用的程序和标准。贸易协定中现有的等效规则过于笼统,仅要求一方在确信另一方技术法规或合格评定程序与本国目标一致的情况下,考虑接受另一方的相关规则为等效。可考虑在谈判中将等效规则分为主动认定为等效和依申请认定为等效两种形式,并明确不同形式下,等效认定的程序和各方需要承担的义务等。如一国申请另一国承认本国的数据安全监管规则为等效,一般需要主动提供本国的监管法律法规及相关做法的证明材料,因此在谈判时需考虑细化承担证明义务一方提供材料的标准,被请求方认定等效的程序、时限和救济路径等。

(三)承诺模式:“混合清单”

在国际贸易协定中谈判监管合作规则,各缔约方关注的重点还包括条款的承诺模式。本书建议,对程序性规则谈判和实体性规则谈判分别采用“负面清单”和“正面清单”的承诺模式,则对整个监管合作规则来说可视作“混合清单”模式。其中,对程序性规则的谈判采用“负面清单”的模式,即由缔约方自行确定不予适用的监管措施。这是因为程序性规则旨在提升国内监管整体水平,如果只适用于特定的贸易部门则无法达到预期效果,但在国内监管机构的措施和行为中,确有不对国际贸易和投资产生影响的纯国内行为,如社保管理、公务员的内部监督管理等。还有需要保留监管自治权的领域,如反洗钱、税收或金融服务监管等,“负面清单”模式可以在最大限度适用程序性规则的基础上,有效解决监管自治权和监管合作冲突的问题。实体性规则的谈判则采用“正面清单”的模式,通过协定正文规定实体性规则的基本要求,并结合附件形式列出适用于实体性规则的贸易部门,并进一步对规则的履行要求进行细化。这是因为不同贸易部门需要协调或互认的标准或法规具有较强的异质性，需要逐个部门进行谈判和认定。最后，针对规则的执行问题，本书建议在监管合作程序性规则推广初期，以排除争端解决机制的适用为主，通过监管合作委员会协调和磋商、类似贸易政策审议的机制来解决规则执行中的分歧，这有助于程序性规则的推广。待程序性条款在贸易协定中被大范围推广适用后，各缔约方可总结出其中的确定性义务，部分地适用争端解决机制予以解决纠纷。而由于实体性规则采用逐个部门谈判的方式，缔约方承担的义务是确定且有限的，为了规则的有效性，可以考虑将实体性规则产生的分歧适用于争端解决机制。

综上所述，中国的谈判方案可以“程序性规则 + 实体性规则”的模式来构建，程序性规则横向适用于所有贸易部门，并以“负面清单”模式排除不适用的监管领域，以“软法”模式为主，循序渐进地适用争端解决机制解决纠纷；实体性规则除归纳出普遍适用的条款外，以“正面清单”模式逐个部门予以承诺，并辅以争端解决机制保障规则适用。在此基础上，中国可考虑在“一带一路”沿线经济体中与监管理念、文化传统相近的国家尝试开展监管合作，并逐步签订贸易或投资协定以形成范式。待时机成熟时中国可考虑在 WTO 推动监管合作规则的谈判，并在审慎处理好贸易自由化和监管自治权之间关系的基础上，纳入中国特有的监管做法，稳步推出中国版的监管合作规则提案。

三、国际监管合作规则的未来运用

除积极参与国际贸易协定中监管合作规则的谈判外，中国还应考虑未来运用国际监管合作这一工具积极深化国内改革、参与全球治理并参与新议题谈判。

(一)对标国际监管合作规则深化国内改革

如前所述,国际监管合作规则,尤其是程序性规则中善治的监管这一核心要求,有助于我国进一步加强国内行政体制改革,增加政府的透明度和政策的可预测性,优化国内营商环境。

首先,我国需进一步提升透明度要求。在公布国内法规、措施和决策的基础上,可以考虑在国内法规中标注出对国际贸易和投资有重大影响的规则或法条,供利益相关人参考。在公众参与中,可以尝试逐步纳入对国际贸易和投资商意见的收集和采纳,但需要通过立法技术来平衡公众参与的各方利益,使收到的意见具有参考价值和合理性。其次,我国可以进一步完善成本效益分析法,并在运用该分析法进行监管影响评估的过程中,逐步对其进行优化,形成国际监管合作的公共产品供其他国家采用。监管影响评估既要立足国情,也要考虑国际影响。当前,仅仅从国内维度思考监管的做法确有可能给贸易带来不必要的阻碍。通过监管影响评估中纳入对国际贸易和投资影响的分析,我国可以在制定监管行政规章、措施或重大决策时考虑其贸易影响,使监管决策更加融入国际监管大环境,既提高监管立法和决策水平,又能促进贸易自由化的发展。最后,国内立法还需要密切关注当前自由贸易协定,特别是在一些大型贸易协定中关于监管合作的最新进展。通过总结这些新的进展和做法,并以自贸区为先行先试的场所,加强贸易投资监管的简政放权,既可以进一步为我国优化营商环境之要求试验新的国际做法,也可以为我国下一步参与国际贸易协定中的监管合作提供参考和适应空间。

(二)运用国际监管合作规则参与全球治理

2013 年 3 月,国家主席习近平在莫斯科国际关系学院发表演讲时,首次在外交场合向世界提出“命运共同体”理念。[1] 党的十八大以来,“人类命运共同体”这一理念的内涵不断拓展和丰富。2017 年 2 月以来,“人类命运共同体”这一理念多次被载入联合国相关决议,[2]人类命运共同体理念成为中国在新时代向国际社会贡献的全球治理新方案。[3] “没有哪个国家能够独自应对人类面临的各种挑战,也没有哪个国家能够退回到自我封闭的孤岛。”[4]当前日益复杂和相互关联的世界中应对全球挑战,需要秉持人类命运共同体理念,实践层面则需要更有效的国际合作。“中国提出了全球发展倡议、全球安全倡议,愿同国际社会一道努力落实。”[5]国际监管合作蕴含的原理即在全球化的背景下,一国的国内监管机构不能再独立行事,而应当将监管决策、措施和具体行为置于全球化和国际监管大环境的背景下看待,这与人类命运共同体的理念相契合。在当前国际形势复杂的背景下,各国需要考虑如何通过合作应对贸易单边

---

〔1〕 参见《习近平著作选读》(第 1 卷),人民出版社 2023 年版,第 103 ~ 112 页。

〔2〕 2017 年 2 月 10 日,联合国社会发展委员会第 55 届会议呼吁国际社会“本着合作共赢和构建人类命运共同体的精神”,加强对非洲经济社会发展的支持。See Commission for Social Development, *Report on the Fifty-Fifth Session*, Economic and Social Council, Official Records, Supplement No. 6, E/2017/26 – E/CN. 5/2017/10, 2017, p. 17. 2017 年 3 月 17 日,联合国安全理事会第 2344 号决议强调:“本着合作共赢的精神推动区域合作极为重要,作为有效方式以促进阿富汗和该区域安全、稳定和经济社会发展,构建人类命运共同体。”参见联合国安全理事会第 2344(2017)号决议,S/RES/2344(2017),“序言”。2017 年 3 月 23 日,联合国人权理事会第 34 届会议通过的“在所有国家实现经济、社会及文化权利问题”和“食物权”两项决议,均提及构建人类命运共同体;2017 年 6 月 22 日,第 35 届会议通过“发展对享有所有人权的贡献”决议,“确认构建人类命运共同体这一共同愿望”。参见廖凡:《全球治理背景下人类命运共同体的阐释与构建》,载《中国法学》2018 年第 5 期。

〔3〕 参见廖凡:《全球治理背景下人类命运共同体的阐释与构建》,载《中国法学》2018 年第 5 期。

〔4〕 习近平:《决胜全面建成小康社会 夺取新时代中国特色社会主义伟大胜利——在中国共产党第十九次全国代表大会上的报告》,人民出版社 2017 年版,第 58 页。

〔5〕 习近平:《高举中国特色社会主义伟大旗帜　为全面建设社会主义现代化国家而团结奋斗——在中国共产党第二十次全国代表大会上的报告》,人民出版社 2022 年版,第 62 页。

主义抬头和国际监管的复杂环境，如在公共卫生、网络安全、流行病预防等全球性监管问题的治理上，无一不体现“人类命运共同体”的理念，也离不开监管合作这一理性选择。因此，我国应当将国际监管合作融入人类命运共同体理念中，以理念促进国际监管合作发展。

作为WTO和APEC的重要成员，中国在历史上也参与了关于国内规制、监管一致性等议题的谈判和讨论，并在国内层面开展了多项工作与实践，因此该议题对中国而言并非新议题，中国开展国际监管合作亦具备相当基础。具体而言，中国应当将监管合作的理念和内涵融入全球治理中，积极在二十国集团(Group of 20，G20)等场所推广监管合作做法。中国可通过识别不同的监管问题并为其列出优先次序，为不同的问题匹配不同的监管合作做法。中国还可以总结近年来面对国际贸易新问题，如网络安全监管、关键基础设施及个人数据的跨境流动等问题上的善治的监管做法，将其推广至国际组织，最终在国际贸易协定中纳入监管合作规则。

(三)运用国际监管合作规则推动新议题谈判

当前，我国正参与WTO电子商务的谈判，但新议题谈判的前景并不明朗。数字贸易因其重要性和各国监管逻辑的不同，导致了巨大的监管分歧，难以在短期内达成硬法形式的规则。

举例而言，数据的跨境流动一直是电子商务/数字贸易中备受关注的议题。部分WTO成员在《关于电子商务的联合声明》[1]后提交的探索性文件中表明了对数据跨境流动问题的立场。这些成员既包

---

[1] 2017年12月13日，71个WTO成员在WTO第十一届部长级会议上发布《关于电子商务的联合声明》，宣布为将来在WTO谈判与贸易相关的电子商务议题启动探索性工作。2019年1月25日，包括中国在内的76个WTO成员在达沃斯世界经济论坛上签署《关于电子商务的联合声明》。

括美国、日本、加拿大和欧盟等发达成员，也包括新加坡、巴西、中国台北和中国等发展中成员。对上述成员所持立场进行分析，有助于厘清各成员关注的焦点和分歧，为 WTO 规制数据跨境流动的时间表和可选路径提供参考。

从发达成员提交的探索性文件来看，美国认为跨境传输数据不应当受到任意或歧视性的限制，也不应限制数据基础设施的位置，但并未明确说明是否存在例外。[1] 日本与美国文件的立场基本一致，并进一步主张各成员应当确保数据自由流动，但允许最低限度的贸易限制，以实现包括个人数据保护在内的合法公共政策目标。[2] 关于数据本地化问题，日本主张，除实现合理的公共政策目标外，不应当对服务器位置作强制要求。[3] 加拿大采用了与 CPTPP 和《美墨加协定》条款类似的语言来阐述其对数据跨境流动和计算设备位置的主张。[4] 欧盟则认为，确保数据的跨境流动是原则，成员不得以数据本地化要求予以限制，并对本地化要求的具体表现形式进行了说明。[5] 在发展中成员中，新加坡的提案最接近发达国家的立场，新加坡与加拿大一样，倡导运用 CPTPP 式的条款，[6] 这可能与新加坡和加拿大同为 TPP 谈判成员有关。巴西在 2018 年提交的文件中认为，除一般例外和安全例外情形外，数据的自由流动不应受到限制。[7] 在 2019 年提交的文件中，巴西也采用了与新加坡、加拿大类似的条文阐述对电子形式信息跨境传输的立场，但未涉及对数据本

---

〔1〕 美国文件 JOB/GC/178 第 1.5 条，INF/ECOM/5 第 2.1 条。

〔2〕 日本文件 JOB/GC/177 第 3.7 条，INF/ECOM/4 第 3.7 条。

〔3〕 日本文件 JOB/GC/177 第 3.8 条，INF/ECOM/4 第 3.8 条。

〔4〕 加拿大文件 INF/ECOM/34 第 12 条和第 13 条。

〔5〕 欧盟文件 INF/ECOM/22 第 2.7 条。

〔6〕 新加坡文件 INF/ECOM/25 第 3.1 条

〔7〕 巴西文件 JOB/GC/176 第 4.13 条。

地化的立场。[1] 我国不否认数据流动对贸易发展的重要性,并认为数据流动必须以安全为前提,但由于数据跨境流动、数据存储、数字产品待遇等问题具有复杂性和敏感性,成员之间的意见大相径庭,在将这些问题提交 WTO 谈判前,需要进行更多的讨论,以便 WTO 各成员充分了解数据跨境流动的意义和影响以及相关挑战和机遇。

由此可知,我国与上述成员在数据跨境传输的立场上存在较大的分歧,在实际谈判中需要找到一条中间路径可以平衡双方的主张。虽然更多成员并未在提交的文件中谈及对二者的立场,这也佐证了我国所持立场可能更符合现实,即数据跨境流动和数据存储问题还需要更多的探索性讨论,充分交流后再谋求共识,但国际监管合作规则可能是解决这一分歧的有效路径。国际监管合作规则具有软法特征,且数据跨境流动和数据存储问题除了是贸易问题还涉及网络安全等监管目标。因此需要在该议题中同时调和多种监管目标和贸易自由化,正好契合国际监管合作规则的特征。而数字贸易与《实施卫生与植物卫生措施协定》和《技术性贸易壁垒协定》一样,可以通过各国在技术标准和规定上的合作解决分歧。因此,中国可以考虑在电子商务谈判中引入国际监管合作的思维。考虑到各成员因国内监管目标的难以调和可能导致数字空间的"巴尔干化"[2],WTO 可以考虑建立数字贸易监管委员会,通过提高透明度等推动各国数据监管合作,加强各成员的沟通与协调。WTO 还可以借鉴《技术性贸易壁垒协定》等协定的经验,要求各成员在制定其国内措施时参考适用

---

〔1〕 巴西文件 INF/ECOM/27 第Ⅷ节。

〔2〕 数字空间的"巴尔干化"(balkanization)是指由于监管措施阻碍数据或信息的自由流动,互联网等数字空间表现出类似于地理空间巴尔干半岛的孤立和分化现象,也被称作"互联网孤岛"(Splinternet)。参见伍加:《互联网的"巴尔干化"》,载《21 世纪商业评论》2014 年第 14 期。

国际标准化组织、国际电工委员会[1]和国际电信联盟等国际组织制定的个人隐私保护国际技术标准,并将符合一定标准的监管政策视为等效或开展相互承认,[2]以此协调监管冲突。还可考虑对互联网安全与信任问题以软法形式加以协调,如针对数据监管、隐私保护、网络安全问题,可在电子商务谈判小组的领导下开展良好的监管实践讨论,由部分 WTO 成员提供有效促进监管协调的经验和做法,形成"工具箱",供其他成员参考适用。

综上所述,我国应参与监管合作的国际立法活动,提高我国在全球规制事务中的话语权和影响力。既要积极主动,从国际规制的接受者转变为制定者,又要审慎作为,在参与国际监管合作的过程中需要结合中国的国情和实际需要。在国际监管和国内监管的互动中,找到适合我国以及更符合全球治理利益的中国方案。

本章小结

国际贸易协定中监管合作规则,尤其是善治的监管等程序性要求,以其独特的制度设计逐渐形成全球贸易监管合作的最新做法,这将对中国等发展中国家带来较大的挑战。除了应对挑战,我国从对

---

〔1〕 国际标准化组织和国际电工委员会构成全球标准化的体系并在一定领域开展合作。如在信息技术领域,国际标准化组织和国际电工委员会成立了名为 ISO/IEC JTC 1 的联合技术委员会。该委员会发布了一系列隐私保护和数据管理的标准,如 ISO/IEC 29100:2011《隐私框架》、ISO/IEC TR 10032:2003《信息技术数据管理参考模型》等。

〔2〕 等效可理解为"互惠性的单方承认"(reciprocal unilateral recognition),指一方承认另一方的标准或监管制度与自己的标准或监管制度效力相等,或者这些标准或监管制度"足够"被承认。此承认属于单方决定,可随时撤回。相互承认则指两个或两个以上的国家约定相互承认对方的规则和/或合格认定程序。具体参见本书第二章。

内和对外两个维度看,实际也需要通过国际监管合作维护自身的利益。我国虽未像美国和欧盟一样在自由贸易协定中纳入监管合作专章,却也积极在国际层面参与 SPS 和 TBT 领域监管问题的讨论,并在国内立法改革中逐渐融入善治的监管等程序性要求。总的来说,我国目前的实践做法与国际贸易协定中监管合作规则的差距主要体现在,未要求立法机构或监管机构在法律法规中识别并标注出对国际贸易或投资有重大影响的法律法规或条款,虽在重大行政决策中引入监管影响评估,但规定不甚详细。此外,我国目前在立法、决策的公众参与中鲜有考虑外国贸易或投资者的利益。因此我国可以考虑推动国内监管改革,完善上述问题,积极参与国际监管合作的立法活动,并提出我国的规则谈判方案。最后,我国还可以积极运用监管合作规则参与全球治理和新的贸易议题谈判。

结　论

由于《关税与贸易总协定》和 WTO 的成功，世界贸易格局在近几十年间正在发生转变。关税的大幅降低导致监管和标准作为市场准入决定因素的相对重要性正日益增加。与此同时，全球价值产业链的发展和公民风险意识增强，各国也面临环境、消费者权益和公共卫生等监管风险全球化的危机。但监管问题的全球化并不必然带来监管的全球化，正如两次世界大战期间的教训，即使意识到国际合作或协调可以带来重大收益，也不能确保监管合作的发生。故监管合作必须是一种主动而为的行为，从以往零散的合作模式逐步走向整合的约束性规则。当前涵盖监管合作规则的协定均生效时间不长或尚未生效，[1]其后续对国际贸易和投资产生的影响，尤其是对发展中缔约方国内监管体制的影响尚待验证。但在当前全球经济秩序演变的背景下，优势互补的国际大分工正转向价值观认同的国际合作，将监管合作规则纳入国际贸易协定的做法代表了一种新的转变。因此本书从实然层面对欧美为主的国际贸易协定中监管合作规则进行了研究。

---

〔1〕《加欧协定》于 2017 年 9 月 21 日临时生效，CPTPP 的生效时间为 2018 年 12 月 30 日，《欧日协定》的生效时间为 2019 年 2 月 1 日，《美墨加协定》的生效时间为 2020 年 7 月 1 日。

经研究，本书证明了最初提出的基本观点，即国际监管合作可以解决全球性的监管问题，也可以促进国际贸易和投资，符合贸易机构和监管机构的共同利益。由于监管机构的主要职责是面向一国内部，其发起的国际合作倡议往往缺乏贸易谈判所能提供的政治资源和资金支持，在国际贸易协定中纳入完善的监管合作规则，将对全球价值产业链和贸易自由化进程大有裨益。而且监管合作规则可能成为解决贸易谈判新议题的有效路径，并捍卫以规则为基础的多边贸易体制，具有现实性和必要性。但需要强调的是，国际贸易协定中监管合作规则并不意味着必然实现全球统一监管规则，也不代表各国要为此降低国内监管门槛，或将公共政策目标交给他国来实现。国际贸易协定中监管合作规则的目标是在全球范围内实现更佳的监管。本书得出如下 6 点结论。

第一，国际贸易协定语境下的监管合作规则是一个宽泛且灵活的概念。

国际贸易协定中的监管合作指各国为了促进跨境贸易和投资，减少不必要的监管分歧或消除监管互斥，在制定国内监管规则时考虑国际因素并开展国际合作或协调的制度性安排。规则的谈判主体为主权国家或单独经济管辖区的政府以及经济联盟，且具有规范性工具的特点，理论上可横向适用于所有监管壁垒。该规则不局限于既有协定的内容，而是具有开放性和灵活性，将随着各国实践和国际监管环境的改变而纳入新的要求和做法。

第二，国际贸易协定中监管合作规则可涵盖实体规则、程序规则和执行规则。

尽管监管合作、监管一致性和善治的监管等术语在贸易协定和研究文献中常被交替使用，但本书所研究的监管合作属于广义范畴，具体包括实体要素、程序要素和执行要素。实体要素遵循的是“正面一体化”逻辑，直接对监管合作的结果作出要求，旨在实现消除监管分歧的实体效果，如标准的协调、相互承认、等效等。程序要素则以“负面一体化”为基础，只对国内监管规则的制定、通过、公布和实施等程序提出要求，如监管影响评估、利益相关人参与、透明度等。此外，国际贸易协定中监管合作规则还涵盖执行要素，包括监管合作规则的适用范围、与其他规则之间的关系、缔约方之间加强合作与交流、设立监管合作委员会、争端解决机制等。此类条款的目的在于确保监管合作实体要求和程序要求的实施。因此，可以三类规则为基本框架，整合实体规则和程序规则，并辅以执行规则，在国际贸易协定中纳入完善的规则体系。

第三，国际贸易协定中监管合作实体规则与程序规则互为补充。

国际贸易协定中监管合作实体规则属于对监管分歧的实质协调，在成效上应优于程序规则，但实质协调往往建立在相互信任的基础上。贸易协定的谈判方可以通过善治的监管等程序性要求，优化国内法规的制定程序，提升贸易协定各方的国内监管质量，为实质性协调奠定基础。相较于国内监管政策或标准的实质性协调，程序性规则更体现出对贸易协定各缔约方国家主权的尊重，可以更好解决缔约方对监管合作和监管自治权关系的担忧。

第四，国际贸易协定的监管合作参与方具有广泛性，涵盖贸易机构和监管机构，以及私人利益相关方和专家等。

国际贸易协定显然试图用更为法律化的措辞阐述监管合作要求，并整合至专门的贸易协定章节中，而与贸易协定的主要参与方为一国政府不同的是，全球化背景下的国内监管超越国界，需要除政府以外的多个行为者参与。国际贸易协定需要发挥更大的作用，将非政府组织、专家和企业等民间团体整合到贸易协定中来。因为非政府组织如标准制定机构参与制定行业标准并支持企业加强能力建设,企业则直接参与全球价值链,专家则拥有对监管问题相关的专业知识,这些团体的参与将有助于监管问题的解决。贸易协定的谈判方需要认识到,互惠谈判无法有效消除非关税壁垒,而促进贸易机构、监管机构、企业和民间组织围绕监管合作进行交流,也许是解决之道。

第五,开放的诸边协定是优惠贸易协定中监管合作规则迈向多边化的有效路径。

目前的监管合作规则主要存在于双边或区域贸易协定中,但贸易中的监管分歧不言而喻是一个全球性问题,理应由一项单一、全面的多边协定加以规范,并由成员协商一致通过并定期更新。然而,成员可能基于对监管合作限制监管自治权的担忧,利用协商一致决策机制来阻碍监管合作规则的达成。开放的诸边协定作为一种新的谈判类型,可通过将大多数成员感兴趣的规则纳入谈判范围,并提高透明度,加强成员的监管能力,以支持国际监管合作并逐步实现多边化。

第六,中国应当重视国际贸易协定中监管合作规则的发展,并积极参与规则制定。

通过对自由贸易协定和国内立法的梳理,中国与国际贸易协定中监管合作规则的差距主要体现在程序性要求方面。首先,我国国内对监管法规或措施制定的程序性要求,并未要求监管机构将与国际贸易有关的规章、条例、具体措施区分出来予以标识。其次,我国国内重大行政决策程序中的监管影响评估(风险评估)尚无详细的配套性的操作细则,无法确定国际贸易或投资利益在监管影响评估中所占据的比重。最后,除《外商投资法》外,其他规则制定或决策程序几乎没有纳入对外国利益的考量。本书认为,国际贸易协定中监管合作规则对未来的全球贸易治理具有重要性,且监管合作规则中的基本内涵符合我国强化法治建设并优化营商环境的内部需求,中国应当积极参与国际贸易协定中监管合作规则的制定,结合国内监管治理和“一带一路”倡议的经验完善规则提案,为国际贸易协定中监管合作规则增添新的元素。